Wolfgang U. Eckart, Philipp Osten (Hg.)
Schlachtschrecken – Konventionen

Neuere Medizin- und Wissenschaftsgeschichte.
Quellen und Studien

herausgegeben von Prof. Dr. Wolfgang U. Eckart

Band 20

Wolfgang U. Eckart, Philipp Osten (Hg.)

Schlachtschrecken – Konventionen

Das Rote Kreuz und die Erfindung der Menschlichkeit im Kriege

Centaurus Verlag & Media UG 2011

Bibliografische Informationen der Deutschen Nationalbibliothek
Die Deutsche Nationalbibliothek verzeichnet diese Publikation in der
Deutschen Nationalbibliografie; detaillierte bibliografische Daten sind
im Internet über http://dnb.d-nb.de abrufbar.

ISBN 978-3-86226-045-4   ISBN 978-3-86226-459-9 (eBook)
DOI 10.1007/978-3-86226-459-9

ISSN 0949-2739

© *CENTAURUS Verlag & Media KG, Freiburg 2011*
www.centaurus-verlag.de

Umschlagabbildung: „Offizielle Postkarte" des Bayrischen Landeskomitees für freiwillige
Krankenpflege im Kriege, um 1916. Bildarchiv Institut für Ge-
schichte und Ethik der Medizin, Ruprecht-Karls-Universität Heidelberg.

Umschlaggestaltung: Jasmin Morgenthaler

Satz: Vorlage der Herausgeber

Inhaltsverzeichnis

6

Die Erfindung der Menschlichkeit im Kriege? Einleitung
Wolfgang U. Eckart und Philipp Osten

Kaum ein Symbol genießt höheres Vertrauen als das rote Kreuz auf weißem Grund. Noch ist der Anblick alter Krankenhausdächer präsent, von denen es, einem apotropäischen Zeichen gleich, die Bomben des Zweiten Weltkriegs fernhalten sollte. Inzwischen ist ein rotes Kreuz lediglich ein Wegweiser zu medizinischen Einrichtungen. Langsam verblasst die Erinnerung an eine Ikone des Krieges, die gleichermaßen für Neutralität, Hilfeleistung und militärisch straffe Organisationsformen stand.

Ein Tag spielt in der Gründungslegende der internationalen Institution eine Schlüsselrolle: der 24. Juni 1859, an dem unzählige Menschen auf einem Schlachtfeld in der Lombardei starben. Die Schlacht von Solferino galt als Lehrstück moderner Kriegsführung. Der Künstler Nadar fotografierte die Stellungen aus dem Ballon. Zeitungen schilderten Aufmarschpläne und den Verlauf der Linien oberhalb des Gardasees so detailliert wie möglich. Selbst Friedrich Engels analysierte das Geschehen (1859 für die Zeitung *Das Volk* und erneut 1866 als Korrespondent des *Manchester Guardian*) zunächst aus dem kühl distanzierten Blickwinkel eines Kenners militärischer Abläufe.

Souvenir de Solferino

Das herausragende Essay über die Schlacht von Solferino aber stammt von einem Mann, der behauptete, in diesen Frühsommertagen als einfacher Tourist in der Lombardei gewesen zu sein. Am Abend der totalen Niederlage Österreichs vor Solferino, südlich des Lago di Garda, nach verlustreichen Kämpfen zwischen den Truppen Österreichs und den alliierten Einheiten Piemont-Sardiniens und Frankreichs unter Führung Napoleons III. endete der zweite italienische Unabhängigkeitskrieg. Das Tor zum Risorgimento Italiens war geöffnet. Zugleich markierte das Kriegsgemetzel mit annähernd 300.000 Teilnehmern, etwa 40.000 Verwundeten und 6.000 Gefallenen den Beginn eines Mythos um die Erfindung der Menschlichkeit im Kriege.

> „Österreicher und Alliirte tödten einander auf den [...] Leichnamen, sie morden sich mit Kolbenschlägen, zerschmettern sich das Gehirn, schlitzen sich mit Säbeln und Bajonetten die Leiber auf: kein Pardón wird mehr gegeben, es ist ein Gemetzel, ein Kampf wilder, wüthender, blutdürstiger Thiere, und selbst die Verwunde-

ten vertheidigen sich bis zum Aeußersten; wer keine Waffen mehr besitzt, faßt seinen Gegner an der Gurgel und zerfleischt ihn mit den Zähnen".[1]

So berichtet der erweckungsbewegte Genfer Philanthrop, Leiter der Schweizer Evangelischen Allianz und Kolonialabenteurer in Algerien, Jean-Henri Dunant (1828-1910), in seinem auf Effekte wohl bedachten späteren Weltbestseller „Eine Erinnerung an Solferino" (1863); das Buch war ein Jahr zuvor unter dem harmlosen Titel „Un souvenir de Solferino" als Privatdruck des Genfer Verlegers Jules-Guillaume Fick in einer Auflage von nur 1.600 Exemplaren erschienen.

Die Erlebnisse der Schlacht hatten sich bei Dunant mit der zeitlichen Distanz gesetzt. Sie waren zu einem philanthropisch-pazifistischen Programm gereift; auch hatte Dunant wohl inzwischen vergessen, dass er keineswegs als „einfacher Tourist" rein zufällig und dem „Zwecke dieses großen Kampfes vollkommen ferne stehend" Augenzeuge eines der blutigsten Schlachtengemetzel des 19. Jahrhunderts geworden war,[2] sondern als flammender Anhänger Napoleons III., während den Österreichern keinerlei Sympathien galten; am allerwenigsten galten sie Kaiser Franz Joseph, der ihm, verspätet auf dem Schlachtfeld eingetroffen, konfus und verwirrt erschienen war. Dem Heerführer der alliierten Truppen, eines bunt gewürfelten, aber überwiegend disziplinierten Haufens französischer, algerischer und piemontesischer Krieger, darunter nordafrikanische Kolonialkämpfer – „sich mit der Wuth des Afrikaners und dem Fanatismus des Muhamedaners auf ihre Feinde [...] gleich blutgierigen Tigern niederwerfend"[3] – und alte Haudegen, galt die unverhohlene Sympathie des 31jährigen Genfers.

Er sah Napoleon III. als großen Feldherrn und durchaus auf dem Weg zu einem ‚Empire de Charlemagne rétabli', als strahlenden französischen Kaiser eines zukünftigen ‚Saint-Empire romain reconstitué'. Dunant, seit 1858 auch französischer Staatsbürger, hatte sich in die Lombardei begeben, um den als neuen Imperator eines wiedererstandenen Heiligen Römischen Reiches – wohlgemerkt nicht Deutscher Nation – geschmeichelten Kaiser um Landkonzessionen für ein kolonialwirtschaftliches Unternehmen in Algerien anzugehen. Die Sache scheiterte an den kriegerischen Auseinandersetzungen, in die Dunant wohl nicht ganz unerwartet geriet. Die tiefen Eindrücke des Krieges sollten ihm andere Perspektiven eröffnen, als am Morgen nach der Schlacht das ganze Grauen des Gemetzels offenkundig geworden war.

---

[1] Dunant, Henry: Eine Erinnerung an Solferino. Basel 1863, S. 13.
[2] Dunant (1863), S. 10.
[3] Dunant (1863), S. 23.

„Die ersten Sonnenstrahlen der Sonne des 25. beleuchteten eines der furchtbarsten Schauspiele, das sich dem Auge darzubieten vermag. Ueberall war das Schlachtfeld mit Menschen- und Pferdeleichen bedeckt; auf den Straßen, in den Gräben, Bächen, Gebüschen, auf den Wiesen, überall lagen Todte umher, und die Umgebung von Solferino war im wahren Sinne des Wortes damit übersäet, [...]und überall sah man größere und kleinere Blutlachen".[4]

Während der Stunden des Kampfes bei Tage und des elenden Menschenjammers in der grässlichen Nacht nach der Schlacht wird in den Erinnerungen Dunants das „Ich" des Autors wach, beginnt die große Selbstinszenierung der Philanthropie im Kriege. Dunant beobachtet das Elend von Verwundung und Sterben, verhindert aktiv Übergriffe französischer Soldaten auf Österreicher, dokumentiert grausame Exzesse österreichischer Soldaten gegenüber sardinischen, denen sie Augen ausstechen und Finger abschneiden. Dunant koordiniert ärztliche Hilfe und organisiert die Hilfe der verängstigten Frauen von Castiglione, dient ihnen als selbsternanntes Vorbild:

„Allein da die Frauen von Castiglione sahen, dass ich keinen Unterschied zwischen den Nationalitäten machte, ahmten sie meinem Beispiele nach, indem sie alle diese Leute von so verschiedener Abkunft [...] mit demselben Wohlwollen behandelten. ,Tutti fratelli', sagten sie oft mit bewegter Stimme".[5]

Das Frauenbild Dunants ist von Klischees geprägt, sein Text spielt mit erotischen Motiven. Während sich die französischen Marketenderinnen „wie einfache Soldaten unter dem Feuer des Feindes in die Reihen der Kämpfenden" drängten, so die Erinnerung des Philanthropen, um den „armen verstümmelten Soldaten beizustehen", eilten die einfachen „lombardischen Frauen" aus dem Volke zu denen, „welche am stärksten schrieen, ohne gerade immer die Unglücklichsten zu sein".[6] Besonders aber beeindruckten Dunant die jungen und hübschen freiwilligen Helferinnen, vor allem wohl wegen ihrer psychologischen Wirkung:

„Einige dieser improvisierten Krankenwärterinnen waren schöne und niedliche junge Mädchen; ihre Sanftmuth, ihre Güte, ihre schönen mitleidigen und mit Thränen gefüllten Augen, sowie ihre aufmerksame Pflege trugen viel dazu bei, um einigermaßen den moralischen Muth der Kranken zu heben".[7]

---

[4] Dunant (1863), S. 35.
[5] Dunant (1863), S. 62.
[6] Dunant (1863), S. 24.
[7] Dunant (1863), S. 55.

Henri Dunants Schlachtengemälde ist von Beginn an als Programmschrift kon-
zipiert und auch so inszeniert. Dunant wird ‚rein zufällig' Zeuge des Schlachten-
gemetzels, durchläuft eine Metamorphose vom entsetzten Beobachter des „ergreifenden Schauspiels" zum unerschrockenen unermüdlichen Helfer und Hilfs-
organisator. Andere Freiwillige zerbrechen unter dem Trauma des Schrecklichen, werden „in Folge des ergreifenden Eindruckes krank".[8] Private Ärzte treten neben Militärchirurgen auf die Bühne, Marketenderinnen und Frauen unter-
schiedlicher Herkunft pflegen und helfen moralisch. Hauptfigur allerdings ist ein
frankophiler Philanthrop mit französisch-schweizerischen Staatsangehörigkeit
namens Henri Dunant, der engelsgleich agiert, wie ein strahlender *Deus ex machina*
hier und dort auftaucht wie vom Himmel gesandt – „Wir nannten Sie den weißen Herrn", erzählt ihm ein französischer Invalide 1861 auf der Pariser Rue de
Rivoli nahe dem Jardin des Tuileries,[9] kolportiert Dunant selbst gern und nicht
ohne Stolz in einer Fußnote seiner Erinnerungen – und schließlich, gekleidet in
eine rhetorische Frage, eine verheißungsvolle Botschaft verkündet: „Wäre es
nicht möglich, freiwillige Hülfsgesellschaften zu gründen, deren Zweck ist, die
Verwundeten in Kriegszeiten zu pflegen oder pflegen zu lassen"? Der Moment
erscheint ihm günstig, geeignet, die „Zeit der momentanen Ruhe und Friedens-
stille" zu nutzen, „um eine Frage von so hoher Wichtigkeit" aus der Perspektive
der Menschlichkeit und des Christentums zu erwägen.[10]
    Interessant ist, dass Dunant seine Vorbilder für das Ideal disziplinierter
Humanität und Menschlichkeit im Kriege dem Ethos der französischen Genera-
lität entlehnt. Ausführlich zitiert er aus dem Appell des Marschalls Regnaud de
St. Jean d'Angély (1794-1870) vom 18. Mai an die Kaiserliche Garde, in der
Schlacht Ordnung, Disziplin und Mäßigung zu wahren, vor allem aber aus der
Proklamation des Generals Louis Jules Trochu (1815-1896) vom 4. Mai 1859, den
„Krieg mit Menschlichkeit, im Geiste der Gesittung" zu führen.[11] Dunant ist
nicht naiv genug, den alten Idealen der Ritterlichkeit oder naiven Hoffnungen
und Wünschen romantischer Friedensgesellschaften zu vertrauen. Kriege, huma-
nitär im Geiste der Gesittung zu führen, ist die Quadratur des Kreises, ihnen
aber gewisse humanitäre Regeln aufzuoktroyieren und freiwillige Krankenhilfe
zu organisieren, das scheint nicht gänzlich aussichtslos.

---

[8] Dunant (1863), S. 56.
[9] Dunant (1863), S. 60.
[10] Dunant (1863), S. 103-104.
[11] Dunant (1863), S. 45.

Jubiläen und Gedenktage stehen bevor. Vor 150 Jahren (1862) erschien Dunants Buch. Im folgenden Jahr fand die erste Zusammenkunft Genfer Bürger statt, die eine internationale Übereinkunft für die Versorgung der Verwundeten im Kriege forderte, und 1864 wurde die erste Genfer Konvention ratifiziert. Bis heute sind nahezu alle Staaten den Genfer Verträgen und ihren Zusatzprotokollen beigetreten.

150 Jahre Rotes Kreuz – 150 Jahre Menschlichkeit im Kriege?

„Von der Menschlichkeit im Kriege zu sprechen ist ein sonderbares Spiel mit Worten"[12] schrieb ‚Die Neue Zeit' kurz nach dem Ende des Deutsch-Französischen Krieges. Das pazifistische und für die Frauenbewegung eintretende Blatt sah es als seine Aufgabe,[13] gegen den allgemeinen Siegestaumel einen „Misston" zu setzen, indem es den Krieg „eine Schande", soldatische Ehre „Verbrechertum" und die allgemeine Wehrpflicht eine „Zwangsmordknechtschaft" nannte.[14] Der Justizrat Joseph Heinrichs kommentierte die Arbeit der Rot Kreuz Vereine mit folgenden Worten:

> „Wenn der Scharfsinn und die Mühe, welche auf die Erfindung und Herstellung von Zerstörungswerkzeugen verwandt wurden, wenn endlich all die Liebe und Aufopferung, die neuerdings erwacht ist, um Verwundete und Kranke zu pflegen [...] wenn sie dem Streben nach Förderung der menschlichen Gesellschaft, der Linderung des gesellschaftlichen Elends, der Hebung der Schule, der Errichtung von Arbeiterwohnungen, der Sorge für Kranke und Unglückliche aller Art zu Gute gekommen wären!"[15]

Das Reden über eine Humanität im Kriege existiert lange vor der Gründung des Roten Kreuzes. Nach den Regeln der Kriegskunst, wie sie in der Zeit der Napoleonischen Kriege galten, durften Personen, die ohne Waffen einer Armee folg-

---

[12] Heinrichs, Joseph: Gedanken über den Krieg. In: Die Neue Zeit. Freie Hefte für vereinte Höherbildung der Wißenschaft und des Lebens 2 (1872), Heft 1, S. 161-174 und Heft 2, S. 132-143, hier S. 132.

[13] Krausismus war eine insbesondere in Südeuropa verbreitete intellektuelle Bewegung, deren Name von dem Philosophen und Freimaurer Karl Christian Friedrich Krause (1781–1832) abgeleitet ist. In Deutschland gruppierten sich ihre Vertreter um den Prager Botaniker Hermann von Leonhardi (1809-1875), den Herausgeber der ‚Neuen Zeit'.

[14] Leonhardi, Hermann von: Vorwort. In: Die Neue Zeit 2 (Heft 1), S. III-XIV, hier S. XI.

[15] Ebendort, S. 130.

ten, nicht verwundet oder getötet werden. Dazu zählten nach „stillschweigen-
dem Übereinkommen": „Geistliche, Ärzte, Wundärzte; Apotheker, Marketen-
der, Civilbeamte, Quartiermeister, Bedienstete und Musiker".[16] Dieses unge-
schriebene Gesetz gehorchte fein abgestuften Regeln, die sich um 1830 vor allem
in der Behandlung der Kriegsgefangenen zeigten:

> „Die civilisierten Völker führen keine Vernichtungskriege. Sie weigern nur in
> den seltensten Fällen grimmigen Hasses den gewünschten Pardon. Sie opfern ih-
> re gefangenen Feinde nicht, wie die alten Wilden, sie fressen sie nicht, wie die
> neuen Wilden, wohl aber kommt es zuweilen vor, dass sie sie verhungern, oder
> in schlechten Gefängnissen verfaulen lassen. – Zu Kriegsgefangenen werden nur
> solche Personen gemacht, die zu dem feindlichen Waffenstande gehören. Außer-
> dem werden die Geiseln wie Kriegesgefangene behandelt. Dagegen werden Leu-
> te, die auf eigene Hand Krieg führen, z. B. Bauern, die einzelne Rückzügler an-
> fallen, oder die sich ohne Beruf in den Waffenstand mischen, z. B. Mönche, die
> das Kriegsvolk fanatisieren, in der Regel erschossen oder erhängt."[17]

Das zwischen lexikalischer Definition und Zynismus changierende Zitat stammt
aus einem Konversationslexikon des Vormärz, dessen Verleger ein erklärter Be-
wunderer Heinrich Heines war. Humanität bedeutet Abgrenzung. Die „Menschlichkeit im Kriege" ist Attribut der Zivilisation und wird unter klar definierten
Bedingungen denjenigen zugestanden, die gesellschaftlichen Konventionen ent-
sprechen. In dem vorliegenden Band geht es um feine Abstufungen, um Regeln
und Riten.

Humaner wurde der Krieg nicht durch Henri Dunants humanitäre Initiative. Philanthropen und konfessionelle Organisationen stellten sich in den Dienst
einer straff organisierten, patriotisch geprägten Humanität. Die zunehmende
Verwissenschaftlichung strategischer Kriegsführung dehnte sich auf das Gebiet
der Medizin aus. Gerade in Deutschland wurden humanitäre Hilfsvereine zu
Keimzellen einer patriotisch-nationalistischen Mentalität, die sich in diesem
Rahmen bis in die letzten Winkel des Kaiserreichs ausbreiten konnte und nicht
nur einer humanitären Hilfe des Krieges, sondern paradoxerweise auch dem
Krieg selbst in den Köpfen junger Männer und Frauen permanenten Raum schuf.
Die in Deutschland konstituierten Landesvereine vom Roten Kreuz schlossen
sich am 20. April 1869 zum ‚Zentralkomitee der deutschen Vereine zur Pflege
verwundeter und erkrankter Krieger' zusammen, das während des preußisch-

---

[16] Kriegsrecht. In: Neuestes Conversationslexikon für alle Stände. Band 4. Leipzig 1835,
S. 279-280, hier S. 279.
[17] Heinrichs (1872), S. 133.

französischen Krieges 1870/71 erstmals aktiv wurde. Innerhalb des Zentralkomitees waren die Frauenvereine vom Roten Kreuz besonders rührig. Ihr ältester (1866) und größter Verein, der unter dem Protektorat der Kaiserin stehende *Vaterländische Frauenverein vom Roten Kreuz* konnte 1908 allein in Preußen auf 234 741 Mitglieder verweisen. Dabei gingen Emanzipationsbewegung und Militarisierung Hand in Hand. Waren es zunächst nur adelige und großbürgerlichen Töchter, die in die Uniformierung des Roten Kreuzes schlüpften, beschloss die Satzung vom 7. November 1.900, dass nun jede „unbescholtene Frau oder Jungfrau ohne Unterschied des Glaubens oder Standes" Mitglied werden durfte. Aus den „schönen und niedlichen jungen Mädchen" mit ihren „schönen mitleidigen und mit Thränen gefüllten Augen"[18] waren patriotische Pflegerinnen im Zeichen des Kriegsgottes Mars geworden.

In elf Beiträgen befasst sich dieser Band mit der Entstehung der Humanität im Kriege in der Gründungs- und Etablierungsphase des Roten Kreuzes. Die Autorinnen und Autoren nehmen die ambitionierten Bestrebungen in den Blick, eine staatenübergreifende Organisation zur Linderung des Leids verwundeter Soldaten zu schaffen. Im Zuge dessen wurde der Begriff Neutralität neu geprägt. Und es wurde festgelegt, welchen militärischen Konflikten zivilisatorische Regeln zugestanden wurden und welchen nicht.

Ein weiterer Focus gilt den vaterländischen Frauenvereinen. Sie dienten kolonialer Expansion und beförderten zugleich das Eindringen militärischer Strukturen ins Private. Der Blick auf konfessionelle Einrichtung der Kriegspflege zeigt aber auch, dass Geschlechterrollen auf diesem Feld neu ausgehandelt wurden.

Der dritte Teil des Bandes befasst sich mit der Kriegsberichterstattung in Wort und Bild. In Zeitungsmeldungen traten nach Solferino Hintergrundanalysen zunehmend hinter authentische Augenzeugenberichte zurück. Dabei erhöhte die telegraphische Übermittlung nicht nur die Geschwindigkeit der Berichterstattung, sie sorgte in bisher unbekanntem Maß auch für eine Egalität der Nachrichten. Zeitungen wurden um 1860 zu Schauplätzen und Anthologien widerstreitender Meinungen und Informationen.

Die Erschütterung der Öffentlichkeit ist fortan nicht mehr an die eigene Position in einem politischen Konflikt gebunden. Russische Ölgemälde weit entfernter Schlachten erschütterten in den 1880er Jahren Ausstellungsbesucher in Westeuropa und in den USA. Mit Sieg oder Niederlage brachten die Betrachter

---

[18] Dunant (1863), S. 55.

die dargestellten Szenen kaum mehr in Verbindung. Thema der Ausstellungen war nicht der dargestellte kriegerische Konflikt, stattdessen standen nun Emotionen im Vordergrund.

Den Abschluss des Bandes bildet der Blick auf eine Öffentlichkeit in Gefangenschaft: Patientinnen und Patienten psychiatrischer Anstalten der Kaiserzeit und ihre künstlerische Auseinandersetzung mit militärischen Insignien und Codices.

Zu den Beiträgen

Daniel Palmieri beschreibt die Gründung des Internationalen Roten Kreuzes als eine säkulare Initiative, die eng mit der Geschichte des Genfer Bürgertums verknüpft ist. Unter den Vorzeichen der bevorstehenden Kolonialexpansion sollte die Zivilisierung des Krieges zum Kennzeichen westlicher Staaten werden. *Post tenebras lux*, durch die Finsternis zum Licht, ist das Motto der protestantischen Stadt Genf, deren bürgerliche Konventionen zum Vorbild der ersten internationalen Großorganisation wurden.

Matthias Schulz verdeutlicht, dass der Internationalismus bei frühen Beitrittskandidaten zur Genfer Konvention an seine Grenzen stieß, sobald er auch nur im geringsten Maße Fragen staatlicher Souveränität berührte. Die Aufstellung einer nationalen Rot-Kreuz Organisation musste, so lautet ein Fazit seines Beitrags, den nach Anerkennung strebenden Monarchien in irgendeiner Weise zugute kommen. Das Rote Kreuz bot ihnen eine Plattform zur Inszenierung ihrer Fürsorglichkeit.

Jon Arrizabalaga und *Juan Carlos García-Reyes* schildern die Grenzlinien zwischen der Professionalisierung der Militärmedizin und dem Aufbau des spanischen Roten Kreuzes unter ihrem ersten Generalinspekteur Nicasio Landa. Humanitäre Ideale und das Streben nach militärischer Effizienz wurden von ihm nicht als Gegensätze verstanden. Erfolgreich erprobte Strategien der internationalen Hilfsorganisation dienten in Spanien als Vorbild für militärische Modernisierungen, deren Ergebnisse ab 1872 in einem Bürgerkrieg erprobt wurden.

Leo van Bergen befasst sich mit einer Auseinandersetzung in den Niederlanden, die darum kreiste, ob die Pflege verwundeter Soldaten ein Akt der Nächstenliebe sei, oder ob es sich um eine staatliche Pflicht handle. Mutterliebe und Aufopferung waren für Dunant die zentralen Eckpfeiler weiblicher Kriegskrankenpflege. Dem standen zwei Einwände entgegen. Das Recht der Soldaten, von professionellen Helfern versorgt zu werden, und der Anspruch ausgebildeter Krankenschwestern, für ihre Tätigkeit angemessen entlohnt zu werden.

Wolfgang U. Eckart schildert die Entwicklung des ‚Frauenvereins für die Kranken-pflege in den Kolonien', der zu Beginn des Ersten Weltkriegs weit über zehntau-send aktive Mitglieder besaß. Als Sammelbecken kolonialenthusiastischer Frau-en bildete der Verein das Pendant zu der von Männern getragenen Deutschen Kolonialgesellschaft. Dem propagandistischen Aspekt stand die praktische Ar-beit von knapp 50 Krankenschwestern in den Kolonien gegenüber.

Auf Basis von Archivmaterial konfessioneller Krankenpflegeinstitutionen untersucht *Annett Büttner* die Geschlechterordnung in der Verwundetenversor-gung. Die neue Rolle patriotischer Weiblichkeit stellte das männlich determi-nierte Militärwesen vor Herausforderungen. Militärs äußerten den Wunsch, freiwillige konfessionelle Krankenschwestern in ähnlicher Weise ihren Befehlen unterzuordnen, wie sie es für das medizinische Feld vermuteten. Entgegen dieser Annahme besaßen Diakonissen innerhalb ihrer Organisationen eigene Gestal-tungsmacht. Sie blieben jedoch Verfügungsmasse innerhalb des Mobilmachungs-systems, ohne dauerhafte Einflussmöglichkeiten zu gewinnen.

Daniela Angetter schildert den Aufbau der Frauenhilfsvereine des Roten Kreuzes in Österreich und beschreibt in vielen Details den komplexen Prozess der Institutionsbildung in einem Vielvölkerstaat, bei dem zahlreiche divergieren-de Interessen vieler einzelner Verbände zu einer Einheit zusammengeführt wur-den. Am Ende steht auch hier die Unterordnung der weiblichen Idealisten unter die militärische Befehlsgewalt.

Generationenübergreifende nationale Identitätsstiftung findet *Karin Tebben* in der Solferino-Lyrik großdeutscher Dichter. Die Balladen dienen der Unterhal-tung, „Menschlichkeit im Kriege" thematisieren sie nicht. Dennoch finden sich Parallelen zu Henri Dunants ‚Souvenier de Solferino'; auch er berichtet in Epi-soden über das Geschehen auf dem Schlachtfeld und stellt dem militärischen Ethos ein humanitäres zur Seite. *Karin Tebben* konfrontiert beide Ansätze mit dem pazifistischen Entwicklungsroman ‚Die Waffen Nieder' von Bertha von Suttner, der das heroenhafte Sterben in seiner Sinnlosigkeit dekonstruiert.

Philipp Osten versucht die „Menschlichkeit im Kriege" aus den ersten Zei-tungsberichten der Tage nach der Schlacht von Solferino herauszulesen. Der In-halt der Meldungen scheint ihm maßgeblich durch die Form der Nachrichten-verbreitung beeinflusst zu sein. Die Telegrafie begünstigt individuelle Berichter-stattung. Und so spülte im Juli 1859 ein Morseapparat Textfragmente in eine Freiburger Zeitungsredaktion, die durchaus von Henri Dunant stammen könn-ten.

„Sollen doch jene, die diesen Krieg wollten und ihn in ihren Amtsstuben herbei schrien, hierher kommen und diesen Tausenden unglücklichen Männern gegenübertreten, die mit erstaunlicher Ergebenheit in ihr Schicksal, ohne Murren und Vorwürfe, Höllenqualen erdulden", lautet ein Zitat aus dem Beitrag von *Regine und Gerd Pfrepper*, mit dem der Medizinstudent Vladimir Michajlovič Bechterev als Zeitungskorrespondent reüssierte. Der Beitrag stellt seine Texte den Kriegsbildern Vereščagins gegenüber, die in weiten Kreisen als staatsgefährdend galten, und die dennoch Ende des 19. Jahrhunderts höchste Anerkennung beim Zaren fanden und in Berlin das bürgerliche Publikum massenweise in die preußischen Museen zogen.

Der letzte Beitrag des Bandes nimmt im Zusammenhang mit der „Menschlichkeit im Kriege" einen vielversprechenden Blickwinkel ein. *Bettina Brand-Claussen und Maike Rotzoll* untersuchen die Rolle des Militärs anhand von bildlichen Zeugnissen aus der Heidelberger Prinzhorn Sammlung. Alle von ihnen analysierten Kunstwerke entstanden in Irrenanstalten. Für viele Insassen bildete der Offiziersberuf ein Reflexionsfeld ihrer Sehnsüchte. Die Beschäftigung mit dem Militärischen ist zugleich eine Auseinandersetzung mit gesellschaftlichem Reglement. Das Militärische spiegelt sich in den strikt hierarchischen Ordnungen der Heil- und Pflegeanstalten.

Dank

Die Herausgeber danken den Autorinnen und Autoren für ihre Beiträge, Roxolana Bahrjanyj für zahlreiche Korrekturen, Markus Teubner für erste Formatierungen sowie Petra Sanft und Jens Benicke für die Betreuung des Buches von Seiten des Verlags.

Prof. Dr. Wolfgang U. Eckart
Institut für Geschichte und Ethik der Medizin
Ruprecht-Karls-Universität Heidelberg
Im Neuenheimer Feld 327
69120 Heidelberg
direktor@histmed.uni-heidelberg.de

Dr. Philipp Osten
Institut für Geschichte und Ethik der Medizin
Ruprecht-Karls-Universität Heidelberg
Im Neuenheimer Feld 327
69120 Heidelberg
osten@uni-heidelberg.de

Post tenebras lux:[1]
New perspectives on the foundation of the Red Cross
Daniel Palmieri

The origins of the Red Cross Movement and of the modern international humanitarian law are closely connected to the conclusions of Henry Dunant's famous book, *Un Souvenir de Solférino*, edited in 1862. After his traumatic experience among the wounded soldiers abandoned on the battlefield, Dunant suggested that voluntary relief societies should be established to care for the injured people in military operations. Furthermore, he proposed that an international principle be created to serve as the basis for these charitable societies. The success of this work was immediate and gave rise to concrete realisations. New legal regulations were elaborated, discussed in Geneva during two international conferences in 1863 and 1864[2] and then internationally adopted to limit the impetuousness and the deadly cleverness of the belligerents. A worldwide network of national relief societies was also progressively established under the emblem of the Red Cross in order to bring assistance to the wounded soldiers in wartime. In this double process of humanization of war, the International Committee of the Red Cross (ICRC) played an essential role, and became the mainspring of this new «military philanthropy».

Of course, the idea of helping the victims of war was not new. And several humanitarian initiatives had already been taken during past armed conflicts, especially during the Crimean War. But, in spite of a renewal of interest for the suffering of wounded and ill soldiers, none of these former moral campaigns managed to give the necessary impulse to durability and concretisation of this altruistic awareness as the *Souvenir of Solférino* did. Why did these ideas, although not particularly original, meet such a worldwide success? Why were Dunant's proposals going to prove so long-lasting and able to evolve? What were the intrinsic reasons of such success? The following article tries to bring some elements of answer, in the form of assumptions.

---

[1] *Post Tenebras Lux* is the official motto of the Canton and Republic of Geneva. The author warmly thanks Irène Herrmann and Fabrizio Bensi for their judicious remarks and comments.

[2] Compte rendu de la Conférence internationale réunie à Genève les 26, 27, 28 et 29 octobre 1863 pour étudier les moyens de pourvoir à l'insuffisance du service sanitaire dans les armées en campagne. Genève 1863; Compte rendu de la Conférence internationale pour la neutralisation du Service de santé militaire en campagne, réunie à Genève du 8 au 22 août 1864.

Introduction

One might say that the principle of charity on battlefield is as old as war itself. Several examples are frequently quoted to justify this ancientness such as Babylonian edicts (amongst them the famous Hammurabi's Code) commanding to spare and food enemy's prisoners, or such as the so-called "capitulations" or "cartels" during the Middle Ages containing sometimes very detailed rules governing treatment of the victims of war.[3] The assistance to the victims of war was also at the centre of theoretical debates led by jurists as by philosophers. Jean-Jacques Rousseau, for example, argued about the necessity to protect the combatants who surrounded.[4] More recently, the second half of the nineteenth century knew a revival of this "military philanthropy", the foundation of the ICRC being only one of its expressions. This revival was due to the conjunction of several circumstances.

With the introduction of compulsory military service, especially since the French Revolution, the nature of warfare fundamentally changed. Large national armies replaced the more small professional forces. Consequently, wars were fought on a different scale from before. At the same time, the number of victims increased greatly all the more because of the remarkable progress made in military technology to improve the deadly effects of weapons. Within one decade, firearms for instance improved technically more than in the three centuries following their creation. Since the 1850s, the use of rifled muskets and breech-loading weapons substantially increased the firepower as well as range, causing additional casualties among combatants. The uses of conical-cylindrical bullets and of high-explosive shells multiplied the number of the wounded as the graveness of the wounding.[5]

This new warfare explains partially the development of this "military philanthropy". After the very bloody Napoleonic campaigns, Europe lived a rather peaceful period which lasted until the 1850s. The Crimean war (1853-1856) and, later, the Second Italian War of Independence (1859) brutally put an end to this intermezzo, opening the way to new massive hecatombs. Overseas, the American Civil War (1861-1865), which is often considered the first modern and total

---

[3] For some historical examples, see Boissier, Pierre: History of the International Committee of the Red Cross. From Solferino to Tsushima. Geneva 1985 (for the English version; first edition 1963), p. 125-139.

[4] Du Contrat Social, 1, chapter 4.

[5] Holmes, Richard (dir.). Atlas historique de la Guerre. Les armes et les batailles qui ont changé le cours de l'histoire. Paris 1991, p. 108-110.

war, proved that this phenomenon was not only linked with the Old Continent, but was a more general Western trend.

This crude reality caused new reflections on how to help the victims, especially in the medical science. As a first result, the new weapons and the huge mortality rates, also among the ill and wounded soldiers, brought out the inadequacy between the huge increase of the suffering of the military victims of war and the poorness of the existing military sanitary system which was supposed to care them. In this sense, the Crimean war – which provoked more casualties by illness and by poor sanitary conditions, than by fighting – was clearly a revelation of this discrepancy. The echo of the sanitary disastrous conditions prevailing among the fighting armies[6] was such, that it overstepped the small circle of involved persons to touch a larger audience who gradually became sensitive to these humanitarian issues. For instance, the emblematic figure of Florence Nightingale (1820-1910), "the lady with the lamp"[7] (and her nurses) during the Crimean War, reinforced the public impact of what could have appeared to public opinion as an anecdotic sideshow of war. More important, Nightingale's action (as, in the United States, Clara Barton's activities and work (1821-1912) during the Civil War)[8] was the perfect proof that civilians – and even women! – could also play an important role in helping the victims of war. The everlasting influence of these charitable icons as well as the mobilisation of the popular emotions contributed to offer to Henry Dunant a receptive ground among those who may support him to implement his proposals.

In fact, from a more sociological perspective, we assist during this period to the rise of the bourgeoisie in the public sphere. This *Öffentlichkeit* (to quote Jürgen

---

[6] The title of the Geneva conference of 1863 brought explicitly to the fore this specific element, see note 1.

[7] Bostridge, Marc: Florence Nightingale. The Woman and her Legend. London 2009; Smith, Barry: Florence Nightingale, the Common Soldier and International Succour. In: Durand, Roger; Meurant, Jacques (eds): Préludes et pionniers. Les précurseurs de la Croix-rouge, 1840-1860. (Collection Henry Dunant n° 5), Geneva 1991, p. 131-141; Moriarty, Sue Goldie: Florence Nightingale in the Crimean War. Private Truth and Public Myth. In: Durand, Roger; Meurant, Jacques (eds): Préludes et pionniers. Les précurseurs de la Croix-rouge, 1840-1860. (Collection Henry Dunant n° 5), Geneva 1991, p. 143-157.

[8] Bacon-Foster, Corra: Clara Barton, Humanitarian: From Official Records, letters, and contemporary papers. Charleston, SC 2009; Gilbo, Patrick F.: Clara Barton, Angel of the Battlefield. In: Durand, Roger; Meurant, Jacques (eds): Préludes et pionniers. Les précurseurs de la Croix-rouge, 1840-1860. (Collection Henry Dunant n° 5), Geneva 1991, p. 255-267.

Habermas)[9] led to the possibility of a larger participation in some public affairs via the use of publicity and communication tools. It is exactly what Dunant did with his *Souvenir de Solférino*, spreading it mainly to political and social elites. The *Bourgeois* were the very same participating to the foundation of the ICRC, and of most of the Red Cross National Societies.

Finally, during the second half of the 19th century, a growing conviction spread over the Western world that civilization was advancing rapidly, even in its worse aspects, and that, in the name of reason political improvement, it was therefore necessary to act in order to restrain the capacity of man to self-destruction.

So, in short, Dunant's ideas to help the wounded soldiers on the battlefield were already «fashionable» when he publicized them in the *Souvenir de Solférino*. However, in our opinion, this is not sufficient to explain alone the success of his initiatives and, later on, of the International Committee of the Red Cross. In other words, why did the ICRC managed to succeed while so many similar humanitarian initiatives had failed before?

Besides the opportune momentum, the decision to create the ICRC also benefited, following our assumptions, of two other factors: the people who created it and the place where it was established. To sum up it into a well known formula: The ICRC was founded by the right men in the right place at the right time.

People

As in all human enterprise, the people founding the ICRC immensely contributed to its success. For the ICRC, [10] this achievement was the result of a double process. First, it was due to the conjunction of strong individualities among the first five founding members.[11] In the absence of critical and reliable studies about the investigatory commission set up by the *Société genevoise d'utilité publique* (commis-

---

[9] Habermas, Jürgen: The Structural Transformation of Public Sphere: An Inquiry into a category of Bourgeois Society. Cambridge 1989 (for the English translation). This book was first published in German, in 1962.

[10] The actual name of the International Committee of the Red Cross was adopted in December 1875. Before that date, the ICRC was known under different appellations (*Comité des Cinq, Comité international genevois, Comité international de secours aux militaires blessés*).

[11] Henry Dunant, Gustave Moynier, Guillaume-Henry Dufour, Théodore Maunoir, Louis Appia.

sion which later became the ICRC),[12] it is uneasy to scrutinize the real personality of its founding members. [13] However, some elements can be underlined in order to understand what they had personally brought to the edification of the ICRC to its future successes.

Among the members of the *Comité des Cinq*, Henry Dunant (1828-1910)[14] is certainly the most famous of them. Since his childhood, Dunant was a very religious man, in some sort a kind of mystic; [15] in this sense, he was deeply persuaded that man was on earth with the duty to help his neighbour. So all the projects he started with this ambition were carried out with an unbelievable faith, and without sparing any effort. This attitude was central for the implementation of the Red Cross ideal. Contrary to some of his contemporaries also involved in such activities (Florence Nightingale, Ferdinando Palasciano,[16] Anatoly Demidov,[17] etc.) Dunant was not a professional in helping the victims of war violence. He was only a witness of cruelty in war. And this feature was a great chance because he could provide his experience to a large public, with a sincere and committed approach, supported by an emotional stand as well as a literary talent. In this sense, the epic description of the suffering of the wounded soldiers moved most of the readers of the *Souvenir de Solférino* and had certainly an influence on their goodwill to accept Dunant's proposals. Moreover, contrary to the French Henry Arrault who had published in 1861, a booklet about the interna-

---

[12] In February 1863, the Geneva Society for Public Welfare decided to examine the feasibility of Dunant's ideas and appointed a ad hoc commission to do that. The commission met for the first time on February 17, 1863 and immediately turned itself in an international and permanent Committee. Procès-verbaux des séances du Comité international de la Croix-Rouge, 1863-1914. Geneva 1999, p. 17.

[13] As for some others iconic figures of the humanitarianism, most of the books dedicated to the founders of the ICRC are hagiographic ones; see for instance, de Senarclens, Jean: Gustave Moynier le bâtisseur. Geneva 2000.

[14] Numerous books or studies have been written about the life of Henry Dunant. For a general overview, see Durand, Roger (ed.). De l'utopie à la réalité. Actes du colloque Henry Dunant. Genève 1988.

[15] Mützenberg, Gabriel: Henry Dunant le prédestiné XX: du nouveau sur la famille, la jeunesse, la destinée spirituelle du fondateur de la Croix-Rouge. Genève 1984.

[16] Ferdinando Palasciano (1815-1891) was an Italian surgeon who had the first called for the neutralization of the wounded soldiers; De Luca Camillo; Palasciano, Guiseppe: Ferdinando Palasciano. Il precursore della Croce Rossa. Fasano 1992.

[17] Anatoly Nicolaïevitch Demidov (1813-1870) started an international committee to aid prisoners of war of the Crimean War, see Meurant, Jacques. Anatole Demidoff pionner de l'assistance aux prisonniers de guerre. Préludes et pionniers. Les précurseurs de la Croix-rouge, 1840-1860. (Collection Henry Dunant n° 5), Geneva 1991, p. 95-117.

tionalisation of the ambulances and later claimed that Dunant had plagiarized his work,[18] Dunant gave to his book a large publicity and he spread it all over Europe, sometimes directly to governments and kingdoms, and not only to some French officials as Arrault did. In addition, the title of Dunant's book, *Un Souvenir de Solferino*, appeared more attractive to a potential reader than the one chosen by Arrault: *Notice sur le perfectionnement du materiel des ambulances volantes*! In short, Dunant brought to the ICRC his keen sense of the public relations, together with empathy and understanding towards the people suffering.

A second very important person at the ICRC was Guillaume Henri Dufour (1787-1875),[19] a Swiss general who became the first president of the Committee. Dufour was a well-known figure in Switzerland because of his role during the last Swiss civil war, the co-called *Sonderbund Krieg*, which took place in autumn 1847 and opposed a separate league of Swiss catholic cantons to the federal authorities. At that time, he led the Swiss federal army during. The Sonderbund league was defeated by the federal army after a short and not much bloody campaign.[20] During this conflict, Dufour was keen in having a very humanitarian conduct, by ordering for instance his troops to spare the wounded and to treat humanely the prisoners of war.[21] The presence inside the ICRC of Dufour was fundamental because the general was a well known figure in Switzerland, well connected with the political establishment. But the Swiss general played also a focal point role with the European military representatives. Being one of them, and speaking their common language, Dufour could promote the ICRC proposals within the military corporation, which was at first rather reluctant to support Dunant's initiative. Otherwise, Dufour was a close friend of the French Emperor Napoleon III[22] who played an essential role – especially in the framework of the Diplomatic Conference of 1864 which ratified the First Geneva Convention, the

---

[18] Lubin, Georges: Henry Arrault, une priorité disputée ou la guerre des deux Henry. In: Durand, Roger; Meurant, Jacques (eds.): Préludes et pionniers. Les précurseurs de la Croix-rouge, 1840-1860. (Collection Henry Dunant n° 5), Geneva 1991, p. 211-223.

[19] Langendorf, Jean-Jacques. Guillaume Henri Dufour ou la passion du juste milieu. (Collection Les Grands Suisses n°1). Lausanne, Lucerne 1987.

[20] Remak, Joachim: A Very Civil War: The Swiss Sonderbund War of 1847. Boulder; San Francisco [etc.] 1993.

[21] Herrmann, Irène: Les cicatrices du passé. Essai sur la gestion des conflits en Suisse (1798-1918). Bern 2006.

[22] During his stay in Switzerland, Louis-Napoléon Bonaparte (the future Napoléon III) was a student of Dufour who was at that time Director of the Swiss federal military school.

first modern treaty of international humanitarian law – and finally gave to the ICRC the necessary impulse to manage its aims.

Another notable founder of the ICRC was Gustave Moynier (1826-1910). Moynier was a lawyer and a philanthropist. He was the president of the Geneva Society for Public Welfare, which decided the first to examine in a special commission Dunant's book. Later, Moynier became one of the kingpins in the development of the humanitarian law, co-founding the Institute of International Law. In the newborn International Committee, Moynier acted as its legal mind. Moynier was also an astute diplomat and an opportunist, qualities which were useful to the ICRC at its beginning. Moynier's personal ambition was equally important in this process![23]

So, the ICRC's birth was the happy achievement of the affinity of some very specific individualities, each one very competent in his domain. But at the same time, the International Committee was also moved by a group interaction which gave it a particular dynamism. First, the ICRC was not the result of a single kind of *savoir-faire*, but an addition of knowledge or competence more or less connected with the topic of war. With a propagandist or publicist (Dunant), a soldier (Dufour), a lawyer and diplomat (Moynier), and two war surgeons (Maunoir and Appia), the ICRC could, in one forum, speak about and deal with several facets of humanitarianism in war. On the other hand, the five founders of the ICRC belonged to the same social class, the *bourgeoisie*, which gave to the association an additional cohesion. Even if its members were religious people, the ICRC presented itself as a secular organisation. This allowed it and its ideas to credibility and legitimacy in the civil society. The secular character of the ICRC could also facilitate its worldwide acceptation, by avoiding controversial religious issues.

But what made the difference was that these people were generally looking for social recognition, and for one of them, Moynier, even of social revenge. Most of the founders of the ICRC are linked to the Geneva conservative party which had been defeated by the Geneva radical revolution in October 1846.[24]

---

[23] The two others founders of the ICRC, Théodore Maunoir (1806-1869) and Louis Appia (1818-1898), both professional surgeons, are less known. Maunoir played a very active role during the Geneva Conference of 1863, where the Dunant's ideas were for the first time discussed in an international forum, avoiding that it collapsed. Appia had worked on field hospitals during the Second Italian war of Independence. Latter, he was the first member of the ICRC never sent as neutral observer during a war (the Second Schleswig War, 1864).

[24] Violette, Jean. La révolution de 46. Genève 1945; Ruchon, François. La révolution de 1846 vue par les contemporains. Genève 1945.

For several decades, the conservatives will be excluded from all important politi-cal offices or charges in Geneva. For Moynier especially, whose father was one of the political leaders of Geneva before the revolution,[25] this collapse was a trau-matic event,[26] but also a creative stimulus to regain power by other means. As personal success in political life was difficult to achieve, because of the newly established Radical *régime*, Moynier tried another path. The creation of the ICRC might be represented as one of these means to win back some of the lost prestige. And even better, it was a possibility to achieve a worldwide fame, no more rooted locally. In brief, the founders of the ICRC were really motivated to make their enterprise successful and they did all their best to reach this objective.

The place

Did geography also influence the success of the ICRC? Of course, it is very diffi-cult to answer to this question. But some assumptions can be put forward indi-cating that the founders of the ICRC were indirectly, and by a stroke of good fortune, helped in their undertaking by the place and by the country in which they were born.

If we look at the city, Geneva, where the Red Cross was founded, three facts may sustain this assumption.

Firstly, Geneva is well known as having been a stronghold of Protestant-ism since the late 16th century. As the majority of the Geneva inhabitants at that time, the five members of the ICRC were of Calvinist faith. One of the doctrines of Calvinism deals with the notion of predestination. This notion implies a great sense of responsibility and a great capacity to act because God's predestined peo-ple must prove His Grace on earth. So had the ICRC members thought that they were themselves in some sense predestined too? They could believe that, because – and this is the second fact – the small city of Geneva had been the birthplace of several scientific or literary widely known. If the name of the writer and philosopher Jean-Jacques Rousseau remains the most known, several other famous Geneva citizens had gained, in the second half of the 19th century, a certain celebrity : naturalists Horace Benedict de Saussure and Charles Bonnet; botanist Augustin Pyrame de Candolle; Jacques Necker, finance minister of

---

[25] André Moynier (1801-1885) was member of the Geneva cantonal government between 1843 and October 1846.

[26] In the Moynier's personal papers (today kept by the ICRC archives), one can find the official judgement sentencing his father after the revolution of 1846.

Louis XVI; His daughter, Germaine de Stael, etc. One can imagine that a kind of emulation existed which engaged people to follow their predecessors' footsteps.

If these two psychological explanations could be a little bit imaginative, the third element was real. The authorities of Geneva provided a great institutional support to the ICRC ever since its foundation. They were for instance very helpful in organizing the first Geneva Conference, in October 1863, and then the Conference of August 1864 which saw the drafting of the First Geneva Convention.

In promoting the work of the ICRC, the Geneva authorities were pushed by charitable grounds, but certainly also by political ones. An Independent republic since the sixteenth century, Geneva had lost its total independence by integrating the Swiss Confederation in 1815, becoming one of its several cantons. New historical researches[27] have shown how this integration to Switzerland, even if it had been called for security reasons, provoked uneasiness among the Geneva elite. Many people thought that the city had lost its ancestral prestige by becoming part of a small and anonymous nation such as was Switzerland at that time. To host and to support an "international" body (almost in its aims) as the ICRC was certainly seen by the elite of the city as a way to regain its worldwide reputation as before 1815.

Switzerland shared a similar ambition, which explains why the Swiss authorities gave also a strong support to the initiative of the five Geneva citizens.

In the last quarter of the 19th century, the Swiss authorities were very anxious about the rise of nationalism in Europe, and especially in two neighbouring countries, France and the future unified Imperial Germany. The Swiss government was sure that in case of conflict between these powers, the military neutrality of Switzerland, even if it was legally and internationally recognized since 1815, would not be sufficient to protect the country from violence. Bern seized the opportunity of the creation of the ICRC to complete Swiss neutrality by a humanitarian chapter which will prove to be very useful *in fine*, as the World Wars will prove. So Switzerland became a place where international humanitarian conferences and multiple additional international organizations could be hosted, and, more important, the depository State of the Geneva Conventions.

The involvement of the Swiss Government was also vital for the success of the ICRC humanitarian initiative. Switzerland played a role of intermediary between the ICRC and the governments around the world. It could speak at a State level with its counterparts which were more receptive to its requests than to

---

[27] Herrmann, Irène. Genève entre canton et république: les vicissitudes d'une intégration nationale (1814-1846). Genève, Québec 2003.

those of some simple particulars, as the ICRC members were at that time. In a century where power was the exclusive responsibility of governments, this bilateral dialogue offered a certain advantage to the proposals made by the ICRC, by giving them an official character. Moreover, the legal aspect – that is the ratification of diplomatic documents by States representatives – which was closely linked to the ICRC since its beginnings could be seen as one of the key factors of its achievement, offering an international recognition and an international legitimization to its work. All other individual humanitarian initiatives never found a so strong support from their State of origin, and above all, from the international community.

Conclusion

One can affirm that it is the conjunction, the network of all these factors, from the personal ones to the legal ones, which make the difference from other humanitarian initiatives in favour of the victims of war born in the second half of the 19th century.

Time was also a helpful and vital element. We already saw that Dunant's idea was supported by a strong humanitarian historical background and by contemporary concerns. But the period in which the ICRC was created influenced also its success. Europe was engaged in a territorial expansion overseas, under the pretext of bringing civilization to barbarous people. Now, since war was considered the most barbarian human deed, Europeans were doomed to civilize it if they wanted to civilize the rest of the world. The ICRC was the best and more appropriate tool to civilize war and, therefore, to justify colonization.[28] In other words, to support the ICRC was the *conditio sine qua non* for legitimizing Western domination abroad. Therefore, the success of this humanitarian institution was hardly surprising.

Daniel Palmieri
International Committee of the Red Cross (ICRC)
19, avenue de la Paix,
1202 Genève
dpalmieri@icrc.org

---

[28] This hypothesis is part of work in progress and still needs to be confirmed; see Herrmann, Irène; Palmieri, Daniel. Colonization *versus* Humanitarianism? International Review of the Red Cross. To be published.

Staaten, Zivilgesellschaft und humanitärer Internationalismus: Ihr Zusammenwirken bei der Entstehung der Genfer Konvention für den Schutz von Kriegsverwundeten (1864)

Matthias Schulz

Die Gründung der Rot-Kreuz-Bewegung in den Jahren 1863/1864 schreibt sich ein in zwei gegensätzliche Zeitströmungen, den Aufstieg der Realpolitik und den des Internationalismus, die in einem widersprüchlichen Wechselverhältnis zueinander standen. Der Schriftsteller Ludwig August von Rochau bezeichnete 1853 Realpolitik als die „Politik des Möglichen", d.h. eine Politik der Staatsräson, die sich nicht an ethischen oder juristischen Normen orientiert, sondern die staatliche Ambitionen unter Inkaufnahme einer wohl kalkulierten Verletzung von Regeln verfolgt.[1] Diese risikoreiche Politik erfuhr ihre Ausprägung im Krimkrieg sowie den Italienischen und den Deutschen Einigungskriegen, in denen die Kabinette die Öffentlichkeit bereits durch Appelle an das Nationalgefühl manipulierten.

Im Gegensatz zur Realpolitik der Kabinette und zum Nationalismus entwickelte sich auf dem europäischen Kontinent ein seit den 1860er Jahren an Dichte gewinnender, von der Zivilgesellschaft getragener Internationalismus. Internationalismus umfasst mit dem Historiker Akira Iriye alle Bestrebungen, kulturübergreifend zu kooperieren und vernetzt zu kommunizieren, um ein besseres Verständnis füreinander zu entwickeln und zwischenstaatliche oder gesellschaftliche Austauschbeziehungen zu regulieren.[2] Internationalismus verknüpft somit die Orientierung an transnationalen Werten mit Handlungskonzepten, die durch zivilgesellschaftliche und/oder gouvernementale Akteure international koordiniert und umgesetzt werden. Dem Internationalismus sind in den 1860er Jahren als Hauptbewegungen die Friedensbewegung, die von England ausgehende Freihandelsbewegung, die funktionale Kooperation (insb. Telegraphie- und Postwesen, Standardisierung der Maße) und im humanitären Bereich die von der Schweiz ausgehende Rot-Kreuz-Bewegung zuzurechnen. Die Anti-Sklaverei-

---

[1] „[M]ögen die Ideen und Prinzipien [...] noch so feierlich klingen [...] der vernünftige Zweck der staatlichen Tätigkeit kann kein anderer sein, als [...] der politische Erfolg". Rochau, August Ludwig von: Grundsätze von Realpolitik, angewendet an den politischen Zuständen von Deutschland. Stuttgart 1853, S. 57.
[2] Vgl. etwa Iriye, Akira: Cultural Internationalism and World Order. Baltimore, London 1997, S. 3; oder Ders.: Global Community: The Role of International Organizations in the Making of the Contemporary World. Berkeley, Los Angeles, London 2002, S. 10f.

Bewegung beginnt bereits im späten 18. Jahrhundert und hat mit Ende des Amerikanischen Bürgerkrieges ihre Ziele weitgehend erreicht.

Die Rot-Kreuz-Bewegung, die heute über 140 nationale Gesellschaften, das IKRK und die Föderation der Rot-Kreuz-Gesellschaften als gemeinsame Dachorganisation umfasst, wies bei ihrer Gründung eine Besonderheit auf, die sie von all den transnationalen Bewegungen des 19. Jahrhunderts abhob. Ihr Handlungsrahmen wurde von Anfang an durch eine multilaterale Staatenkonvention definiert: die Genfer Konvention zum Schutz von Kriegsverwundeten von 1864 war die erste multilaterale Konvention des humanitären Kriegsvölkerrechts.[3] Die Anfänge der Rot-Kreuz-Bewegung werfen folglich die Frage auf, in welcher Weise zivilgesellschaftlicher Internationalismus und die primär von Monarchien betriebene internationale Politik hier interagieren. Dazu ist relativ wenig bekannt, denn die Geschichte der Bewegung wurde entweder biographisch entwickelt (obwohl der Gründer Henri Dunant (1828-1910) bereits 1867 aus dem Genfer Komitee ausgeschieden ist) oder sozial- und organisationsgeschichtlich aus Bulletins und Jahresberichten der Rot-Kreuz-Verbände erarbeitet, während die traditionelle Politikgeschichte humanitäre und normative Fragen lange Zeit ignorierte.[4] Staatliche Archive wurden dagegen in den bisherigen Studien über die Rot-Kreuz-Bewegung kaum berücksichtigt. Das seit 1995 geöffnete Archiv des Internationalen Komitees des Roten Kreuzes besitzt aus der Anfangszeit nur lückenhafte Bestände.

Der vorliegende Beitrag versucht zwischen dem, was über die zivilgesellschaftlichen Ursprünge bekannt ist, und den Entwicklungen im europäischen Staatensystem eine Brücke herzustellen, indem die wechselseitige Zusammenarbeit dieser Ebenen und die staatlichen Abwägungen für und wider die Rot-Kreuz-Bewegung herausgearbeitet werden. Als neuralgischer Punkt erweist sich dabei der Transfer der internationalistischen Kerngedanken der Rot-Kreuz-Bewegung aus dem zivilgesellschaftlichen Raum in den staatlichen bzw. zwischenstaatlichen Raum. Da England, Österreich und Russland der Konvention erst

---

[3] Die Wiener Verträge von 1815 umfassten lediglich eine nicht bindende Erklärung zur Abschaffung des Sklavenhandels.

[4] Siehe die organisationsgeschichtlichen Arbeiten von Boissier, Pierre: Histoire du Comité international de la Croix Rouge: De Solferino à Tsoushoma. Paris 1963; Riesenberger, Dieter: Für Humanität in Krieg und Frieden: Das Internationale Rote Kreuz 1863-1977. Göttingen 1992, und von Moorehead, Caroline: Dunant's Dream: War, Switzerland and the History of the Red Cross. London 1998; aus juristischer Perspektive Bugnion, François: Le Comité international de la Croix-Rouge et la Protection des victimes de la guerre. 2. Aufl., Genf 2000.

später beitraten, konzentriere ich mich hier auf Frankreich und Preußen, die beiden einzigen Großmächte, die zu den Begründern der Konvention zählen.[5] Um die Transferproblematik zu beleuchten, sind außerdem die Öffentlichkeit und die Wirkungen der Genfer Konvention anzureißen. Damit folge ich dem von mir erarbeiteten Modell einer internationalen Geschichte, die die Interaktion zwischen Politik und Gesellschaft im Hinblick auf die Genese und den Transfer von internationalen Normen untersucht.[6]

Zivilgesellschaft und der „humanitäre Impuls"

Den Anstoß für die Gründung der Rot-Kreuz-Bewegung gab Henri Dunant mit seinem 1862 erschienenen Buch „Souvenir de Solferino".[7] Der Geschäftsmann

---

[5] Zu diesem Zweck werden hier Aktenbestände der französischen und preußischen Außenministerien und des preußischen Ministeriums für geistliche, Unterrichts- und Medizinalangelegenheiten und ein Teil der zugänglichen zeitgenössischen Presse ausgewertet.

[6] Siehe u.a. Schulz, Matthias: Normen und Praxis: Das Europäische Konzert der Großmächte als Sicherheitsrat, 1815-1860. (=Habilitationsschrift Universität Rostock) München: Oldenbourg 2009; Ders.: Netzwerke und Normen in der internationalen Geschichte: Überlegungen zur Einführung. In: *Historische Mitteilungen*, 17 (2004) S. 1-13; Ders.: Did Norms Matter in 19th Century International Relations? The Rise and Fall of a Culture of Peace Before WWI. In: Afflerbach, Holger; Stevenson David (Hg.): An Improbable War? The Outbreak of World War I and European Political Culture before 1914. New York 2007, S. 43-60; Schulz, Matthias, zusammen mit Fuchs, Eckhardt (Hg:): Globalisierung, transnationale Zivilgesellschaft und der Völkerbund: Zur Einführung. In: Zeitschrift für Geschichtswissenschaft, 10 (2006), S. 837-839.

[7] Seit der Verleihung des ersten Friedensnobelpreises (1901), den er gemeinsam mit Frédéric Passy entgegennahm, wurde Dunant als „Schöpfer des Roten Kreuzes", „Vorbild der Nächstenliebe", „Genie der Menschlichkeit" oder auch „Held ohne Waffen" bezeichnet. Siehe Gumpert, Martin: Dunant: der Roman des Roten Kreuzes. Stockholm 1938; Gigon, Fernand: Henri Dunant: der Schöpfer des Roten Kreuzes, ein Vorbild der Nächstenliebe; ein Lebensbild nach bisher unveröffentlichten Quellen. Zürich 1942; Vethake, Kurt: Henry Dunant: Ein Leben für die Barmherzigkeit. Gütersloh 1953; Rich, Josephine: Henri Dunant: Held ohne Waffen. Reutlingen 1960; Krug von Nidda, Roland: Henry Dunant: Genie der Menschlichkeit. Tübingen 1959; Boissier, Pierre: Henry Dunant. Genf, 1974; Christ, Felix: Henry Dunant: Leben und Glauben des Rotkreuzgründers. Freiburg, 1979; Heudtlass, Willy: J. Henry Dunant: Gründer des Roten Kreuzes, Urheber der Genfer Konvention ; eine Biographie in Dokumenten u. Bildern. Unter Mitarb. von Walter Gruber, 4. Aufl., Stuttgart 1985; Descombes, Marc: Henry Dunant: Finanzmann - Phantast: Gründer des Roten Kreuzes; eine Bildbiographie. Zürich 1988; Schnelle, Dagmar C.: "Tutti Fratelli - Wir sind alle Brüder!"; Henri Dunant und die Gründung des Roten Kreuzes. In: Gründer, Horst (Hg.): Geschichte und Hu-

und religiös motivierte Philanthrop beschrieb darin seine Samaritertätigkeit nach der gleichnamigen Schlacht, die sich Österreich sowie Frankreich und Piemont-Sardinien im Italienischen Einigungskrieg (am 24. Juni) 1859 geliefert hatten. Es handelte sich um eine der blutigsten Schlachten des 19. Jahrhunderts. Die Bergung der etwa 40.000 Opfer dauerte acht Tage, denn der völlig unzureichende Sanitätsdienst hatte mit dem Fortschritt der Kriegstechnik nicht mitgehalten. Da zwischen den Armeen keine Vereinbarung über die Behandlung der Kriegsverwundeten bestand, blieben viele, insbesondere die österreichischen Schwerverwundeten nach ihrer Niederlage, auf dem Feld liegen. Infolgedessen erkrankten und starben weitere Tausende von Soldaten noch Tage nach dem Zusammenstoß. Dunant und zahlreiche Freiwillige nahmen sich der Verwundeten ohne Ansehen der Nationalität an. Sie begründeten ihre Hilfe auch den Österreichern gegenüber immer wieder mit den Worten „tutti fratelli". Dunant organisierte Hilfslieferungen aus Genf, half beim Krankentransport und veranlasste die Freilassung österreichischer Ärzte, die in Kriegsgefangenschaft geraten waren, damit sie die Opfer behandeln konnten.

Historische Bedeutung erlangte Dunants Buch aufgrund seines Aufrufes zur Gründung von freiwilligen Hilfsorganisationen für die Pflege von Kriegsverwundeten und zu einer internationalen Vereinbarung zu deren Schutz:

Gibt es während einer Zeit [...] des Friedens kein Mittel, um Hilfsorganisationen zu gründen, deren Ziel es sein müßte, die Verwundeten in Kriegszeiten durch begeisterte, aufopfernde Freiwillige [...] pflegen zu lassen? Da man nun einmal darauf verzichten muß, dass sich Wünsche und Hoffnungen der Gesellschaft der Friedensfreunde, die Träume des Abbè de St. Pierre [...] jemals erfüllen werden; [...] da man es soweit gebracht hat, zu erklären, dass, wie Graf Joseph de Maistre versichert, ‚der Krieg göttlich sei'; da man jeden Tag neue und schreckliche Vernichtungsmittel erfindet, und zwar mit einer Ausdauer, die eines besseren Zweckes wert wäre [...] warum sollte man da nicht eine Zeit verhältnismäßiger Ruhe [...] benutzen, um eine solche Frage [...] von dem doppelten Standpunkt der Menschlichkeit und der Christlichkeit zu studieren [...]?
Wäre es nicht wünschenswert, dass die hohen Generale [sic] verschiedener Nationen, wenn sie gelegentlich, wie in Köln oder Châlons, zusammentreffen, diese Art von Kongreß dazu benutzten, irgendeine internationale rechtsverbindliche und allgemein hochgehaltene Übereinkunft zu treffen, die, wenn sie erst festgelegt und

manität (1994), S.169-180; Gagnebin, Bernard: Les archives Henri Dunant. In: Revue internationale de la Croix-Rouge, Jg. 38 (1956), Heft 149, S. 255-260.

unterzeichnet ist, als Grundlage dienen könnte zur Gründung von Hilfsgesell-schaften für Verwundete in den verschiedenen Ländern Europas[?][8]

Denn, so Dunant, „[d]as Personal der Feldlazarette reicht [im Kriegsfall] niemals aus", selbst wenn es verdoppelt oder verdreifacht würde. Nur ein „internationa-les Hilfswerk" könne Abhilfe schaffen.[9] Zwar ging Dunants „humanitärer Im-puls" von der pessimistischen Annahme aus, dass Krieg ein unvermeidbares Übel sei.[10] In dieser Hinsicht war Dunants Initiative ein Produkt der calvinistisch-christlichen Auffassung von der Allgegenwart des Bösen ebenso wie der Kultur des „bürgerlichen Realismus" nach 1848/9. Doch darin lag vielleicht ein Teil sei-nes Erfolges begründet. Dunants Buch stieß auf eine durch das Wirken der Flo-rence Nightingale (1820-1910) und der Großfürstin Helena Pawlowna (1807-1873) im Krimkrieg[11] bereits für das Schicksal von Kriegsverwundeten sensibili-sierte europäische Öffentlichkeit. Binnen kürzester Zeit erschienen fünf franzö-sischsprachige,[12] eine italienische, eine niederländische und bis 1864 allein vier

---

[8] Zitiert nach der Übersetzung ins Deutsche, Dunant, J. Henry: Eine Erinnerung an Solferino. Zürich 1942, S. 109; ebendort, S. 116.

[9] Dunant (1942), S. 115 und 110.

[10] Vgl. auch Moynier, Gustave: Das Rothe Kreuz, seine Vergangenheit und Zukunft. Minden 1883 (Frz. 1873), S. 1; er spricht von „einem Uebel, das die Menschheit am häu-figsten und furchtbarsten heimsucht, dem Kriege".

[11] Die englische Krankenschwester Florence Nightingale war über die Grenzen ihres Landes hinaus bekannt, seit sie im Krimkrieg mit 38 Pflegerinnen den Sanitätsdienst reorganisiert und Tausende von britischen Verwundeten gepflegt hatte. Anschließend wurde ihr unter Kriegsminister Sydney Herbert u.a. die Reorganisation des gesamten Pflegedienstes in britischen Kasernen und Armeekrankenhäusern übertragen.

[12] Die ersten drei französischen Auflagen erreichten insgesamt eine Stärke von 5.000 Ex-emplaren, siehe Gumpert, Martin: Dunant: The Story of the Red Cross. Garden City, New York, 1942, S. 84. 1865 erschien die 5. französische Auflage, Dunant, Henri: La charité internationale sur les champs de bataille: Associations permanentes et universel-les de secours aux militaires blessés. Un souvenir de Solferino (Extraits de l'ouvrage de Henri Dunant) et le traité de Genève. 5. Aufl., Paris 1865. Durch Buchbesprechungen wurde das Buch bereits 1863 einer bürgerlichen Öffentlichkeit bekannt; siehe die Be-sprechung von Saint-Marc Girardin in dem Wochenblatt des frankophilen Hochadels: *Journal des Débats*, 15. Febr. 1863; oder diejenige in Charles Dickens' populärer Wochen-zeitschrift *All the Year Round*: Dickens, Charles: The Man in White. In: All the Year Round, Bd. 9, 1863; vgl. Gumpert (1942), S. 84. Anscheinend wurde das Werk jedoch erst 1911 ins Englische übersetzt, und zwar in den USA. Dunant, Jean Henry: The Ori-gins of the Red Cross: „Un Souvenir de Solferino" translated from the French by Mrs. David H. Right [sic]. Philadelphia 1911; weitere Übersetzungen ins Englische erfolgten

deutschsprachige Auflagen seines Buches.[13] Die Transnationalität der zeitgenössischen Rezeption war überwiegend auf Teile der gehobenen Schichten begrenzt.
Doch dies war ohnehin das Milieu, das Dunant hoffte, mobilisieren zu können,
um nationale Hilfsvereine zu gründen: Angehörige des wohltätigen Hochadels
und Großbürgertums, Bildungsbürger, auch die regierenden europäischen Dy-
nastien.

Die Umsetzung des Aufrufs in die Tat ging von einer wohltätigen Genfer
Gesellschaft, der Société d'utilité publique genevoise, in Dunants Heimatstadt
und dessen Präsident Gustave Moynier (1826-1910) aus, der die Realisierbarkeit
des Vorschlages Dunants erkannte.[14] Seit Jahrzehnten in der Armen-, Waisen-
und Jugendhilfe engagiert, rief der Anwalt und Philanthrop Moynier ein Fün-
ferkomitee unter dem Vorsitz und mit Beteiligung Dunants, des schweizerischen
Generals Guillaume-Henri Dufour (1787-1875) und zweier Ärzte, Louis Appia
(1818-1898) und Théodore Maunoir (1806-1869) ins Leben, aus dem das Genfer
Internationale Komitee für den Schutz von Kriegsverwundeten hervorging. Für
die transnationale Mobilisierung der interessierten Kreise sorgte Dunant selbst.
Er propagierte seine Ideen auf einem Berliner Statistikkongress, wo er die Unterstützung niederländischer und preußischer Militärärzte gewann, und in Pariser
Salons, wo er Kontakte mit dem Hochadel, dem Großbürgertum und Gelehrten
knüpfte, die ihm die Türen der Regierungen öffneten. Eine transnationale An-
hängerschaft aus Experten, Philanthropen und Bildungsbürgern entwickelte sich,
gestützt auf die Kontakte Dunants, des Genfer Komitees und einiger Militärärzte.

im Rahmen der Mobilisierung von Helfern für den Zweiten Weltkrieg, siehe Ders.: A
Memory of Solferino. Washington 1939.
[13] Exemplare dieser Ausgaben finden sich in nahezu allen europäischen Staats- bzw. Na-
tionalbibliotheken. Lediglich im russischen, im spanischen, portugiesischen und im
norwegischen Nationalkatalog sind erst wesentlich spätere Ausgaben nachgewiesen. Die
größte Anzahl von Auflagen und Übersetzungen findet sich auf Helveticat, dem Kata-
log der schweizerischen Nationalbibliothek, z.B.: Dunant, Henri: Un souvenir de Solferino. 3. Aufl., Genf 1863; Ders.: Solferino: de stem der menscheid op het slagveld. Übersetzt von Johan C. Basting, Gravenshage 1863, erneute niederländische Auflage 1864;
Ders.: Die Barmherzigkeit auf dem Schlachtfelde. Eine Erinnerung an Solferino. Stuttgart 1864, zugleich erschien eine Auflage in Leipzig, weitere deutschsprachige Auflagen
erschienen 1864 in Stuttgart und Basel; in Italien: Ders.: Un ricordo di Solferino di Gio-
vani Enrico Dunant. Con un'Appendice sulla formazione permanente di Instituzioni
internazionali pel servizio sanitario degli eserciti in tempo di guerra. Versione italiana di
Luigi Zanetti, Milano 1863.
[14] Vgl. dazu den Beitrag von Daniel Palmieri in diesem Band.

Abb. 1: Das erste Genfer Komitee für den Schutz von verwundeten und kranken Kriegern (1863), seit 1876: Internationales Komitee des Roten Kreuzes. Quelle: Catalogue d'exposition du Musée de la Croix Rouge et du Croissant Rouge, Genève 2000.

Doch Dunant benötigte zur Umsetzung seiner Ideen die Unterstützung der Regierungen. Bei der Herstellung von Kontakten halfen ihm der preußische Militärarzt Gottfried Löffler (1815-1874) und der niederländische Armeearzt Johan Basting (1817-1870). In Berlin, Leipzig, Wien, München und in Paris bat er in Audienzen bei Ministern und Königen um Unterstützung für die Gründung permanenter, nationaler Hilfsvereine. Durch seine ersten Gespräche in Preußen im September 1863 ermutigt,[15] forderte er außerdem die Neutralisierung aller Verwundeten, Sanitätsdienste und Lazarette im Krieg. Dieser bereits vor ihm von einigen Militärärzten formulierte Grundsatz[16] war der internationalistische Kern des Dunantschen Impulses. Er sollte die Sanitätsdienste im Krieg vor Angriffen schützen und sie zur Behandlung von Kriegsopfern ohne Ansehen der Nationalität oder der Religion verpflichten.

General Dufour, dem ältesten und einflussreichsten Mitglied des Fünferkomitees, der im schweizerischen Bürgerkrieg von 1847/1848 die Bundestruppen angeführt und seinerzeit humanitäre Grundsätze für die Kriegführung durchgesetzt hatte, gelang es, die schweizerische Regierung vom Nutzen der Initiative zu überzeugen.[17] Ihm kam dabei zugute, dass die schweizerische politische Klasse

---

[15] Riesenberger (1992), S. 24.

[16] Der neapolitanische Militärarzt Palasciano und der Franzose Arrault hatten bereits vor Erscheinen des Buches von Dunant dieses Prinzip gefordert. Siehe Riesenberger, Dieter: Das Deutsche Rote Kreuz: eine Geschichte, 1864-1990. Paderborn 2002, S. 30.

[17] Dufour hatte die schweizerische Bundesarmee während des Sonderbundskrieges einem strengen Normenkodex unterworfen und die Sanitätsdienste zur Behandlung aller

seit dem Neuenburger Konflikt mit Preußen (1856/1857) und der Durchsetzung
des Nationalitätenprinzips in Italien und der Abtretung Savoyens und Nizzas
durch Piemont an Frankreich (1859/1860) das Bedürfnis verspürte, ihre sicher-
heitspolitische Lage durch eine erneute Anerkennung der schweizerischen Son-
derstellung abzusichern. Der Bundesrat ergriff die Gelegenheit, um der passiven
schweizerischen Neutralität durch ein aktives, humanitäres Antlitz Profil zu verleihen. Im Herbst 1863 lud der Bundesrat 36 Delegierte und Experten aus 15 europäischen sowie drei amerikanischen Staaten zu einer internationalen Expertenkonferenz nach Genf ein, um sie zur Gründung von Hilfsvereinen zur Pflege
von Kriegsverwundeten zu animieren und auf der Grundlage der Vorarbeiten des
Genfer Komitees einen Konventionsentwurf zu erstellen.[18] Berichte über die Arbeit der US-amerikanischen Sanitätskommission während des Sezessionskrieges,
die ebenfalls auf Freiwilligenverbänden basierte, überzeugten die Teilnehmer,
dass sie sich auf einem gangbaren Weg befanden. Die Vorkonferenz entschied
sich für das Rote Kreuz als Erkennungsmerkmal für die Sanitätsverbände. Damit
waren die Hauptelemente der Rot-Kreuz-Bewegung entworfen: die Gründung
nationaler Hilfsvereine zur Pflege von Kriegsverwundeten, die völkerrechtliche
Neutralisierung aller Kriegsverwundeten, Sanitätsverbände und Spitäler, die
Kennzeichnung aller Sanitäter und Sanitätseinrichtungen mit dem Roten Kreuz
und das Abhalten internationaler Konferenzen der Bewegung.

Schon neun Monate nach der Expertenkonferenz unterzeichneten die Vertreter von zwölf europäischen Staaten auf einer extra einberufenen Diplomatenkonferenz in Genf die Konvention für den „Schutz von im Felde verwundeten
oder kranken Soldaten". Ausgehend von einer zivilgesellschaftlichen Initiative
begründete die Schweiz damit einen neuen Multilateralismus, der auch Staaten
außerhalb des die internationalen Beziehungen dominierenden Europäischen
Konzerts der Großmächte an der Ausgestaltung internationaler Normen beteiligte. Dies war nicht weniger als eine Revolution im europäischen Staatensystem.

Opfer aufgefordert. Dabei spielten humanitäre Vorstellungen ebenso eine Rolle wie der
zweckrationale Gesichtspunkt, dass der Sonderbundskrieg das Land nicht entzweien,
sondern wieder einen sollte, siehe Gumpert (1938), S. 125f.

[18] Unter den Teilnehmern waren laut Bericht des preußischen Militärarztes Dr. Löffler
15 Militärärzte und acht Vertreter philanthropischer Gesellschaften, daneben drei Ärzte, vier Offiziere, zwei Geistliche, drei Consuln und ein Militärintendant. Die Tagung
erfolgte öffentlich, auch dies ein Novum. Vgl. Bericht über die internationale Confe-
renz zur Prüfung der Mittel, der Unzulänglichkeit des Sanitätsdienstes im Kriege abzu-
helfen, Dr. Loeffler, 5. Nov. 1863, Geheimes Staatsarchiv Preußischer Kulturbesitz (im
Folgenden GStA PK), III. HA, 2.4.1./I., Nr. 10587.

Monarchie, Staatensystem und Genfer Konvention von 1864

Welche Motive bewegten nun die europäischen Monarchien, insbesondere die Großmächte Frankreich und Preußen, den humanitären Impuls der Zivilgesellschaft eines republikanischen Landes auf- und anzunehmen? Wie wurden die Genfer Beschlüsse in den staatlichen Raum der Monarchien transferiert? Eine utilitaristische Erklärung, wonach die Regierungen Kriegsverwundete besser pflegen wollten, um sie früher wieder in die Schlacht schicken zu können, ist nicht plausibel, denn in den Kriegen um die Mitte des 19. Jahrhunderts blieben Schussverwundete auch nach Genesung meist dauerhaft kriegsuntauglich. Wie Martha Finnemore ausführt, trat eine Änderung der Erwartungen erst nach Einführung kleinkalibriger Gewehre und der Anwendung der von Louis Pasteur (1822-1895) entwickelten Desinfektionstechnik in den 1880er Jahren ein.[19] Folglich hatte die Verbesserung der Sanitätsdienste anfangs zwar einen humanitären, doch nur einen geringen militärischen Nutzen. Auch das von Realisten gern ins Feld geführte Gegenseitigkeitsprinzip lässt sich entkräften, denn zum Einen wurde es gar nicht in der Konvention verankert und zum Anderen wurde die Konvention in einer Reihe von Konflikten unilateral angewandt – und zwar sowohl im Deutschen Krieg 1866 als auch im Russisch-Türkischen 1877 und im Japanisch-Chinesischen Krieg 1894/1895. Aus diesen Gründen lohnt es, die Quellen näher zu betrachten.

Das europäische Staatensystem trat aufgrund des Kriegsausbruches zwischen Piemont und Frankreich einerseits und Österreich andererseits im April 1859 der anschließenden, plebiszitär legitimierten Neuordnung der italienischen Staatenwelt und der Abtretung Savoyens und Nizzas an Frankreich in eine schwere Krise ein.[20] Ausdruck dessen waren die Stabilisierungsversuche unter den Großmächten, die sich in der hektischen Abfolge der auf dem Hintergrund der italienischen Einigung stattfindenden zahlreichen Monarchentreffen 1859/60 und im grundsätzlichen Festhalten an der Konzertdiplomatie äußerten.[21] Die britische

---

[19] Siehe Finnemore, Martha: Rules of War and Wars of Rules: The International Red Cross and the Restraint of State Violence. In: Boli, John; Thomas, George M. (Hg.): Constructing World Culture: International Non-Governmental Organizations since 1875. Stanford, Calif., 1999, S. 149-165, hier 162f.

[20] Siehe ausführlich Schulz (2009), S. 443-524, insb. S. 481ff.

[21] In Stuttgart fand ein Treffen zwischen Zar Alexander II. und Napoleon, in Breslau zwischen dem Prinzregenten Wilhelm von Preußen und dem Zaren, in Baden-Baden zwischen den deutschen Fürsten und dem Kaiser der Franzosen, in Teplitz zwischen dem Prinzregenten und Kaiser Franz-Josef, in Warschau zwischen letzteren und dem

Regierung verfolgte ergänzend ihr Freihandelskonzept, um Frankreich enger an sich zu binden. Diese Stabilisierungsversuche waren jedoch auf Sand gebaut, weil weitere nationale Fragen nach Lösung drängten. Der amerikanische Bürgerkrieg, der polnische Aufstand, die seit 1859 zunehmende dänische Verletzung des Londoner Vertrags, die im November 1863 in die Einverleibung Schleswigs in den dänischen Staatsverband durch eine neue Verfassung mündete, sowie der sich erneut zuspitzende preußisch-habsburgische Gegensatz führten 1862/63 zu wachsender Kriegsangst in Europa. Kriegsangst bzw. die Anwesenheit des Krieges jenseits des Atlantiks seit 1861 war für alle europäischen Staaten ein wesentliches Motiv für die gewissermaßen vorsorgliche Unterstützung der Genfer Konvention.

Auf der Binnenebene variierte indessen die Motivlage. In Preußen fanden die Entscheidungen über die Organisation von Hilfsverbänden vor dem Hintergrund der Heeresreform und des Budgets- und Verfassungskonflikts zwischen König und Parlament statt. Kriegsminister Albrecht Graf von Roon (1803-1879), der mit Ernst Engelberg nicht zuletzt dazu berufen wurde, um „das Heer von liberalen [...] Einflüssen frei zu halten",[22] war nach Dunants autobiographischen Skizzen der erste verantwortliche Minister, der im September 1863 seine Zustimmung zu einer zwischenstaatlichen Konvention signalisierte.[23] Eine von Roon beauftragte Denkschrift vom 4. Oktober verdeutlicht die Motive. Sie unterstreicht die guten Erfahrungen mit freiwilligen Frauenvereinen und dem Johanniterorden in den Befreiungskriegen sowie die kostenlose Unterstützung, die dem Heer durch Hilfsvereine zuwachsen würde. Eine Ausweitung des Sanitätspersonals auf das im Krieg tatsächlich notwendige Maß würde „sehr beträchtliche... Kosten" verursachen, hieß es dort.[24] Dies würde folglich den Haushaltskon-

---

Zaren und schließlich in Koblenz eines zwischen König Wilhelm und Königin Viktoria statt. Siehe kurz dazu und ausführlich zur Weiterführung der Konzertdiplomatie anlässlich der syrisch-libanesischen Krise und darüber hinaus Schulz (2009), S. 516, S. 524-531, S. 532-534.

[22] Zitat Engelberg, Ernst: Bismarck: Urpreuße und Reichsgründer. Berlin 1986, S. 508; vgl. ausführlicher zu von Roon, Heeresreform und Haushaltskonflikt die Ausführungen bei Nipperdey, Thomas: Deutsche Geschichte 1800-1866: Bürgerwelt und starker Staat. 5. Auflage, München 1991, S. 750-757.

[23] Dunant, Jean-Henri: Les débuts de la Croix-Rouge en France avec divers détails inédits. Paris, Zürich 1918, S. 101.

[24] Das von vier Beamten erstellte Promemoria des Militair-Oekonomie-Departements und des Allgemeinen Kriegs-Departements befürwortete die Organisation von freiwilligen Hilfsvereinen als kostenlose Unterstützung des Heeres für den Kriegsfall. Promemoria zum Immediat-Vortrage über die Eingabe des Herrn Henry Dunant aus Genf, die Bildung von Privat-Hülfsvereinen für verwundete Krieger betreffend, 4. Okt. v. Glisczinski,

flikt noch verschärfen beziehungsweise die Mittel, die für die Modernisierung des Heeres vorgesehen waren, verknappen. Roon gab das Gutachten dem General-Arzt des Heeres mit auf die Vorkonferenz nach Genf.[25] Dort beugte Dr. Löffler einer befürchteten „internationalen Centralisierung aller dieser [nationalen] Vereine" durch das Genfer Komitee vor.[26] Stattdessen versuchte er, die Hilfsvereine unter staatliche Aufsicht zu bringen.[27] Nach der Vorkonferenz versicherte von Roon dem preußischen Ministerpräsidenten Otto von Bismarck (1815-1898), dass die Ideen Dunants auf der Genfer Vorkonferenz von einer „utopistischen" auf eine „praktische" Ebene gebracht worden und im Interesse des preußischen Heeres seien.[28] Roons Brief begann nun allerdings mit dem Hinweis auf „einen etwa bevorstehenden Krieg" mit Dänemark, denn seit November 1863 spitzte sich der Konflikt zwischen Kopenhagen und dem Deutschen Bund zu.[29] Akute Kriegsbereitschaft förderte also die preußische Zustimmung. Die positiven Erfahrungen mit dem Johanniterorden im Dänischen Krieg festigten schließlich die preußische Entscheidung, die Genfer Konvention auf der Konferenz im August 1864 zu unterstützten.

Auch die öffentliche Inszenierung der Monarchie spielte für Roons Haltung eine Rolle, denn König Wilhelm (1797-1888) und sein noch keineswegs im Amt gefestigter Ministerpräsident Bismarck strebten danach, das Bild der Monarchie im Innern mit Hilfe der Presse zu stärken.[30] Die konservative Idee des

---

v. Bose für Allgemeines Kriegs-Departement, Hering, Kriener für Militair-Oekonomie-Departement, GStA PK, III. HA, 2.4.1./I., Nr. 10587.

[25] Promemoria vom 4. Okt 1863, GStA PK, III. HA, 2.4.1./I., Nr. 10587.

[26] Ebendort.

[27] Zugleich wurde für den Fall eines internationalen Vertrages die Festschreibung des Gegenseitigkeitsprinzips angemahnt. Diese Klausel wurde dann aber von preußischer Seite nicht gefordert. Ebendort.

[28] Roon an Bismarck, 16. Dezember 1863, GStA PK, III. HA, 2.4.1./I., Nr. 10587. Dr. Loeffler verhinderte auch, dass das Sanitätspersonal hinter den feindlichen Linien Verwundete eigener Nationalität aufsammeln sollte. Promemoria vom 4. Okt 1863, GStA PK, III. HA, 2.4.1./I., Nr. 10587.

[29] Roon an Bismarck, 16. Dezember 1863, GStA PK, III. HA, 2.4.1./I., Nr. 10587. Am 13. November 1863 hatte die dänische Regierung dem Reichstag eine Verfassung vorgelegt, die die Territorialordnung des Zweiten Londoner Protokolls in Frage stellte.

[30] König Wilhelm und Bismarck standen unter dem politischen Druck der Nationalbewegung, und Bismarcks Versuch, die Zensur zu verschärfen (Preßordonnanz vom 1. Juni 1863) war gerade aufgrund scharfen Widerstands im Abgeordnetenhaus gescheitert. Daraufhin ließ er die *Provincial-Correspondenz* gründen, um die öffentliche Meinung stärker zu beeinflussen. Die halbamtliche Zeitung avancierte schnell zum „auflagenstärksten und einflussreichsten politischen Blatt Norddeutschlands ... und wurde so regelmäßig

„sozialen Königtums" eines Lorenz Stein (1815-1890), die in der Kreuzzeitung von Hermann Wegener (1815-1889) aufgegriffen wird, deutet eine weitere Strategie an, mit der das Königtum Unterstützung (zurück-) gewinnen will.[31] Doch aufgrund des nahenden Krieges meinte Roon, dass es noch nicht opportun wäre, den König mit der Gründung der Hilfsvereine in eine zu enge Verbindung zu bringen:[32] Es könnte falsch verstanden werden. Infolgedessen übernahmen Wilhelm und Augusta erst nach Ende des Krieges mit Dänemark im Jahre 1865 die Schirmherrschaft über die preußischen Hilfsvereine. Von da an wurde das Engagement der Königin für die Vereine ein beliebtes Thema in der halbamtlichen Presse, insbesondere in der regierungsgesteuerten Provinzial-Correspondenz.[33]

Abb. 2: Albrecht Graf von Roon (1803-1879), Offizier und Geograf, preußischer Kriegs- und Marineminister (1859 bzw. 1861-1871), Mitglied des preußischen Abgeordnetenhauses (1859-1871) mit zweijähriger Unterbrechung), vorübergehend preußischer Ministerpräsident bis 1873, bei Eintritt in den Ruhestand Ernennung zum Generalfeldmarschall. ‚Carte de visite' Fotografie, um 1870.

von der parteipolitischen Konkurrenz zitiert, dass sie jeden *citation index* der Blätter der 1860er-1880er Jahre anführen würde; sie galt als Stimme ihres Herrn, des preußischen Ministerpräsidenten und Reichskanzlers Otto von Bismarck ... Die Provincial-Correspondenz ... sollte ... positive Öffentlichkeitsarbeit für die preußische Regierung betreiben". Zitat Staatsbibliothek Berlin, 12. Nov. 2006, http://amtspresse.staatsbibliothek-berlin.de.

[31] Vgl. Nipperdey: Deutsche Geschichte 1800-1866, S. 732.

[32] Roon an Bismarck, 16. Dezember 1863, GStA PK, III. HA, 2.4.1./I., Nr. 10587.

[33] So berichtete die halbamtliche *Provinzial-Correspondenz* wiederholt über das Engagement der Königin und ausführlich über die 1869 in Berlin abgehaltene internationale Konferenz der Rot-Kreuz-Gesellschaften, siehe: Der internationale Kongreß für die Pflege der im Felde verwundeten und erkrankten Krieger: In: Provinzial-Correspondenz Nr. 17, Siebenter Jahrgang. 28. April 1869, http://amtspresse.staatsbibliothek-berlin.de/vollanzeige.php?file=9838247/ 18691869-04-28.xml.

Doch die Aufrufe, dem mit Kriegsbeginn im Februar 1864 gegründeten *Preußischen Central-Verein zur Pflege im Felde verwundeter und erkrankter Krieger* beizutreten, weisen auf ein weiteres Problem hin. Während der erste Aufruf zum Beitritt bzw. zur Gründung von lokalen Hilfsvereinen noch ausführlich den Zweck des Genfer Konventionsentwurfs beschrieb und auf die Prinzipien der Humanität, der Neutralisierung der Verwundeten und der Helfer hinwies, standen bei den folgenden Aufrufen *patriotische* Appelle im Vordergrund: Beim „Kulturtransfer" der Genfer Normen kam es also zu einer nicht ganz überraschenden *Umdeutung*. Der *internationalistische* Kern der Initiative Dunants wurde schnell verdrängt und geriet bald in Vergessenheit.[34]

Abb. 3: Louis Napoleon Bonaparte (1808-1873),
Carte de visite Fotografie der Firma Valette, um 1860.

---

[34] Wie Riesenberger zeigt, förderte die Rot-Kreuz-Bewegung bis zum Ersten Weltkrieg die Militarisierung der deutschen Gesellschaft. Aus sozialpsychologischer Perspektive mündete die Gründung der lokalen, provinzialen und der zentral-nationalen Rot-Kreuz-Gesellschaften, insbesondere die Übernahme der Schirmherrschaft durch das Königspaar in Preußen in eine Steigerung des Vertrauens in die Fürsorgefähigkeit der Monarchie und der Autoritäten für das Heer und eine Stabilisierung der gesellschaftlichen Rollenverteilung zwischen Monarchie, Adel, Großbürgertum und dem aus dem mittleren und einfacheren Bürgertum und aus der Arbeiterschaft sich rekrutierenden freiwilligen Helferinnen und Helfer. Vgl. Kapitel über das DRK im Kaiserreich bei Riesenberger, Dieter: Das Deutsche Rote Kreuz. Paderborn 2002, S. 28-123.

Wie lässt sich nun die französische Unterstützung für die Genfer Konvention erklären? Der französische Kriegsminister César A. Randon (1795-1871) lehnte die Empfehlungen der Genfer Vorkonferenz von 1863 ab und empfand Dunants Buch als eine Beleidigung für die französische Armee. Sein Ministerium befürchtete ferner, dass Freiwilligenverbände die militärischen Operationen behindern und beim Sanitätsdienst der Armee zu Kompetenzverlusten führen könnten.

Doch Kaiser Napoleon III. (1808-1873) musste auch andere Gesichtspunkte berücksichtigen. Auch in Frankreich erstarkte seit Ende der fünfziger Jahre die liberale und republikanische Opposition.[35] Neben dem Vertrauensverlust auf internationalem Parkett aufgrund des Krieges von 1859 musste Napoleon heftige innenpolitische Attacken in der Presse und Publizistik über sich ergehen lassen. Um sich bei Liberalen, Republikanern und Katholiken beliebter zu machen und der zivilisatorischen Idee gerecht zu werden, auf der in der französischen Öffentlichkeit das nationale Selbstverständnis gründete, versuchte der Bonaparte sich als Friedens- und Menschenfreund in Szene zu setzen – etwa durch eine „humanitäre" Intervention in Syrien, einen Konferenzvorschlag zur polnischen Frage und Mediationsversuche im amerikanischen Bürgerkrieg sowie vor dem Ausbruch des deutsch-dänischen Krieges. Dunant nutzte dieses Streben geschickt aus, indem er dem Bonaparte indirekt und direkt die Information zukommen ließ, dass das preußische Königspaar die Initiative zur Neutralisierung der Kriegsverwundeten und Sanitätsverbände innig befürworte und er es persönlich bedaure, dass sich Frankreich, dessen Bestimmung es sei, die Zivilisation anzuführen, noch nicht an die Spitze der Bewegung gestellt hätte. Diesem Werben konnte sich der Kaiser nicht widersetzen.[36]

Infolgedessen schälte sich im Frühjahr 1864 ein Kompromiss zwischen Kaiser und Kriegsministerium heraus. Einerseits signalisierte das Außenministerium öffentlichkeitswirksam Zustimmung zum Genfer Projekt, um den Kaiser in ein günstiges Licht zu setzen. Andererseits machte die französische Delegation auf der Diplomatenkonferenz von 1864 Vorbehalte geltend. Sie zielte vor allem darauf ab, jegliche Aushöhlung der staatlichen Souveränität zu verhindern.[37] Die französische Delegation setzte durch, dass die freiwilligen Hilfsvereine in der

---

[35] Vgl. Baumgart, Winfried: Europäisches Konzert und nationale Bewegung: Internationale Beziehungen 1890-1878. Paderborn, Zürich 1999, S. 101.

[36] Im Februar 1864 stimmte er der Überprüfung von Dunants Vorschlägen zu. Vgl. Manifeste du Comité central français, in: Dunant (1918), S. 117f.

[37] Vgl. zum französischen Beitrag zur Konferenz aus französischer Sicht: Jaegerschmidt an Drouyn de Lhuys, 6. Aug. 1864, in: Archives du ministère des affaires étrangères (im Folgenden: AMAE), Suisse 79 (Convention de Genève 1864).

Konvention nicht einmal erwähnt wurden, so dass es jedem Land selbst überlassen blieb, Hilfsvereine zu gründen oder nicht. Außerdem erreichte sie, dass jegliche Benutzung des Roten Kreuzes nur mit Genehmigung der Kriegsbehörden erfolgen durfte. Dadurch sicherte es die Unterordnung der Hilfsvereine unter das Militär.

Abb. 4: Unterzeichnung der Genfer Konvention im Genfer Rathaus am 22. August 1864. Nach einem Gemälde von Charles Édouard Armand-Dumaresq. Pressestelle des IRK.

Nach der Unterzeichnung der Konvention mangelte es jedoch offenbar an Unterstützung der Rot-Kreuz-Bewegung durch die französische Obrigkeit. Es geschah im Kaiserreich nichts, was auf einen Transfer der Genfer Ideen schließen ließe. Zwar wurde ein Rot-Kreuz-Zentralkomitee aus Notabeln gegründet, doch wie Dunant beklagt, ging die „haute société" bis zum Kriegsausbruch 1870 nicht daran, eine breite Massenorganisation aufzubauen. Obwohl das Kaiserpaar seit 1865 die Schirmherrschaft über die französische *Société de secours des militaires blessés* innehatte, gab es kaum Ortsverbände, kaum freiwillig organisierte Pfleger und Ärzte und keine Depots mit gespendeten Materialien.[38] Lediglich im Genf benachbarten Lyon entstand aufgrund der zivilgesellschaftlichen Verbindungen

---

[38] Dunant (1918), S. 97.

zwischen beiden Städten eine starke lokale Hilfsorganisation. Offenbar ging es Napoleon lediglich darum, im Licht der Presse als menschenfreundlicher Monarch zu erscheinen. In Frankreich ging es also vordringlich um die Inszenierung der Monarchie; in Preußen hingegen spielten historische Erfahrungen mit freiwilligen Hilfsgesellschaften, der Kostenfaktor und wachsende Kriegsbereitschaft die Hauptrolle. Wenn bei diesen Großmächten eine gewaltige Portion Opportunismus den Ausschlag für die Unterstützung der Genfer Konvention gab, waren die Motive bei den Klein- und Mittelstaaten vielseitiger: Für die große Mehrheit der europäischen Regierungen gilt, dass sie die Rot-Kreuz-Bewegung 1863/64 aufgrund der Instabilität des internationalen Systems – gewissermaßen als Vorsichtsmaßnahme für einen unerwünschten Kriegsfall – unterstützten. Die bewusste Inszenierung monarchischer Fürsorglichkeit, also die Steuerung der öffentlichen Meinung, humanitäre Beweggründe sowie fiskalische Erwägungen traten als weitere Motive hinzu.[39] So änderte die Führung der Habsburgermonarchie nach den Erfahrungen des Deutschen Krieges ihre Meinung und schloss sich ebenfalls der Konvention an. Sie verband diesen Schritt mit der Unterstützung der neuen Monatszeitschrift „Der Militärarzt", die die Ärzteschaft der Doppelmonarchie über alle laufenden Entwicklungen der Rot-Kreuz-Bewegung unterrichtete. Der Humanitätsaspekt wurde auch hier zur Stabilisierung fürsorglicher Erwartungen seitens des Volkes an die Monarchie öffentlichkeitswirksam eingesetzt.

Wirkungen der Genfer Konvention

Die Wirkungsgeschichte der Genfer Konvention tritt in der Ambivalenz hervor, die zwischen dem humanitär-internationalistischen Grundgedanken der Rot-Kreuz-Bewegung einerseits und der patriotisch-militaristischen Umdeutung in einigen Ländern besteht. Sie kann plakativ mit den Stichworten Rettung von Menschenleben, internationale Vernetzung der Rot-Kreuz-Vereine und Globalisierung der Normen, Sensibilisierung der Öffentlichkeit, mediale Instrumentalisierung und Nutzung der Rot-Kreuz-Bewegung zur Mobilisierung für den Krieg angedeutet werden.

In den Jahren 1864 und 1866 entsandte das Genfer Internationale Hilfskomitee der Rot-Kreuz-Bewegung erstmals Beobachter, die im Deutsch-Dänischen

---

[39] Wie König Johann von Sachsen durchblicken ließ, würde „eine Nation, die ihre Teilnahme an einem solchen humanitären Werk versage [...] die europäische Öffentlichkeit gegen sich haben". Zit. nach Gumpert (1938), S. 118.

und im Deutschen Krieg erfolgreich auf die Einhaltung des Neutralisierungsprinzips drängten.[40] Im ersten Krieg nach Unterzeichnung der Konvention, dem Deutschen Krieg von 1866, entschieden sich Preußen und Italien, die Genfer Konvention einseitig anzuwenden, obwohl Österreich sie noch nicht ratifiziert hatte. Mit Hilfe der Rot-Kreuz-Gesellschaften wurde die Kriegführung im Innern durch die bessere Versorgung der Verwundeten, nach Außen durch die Einhaltung internationaler Rechtsnormen zusätzlich legitimiert. Die Instrumentalisierung der Bewegung wird durch die Anordnung Bismarcks besonders deutlich, die in Preußen bereits zahlreichen lokalen Hilfsvereine zu zentralisieren.[41] Aber auch die unilaterale Anwendung der Konvention zugunsten Österreichs, das der Konvention vor dem Krieg nicht beigetreten war, geschah aus Berechnung. Da die Strategie der Heeresführung auf einen schnellen Sieg ausgerichtet war, wird man den militärischen Nutzen der verbesserten Pflege gering veranschlagen müssen. Der Nutzen lag vielmehr im humanitären und im öffentlichkeitspolitischen Bereich. Denn da die Preußen vorrückten, kamen Zehntausende von österreichischen Kriegsverwundeten in preußische Behandlung, was anders herum nicht der Fall war. Der öffentlichkeitspolitische Effekt gerade im Ausland wurde noch verstärkt durch das aufrichtige Engagement der Königin Augusta für die Idee der Rot-Kreuz-Bewegung. Die innenpolitische und persönliche Gegnerin Bismarcks sah ihre Aufgabe darin, Ärzte und Pflegerinnen bei ihren Besuchen in Hospitälern zu unterstützen und mahnte, die feindlichen Soldaten genauso so gut zu behandeln wie die eigenen. Diese Äußerungen stießen in Preußen nicht überall auf Sympathie und brandmarkten die Königin als „Internationalistin"; sie wurden aber in der Presse des Auslands und auch beim Genfer Komitee des Roten Kreuzes mit großer Zustimmung registriert.[42] Die Königin als Rot-Kreuz-Übermutter:

---

[40] Zur Anwendung der Genfer Konvention in Kriegen und ihrer Weiterentwicklung vgl. die völkerrechtliche Abhandlung von Bugnion, François: Le Comité international de la Croix Rouge et la protection des victimes de la guerre. 2. Auflage, Genf 2000 (Erstaufl. 1994).

[41] Bismarck forderte vor Beginn des Krieges kühl die Koordination der Hilfsvereine durch eine Königliche Immediat-Kommission, um ihre Wirksamkeit zu verbessern. Memorandum Bismarcks für Kriegsminister von Roon und den Minister für geistliche, Unterrichts- und Medizinalangelegenheiten Heinrich von Mühler vom 3. Juni 1866, Ministerium für geistliche, Unterrichts- und Medizinal-Angelegenheiten, GStA PK, I. HA Rep. 76 VIII B, Nr. 1681.

[42] Die distanzierte Anmerkung ihres späteren Biographen, des deutsch-national gesinnten Historikers Hermann von Petersdorff, dass Königin Augusta in ihrer Arbeit für das Rote Kreuz leider nicht vom „nationale[n] Gedanke[n]" geleitet gewesen sei, sondern „lediglich allgemein menschliche Motive" und die „Internationalität" des großen Vor-

Obgleich sie gegen den Krieg war, trug sie durch ihr Handeln zur Popularisierung der Rot-Kreuz-Bewegung und zur Inszenierung des Bildes einer fürsorgli-
chen Monarchie entscheidend bei. Wie Dunant, der bei den Feierlichkeiten zum
Sieg über Österreich auf Einladung der Königin in Berlin weilte, in seinen Erinnerungen schildert, wehten fast so viele Rot-Kreuz-Flaggen wie preußische Fahnen an den Straßen und öffentlichen Gebäuden Berlins.[43] Patriotismus und Rot-
Kreuz-Bewegung gingen so eine mehrdeutige Symbiose ein.

Im Deutsch-Französischen Krieg wurde die Konvention erstmals beidseitig
angewandt. Das Genfer Komitee und zahlreiche Rot-Kreuz-Gesellschaften aus
Drittstaaten halfen den Sanitätsorganisationen der Kriegsparteien zunächst gemäß Beschluss der Berliner internationalen Rot-Kreuz-Konferenz von 1869 bei
der Pflege der Kriegsverwundeten,[44] mussten jedoch in der Praxis bald feststellen,
dass die Militärführungen sich lieber auf die Zusammenarbeit mit eigenen nationalen Hilfsverbänden beschränkten. Die ausländischen Ärzte inspizierten dann
vor allem die Einhaltung der Neutralisierungsbestimmungen in den Spitälern
und verschafften sich Wissen über die kriegsmedizinische Praxis.

Wenn sich auch auf französischer Seite, wo bei Kriegsausbruch noch keine
einsatzfähige Rot-Kreuz-Organisation bestand, die Einhaltung der Genfer Normen während des Krieges allmählich verbesserte,[45] hing dies mit der Sensibilisie-

habens im Auge gehabt habe, ist bezeichnend. Vorwurfsvoll fügt der Reichshistoriker
hinzu, „ihre Gedanken schweiften über den deutschen Rahmen hinaus". Hermann von
Petersdorff, ADB Bd. 46, S. 89-143, hier S. 128., S. 131. Auch ihre austrophilen bzw.
frankophilen Äußerungen während der Kriege 1866 und 1870/1871 wurden von den
Zeitgenossen nicht goutiert. Auch gegen die Bombardierung der französischen Hauptstadt erhob sie – vergeblich – Einwände. Vgl. ebendort, S. 127-133. Siehe zur Reaktion
des Internationalen Komitees auf Äußerungen der Königin: Moynier (1883), S. 61.
[43] Dunant (1918), S. 97.
[44] „Die internationale Konferenz beschließt, die der Genfer Konvention beigetretenen
Regierungen zu ersuchen, nachstehende Vereinbarung zu treffen: Im Falle eines Krieges
stellen die am Kriege nicht beteiligten Mächte diejenigen Militärärzte ihrer Armee,
welche ohne Benachtheiligung des Friedensdienstes entbehrt werden können, zur Verfügung der kriegführenden Parteien, um dieselben zu dem Dienste der Verwundeten in
den Kriegslazarethen zu verwenden. Die Entsendung der für diesen Zweck kommandirten Aerzte erfolgt unmittelbar nach erfolgter Kriegserklärung. Die für diesen Zweck
kommandirten Militärärzte treten unter den Befehl des Armeearztes derjenigen kriegführenden Macht, welcher sie zugetheilt worden sind". Der internationale Kongreß für
die Pflege der im Felde verwundeten und erkrankten Krieger. In: Provinzial-Correspondenz Nr. 17, Siebenter Jahrgang. 28. April 1869, http://amtspresse.staatsbibliothek-
berlin.de/vollanzeige.php?file =9838247/1869/1869-04-28.xml
[45] Vgl. Moynier (1883), S. 62.

rung der Öffentlichkeit wichtiger neutraler Länder zusammen. In der Londoner *Times* z. B. erschienen während des Krieges nicht weniger als 107 Artikel, die auf die Genfer Konvention rekurrierten. Die Artikelserie „Aid to the Sick and Wounded" sprach die Empathie der Leser und Leserinnen besonders an; sie enthielt detaillierte Berichte über die Bestimmungen der Konvention, die Qualität und Ausstattung der Sanitätsdienste und Hilfsgesellschaften, neu entwickelte Hilfsgeräte, Tragbahren und Eisenbahnlazarette sowie die Aktivitäten und Probleme der Hilfsgesellschaften Großbritanniens und anderer Länder.[46] Wenn Verletzungen der Konvention bekannt oder behauptet wurden, waren die Kriegsparteien vor der transnationalen Öffentlichkeit einem Rechtfertigungsdruck ausgesetzt. So übergab der inzwischen aus dem Genfer Komitee ausgeschlossene Dunant, der während des Krieges in Paris beim Aufbau der französischen Rot-Kreuz-Hilfsorganisation mitwirkte, dem französischen Außenminister Jules Favre am 10. September einen Appell mit der Aufforderung, den Soldaten die Normen der Genfer Konvention beizubringen.[47]

Das Genfer Komitee, das 1875 seinen heutigen Namen, „Internationales Komitee des Roten Kreuzes", annahm, konnte seine Rolle im Krieg von 1870/71 festigen. Es agierte als Verbindungsstelle für das entstehende Netzwerk der Hilfsvereine, wirkte auf die kriegführenden Regierungen ein und entwickelte sich zu einer bedeutenden Nichtregierungsorganisation mit internationaler Berufung. Es richtete erstmals in Basel ein Büro zum Informationsaustausch über Kriegsgefangene ein, verteilte Hilfsgüter und Post und vermittelte bei der Repatriierung von Schwerverwundeten. Dunant verhandelte als Vertreter des Französischen Roten Kreuzes mit der deutschen Heeresleitung erfolgreich über die Evakuierung von Zivilisten aus Kampfgebieten der belagerten Hauptstadt. Damit zeichneten sich weitere Aufgaben ab, in denen das Internationale Komitee im 20. Jahrhundert tätig werden würde.[48] Außerdem beschleunigte das Rot-Kreuz-Netzwerk den medizinisch-technologischen Fortschritt in der Kriegsverwundetenpflege und

---

[46] Noch während des Krieges von 1870 gründete das Internationale Komitee in Genf ein Büro, das Nachrichten über Verwundete und Vermisste sammelte und deren Angehörigen zur Verfügung stellte.

[47] Henri Dunant an Impératrice Eugénie, 10. Sept. 1870, übermittelt an den Minister für Auswärtige Angelegenheiten der Nationalen Verteidigung Jules Favre, in: Dunant (1918), S. 139f.

[48] Die Genfer und Haager Konventionen von 1906 und 1907 erweiterten den Schutz auf den Seekrieg, die Haager Konvention von 1907 und die Genfer Konvention von 1929 auf Kriegsgefangene, die Genfer Konventionen von 1949 auf Zivilisten und das Zusatzprotokoll von 1977 auf Bürgerkriege.

dem Verwundentransport: Ambulanzpferdewagen wurden nach preußischem Vorbild bald von ganzen Lazarettzügen und Lazarettschiffen ersetzt.

Durch die nach zeitgenössischen Berichten und Perzeptionen weitgehend positiven Wirkungen der Genfer Konvention erwarb sich diese in wenigen Jahren eine zunehmend universelle Zustimmung. Allerdings diente sie indirekt dazu, den Krieg als Mittel der Politik in einer Zeit immer zerstörerischer Waffen zu legitimieren – wenn auch nur in sekundärer Hinsicht, denn die Instrumentalisierung des Nationalismus spielte bei Weitem eine entscheidendere Rolle – und zugleich zu definieren, wer die Konvention respektierte und damit zur „Zivilisation" gehörte – zum Beispiel Japan in den Kriegen von 1894/95 gegen China und 1904/05 gegen Russland – und wer nicht – wie etwa die Türken 1876-1878. Übersehen wurde seitens der Rot-Kreuz-Bewegung und der Kriegsvölkerrechtler allerdings, dass sich bereits in der zweiten Phase des Deutsch-Französischen Krieges eine neue Art von Volkskrieg entwickelte, der ernstlich in Frage stellte, ob internationale Normen in dem aufziehenden Zeitalter der Ideologien überhaupt noch Geltungskraft besitzen würden.

Schluss

Wie also interagierten zivilgesellschaftlicher Internationalismus und europäisches Staatensystem unter dem Einfluss des humanitären Impulses zwischen 1863 und 1871? Zunächst einmal ist festzuhalten, dass die in relativ liberalen politischen Systemen entstehende Zivilgesellschaft mit Hilfe der Presseöffentlichkeit und der transnationalen Expertenkongresse nach 1848 allmählich Einflussmöglichkeiten auf die internationale Politik entwickelte, die sie zuvor nicht oder kaum gehabt hat: Sie begann 1863/1864 zur Genese internationaler Normen beizutragen.[49] Dank der Rot-Kreuz-Bewegung wurde die Neutralität der Kriegsverwundeten und der Sanitätsdienste als Beitrag zur Linderung der Folgen des hochtechnisierten Krieges und als zivilisatorischer Mindeststandard zum Prinzip mit *potentiell* universeller Gültigkeit erhoben.[50] Dies kam dadurch zum Ausdruck, dass die Rot-Kreuz-Bewegung seit 1880 auch ein anderes religiöses Symbol, den Roten

---

[49] Bereits zuvor hatte die britische abolitionistische Bewegung sich mit wachsendem Erfolg für die Unterdrückung des Sklavenhandels im Atlantik eingesetzt. Die Bewegung für Schiedsgerichtsbarkeit konnte dagegen auf dem Pariser Kongress 1856 nur ein müdes Lippenbekenntnis zur bereits gängigen Mediationspraxis hervorbringen, ein Durchbruch gelang ihr erst in den siebziger Jahren.

[50] In Kriegen mit sogenannten Eingeborenen wandten die Europäer die Grundsätze des humanitären Kriegsvölkerrechts jedoch nicht an.

Halbmond, und die japanische Rot-Kreuz-Bewegung in ihrer Mitte akzeptierte.[51] Außerdem sensibilisierte die Rot-Kreuz-Bewegung die Öffentlichkeit für die Folgen des modernen Krieges. Ob sie damit zur langen Friedensphase nach 1871 beitrug, muss Spekulation bleiben.

Die Bedeutung der Genfer Konvention geht jedoch noch weiter. Analog zu ihr entwickelten sich seit den 1860er Jahren in vielen anderen Bereichen – so im Telegraphie-, Post-, Eisenbahn-, Maß-, Münzwesen und Stromwesen – sogenannte multilaterale Regime, d.h. auf Konventionen basierende Codices, mit denen einzelne Rechtsgebiete und Verflechtungsebenen international reguliert und vernormt wurden.[52] Neu war es, dass auch Staaten außerhalb des Europäischen Konzerts der Großmächte an der Ausgestaltung dieser Regime aktiv mitwirkten. Es entwickelte sich eine neue Ebene der multilateralen Rechtssetzung. Der Internationalismus diente auf diese Weise als stabilisierendes Element in einem vor dem Ersten Weltkrieg zunehmend pathologischen Staatensystem.

Die Unterschiedlichkeit der kleinstaatlichen einerseits, der französischen und preußischen Motive zur Unterstützung der Genfer Konvention andererseits und ihre Umdeutung beim Transfer in den innerstaatlichen Raum verdeutlicht jedoch, dass der Internationalismus immer dort, wo staatliche Souveränität involviert war, an Grenzen stieß beziehungsweise der Herrschaftsordnung, hier insbesondere der nach Anerkennung strebenden Monarchie, in irgend einer Weise zugute kommen musste. Diese Möglichkeit bot die Genfer Konvention, indem sie den Monarchien eine Plattform zur Inszenierung ihrer Fürsorglichkeit zur Verfügung stellte. Das bedeutet, dass Staaten Internationalismus nicht immer aus den gleichen Motiven heraus unterstützen wie ihre zivilgesellschaftlichen Protagonisten. Aus diesen Gründen sollte die Internationale Geschichte stets die wechselseitigen Verbindungen und gegebenenfalls auch Gegensätze zwischen der gesellschaftlichen, politischen und der kulturellen Ebene, insbesondere was den Transfer von Normen anbelangt, im Auge behalten. In diesen Verbindungen tritt die Bedeutung von Persönlichkeiten wie Dunant und Moynier hervor, die dazu beitrugen, einen durch Werte, Regeln und Normen geformten, transnationalen, zunächst europäischen, dann über Europa hinausgreifenden Rechtsraum zu kon-

---

[51] Die förmliche Annerkennung des Roten Halbmondes erfolgte indessen erst nach dem Ersten Weltkrieg.

[52] Vgl. dazu die juristische Habilitationsschrift von Vec, Miloš: Recht und Normierung in der Industriellen Revolution: Neue Strukturen der Normsetzung in Völkerrecht, staatlicher Gesetzgebung und gesellschaftlicher Selbstnormierung. Frankfurt am Main 2006.

struieren. Für ein modernes Geschichtsbewusstsein ist ein Verständnis dieser Bemühungen – und ihrer Grenzen und Misserfolge – wesentlich.

Prof. Dr. Matthias Schulz
Université de Genève
Département d'histoire générale
Rue Saint-Ours 5
CH-1211 Genève
matthias.schulz@unige.ch

Between a humanitarian *ethos* and the military efficiency: The early days of the Spanish Red Cross, 1864-1876[*]

Jon Arrizabalaga and Juan Carlos García-Reyes

Abstract

Spain was officially represented at the preliminary international conference the "International Committee for the Assistance to Sick and Wounded Soldiers" (better known as the "Geneva Committee") organised at Geneva in October 1863; and joined the Red Cross one year later on the occasion of the first Geneva Convention in August 1864.

This article explores the ambivalence between the humanitarian *ethos* and the military efficiency in the early Spanish Red Cross through the works of Nicasio Landa (1830-1891). A medical major of the Spanish Military Health Service, the co-founder of the Spanish section of the Red Cross in 1864, and its general inspector in 1867, Landa was its most active promoter, and responsible for its connections with the Geneva Committee and other national sections of this international association during its early times. He was not only an active correspondent, but also a prolific author of monographs, leaflets and articles in specialized and daily newspapers on humanitarianism and war medicine, in addition to being the founder of the Spanish Red Cross journal *La Caridad en la Guerra* in 1870.

Introduction

From 1750, the sensitivity for humanitarian reform rapidly spread throughout Western Europe and North America, in spheres as diverse as the abolition of slavery, improvement of slums and of the life conditions of the insane, the indigent and the imprisoned, relief of the destitute, children's schooling, women's education, concern for primitive peoples, and so on. This sensitivity was the result of a combination between the Enlightenment idea that humanity could be improved by the reform of laws and change in social structure, and the humanitarian ethic of active compassion towards "the others", a word whose meaning would gradually extend during the course of the following two hundred years

[*] This study is an outcome of the research project HUM2006-02263/HIST, which is funded by the General Direction of Research, Ministry of Science and Innovation, Spain.

until becoming fully universal beyond any tribal, caste, religious, political or national division.[1]

Twenty-five years ago, Thomas L. Haskell argued that the influence of capitalism on the origins of humanitarian sensitivity was mediated, not so much by class interest as "through the changes the market wrought in *perception* or *cognitive style*", mainly as a result of "the power of market discipline to inculcate altered perceptions of causation in human affairs". According to him, the market taught people two lessons, namely the need "to keep their promises" and the need "to attend to the remote consequences of one's actions".[2]

On the other hand, in a plea for a new social history of philanthropy, Alan J. Kidd emphasised the need to understand charity and "mutual aid networks" as varieties of "giving behaviour", the former being an unequal relationship, while the latter being based on the crucial notion of reciprocity, by which solidarity is created and relationships are affirmed. He claimed that "in mutual aid networks reciprocity need not be bipolar (in recurring pairs), it can be deferred or mediated (long-chain rotations), but integral to the gift is the obligation it creates to reciprocate". And he added that this notion of reciprocity was "essential to beneficence" and "applicable to all forms of philanthropy, not just the relief of poverty".[3]

During the second half of the nineteenth century the most disparate philanthropic initiatives were given fresh impetus, in close connection with the peak of humanitarianism and coinciding with the Second Industrial Revolution and the imperial expansion of the European powers. Competition among the different powers for the control of markets multiplied the number of wars that took place first inside Europe and later increasingly in colonial settings.[4] War and medicine underwent a technological revolution during the period between the American Civil War (1861-1865) and the First World War (1914-1918). The mili-

---

[1] Nisbet, Robert A.; The Editors: History of the social sciences. In: Encyclopaedia Britannica, 15th edition, Chicago et al. 1974, vol. XXVII, p. 366-375, at p. 369; [Wikipedia] "Humanitarianism", Wikipedia. The free encyclopedia, at http://en .wikipedia.org/ wiki/Humanitarianism (retrieved on 18 November 2009)

[2] Haskell, Thomas L.: Capitalism and the origins of the humanitarian sensibility. The American Historical Review, 90 (1985), p. 339-361 and p. 547-566, p. 551 [his italics].

[3] Kidd, Alan J.: Philanthropy and the 'social history paradigm'. Social History 21 (1996), p. 180-192, p. 186, 188.

[4] Hobsbawm, Eric J.: The age of capital, 1848-1875. London 1975; Wallerstein, Inmanuel: The modern world-system, vol. III: the second great expansion of the capitalist world-economy, 1730-1840's. San Diego 1984; Haskell (1985).

tary health services of the European armies were the subject of profound reforms as a result of the great new challenges provoked by modern warfare.[5] And universal exhibitions, from the symbolic Great Exhibition of London in 1851 until that of San Francisco in 1915, were the showcases where different nation states displayed as achievements of their national industries, many technological inventions and innovations, among them those concerning war medicine.[6]

The early Red Cross movement was an expressive example of how from 1850 onwards humanitarianism penetrated into the sphere of warfare, as well as of the inextricable links this new sensitivity had with the demands of the Second Industrial Revolution,[7] where the keys to understanding the discursive and pragmatic ambivalence between Red Cross' humanitarian *ethos* and its instrumental condition to improve the military efficiency in wartime should be looked for. As the prematurely late John F. Hutchinson stressed, the early success of the Red Cross movement was closely related to the appreciation by the leaders of the great European powers that the 1864 Geneva Convention and the formation of Red Cross national societies were "appropriate solutions to the new problems of making war with conscript armies in the age of a communications revolution".[8] These circumstances nourished what Hutchinson qualified as "the great paradox of later Red Cross history", namely,

"the continuing tension, verging at times on a tug-of-war between those who regarded the Geneva Convention as a first step on the road to building a higher civilization, and those who saw the useful services these volunteer organizations could render to the militaristic nationalism of late nineteenth-century Europe".[9]

---

[5] Cooter, Robert: War and modern medicine. In: Bynum, William F.; Porter, Roy (eds.): Companion encyclopedia of the history of medicine. London 1993, 2 vols.: vol. II, 1536-1573.

[6] Bury, John: The idea of progress: an inquiry into its origin and growth. London 1920, 329-333; Plum, Werner: Exposiciones mundiales en el siglo XIX: Espectáculos del cambio socio-cultural. Bonn 1977 [original German ed 1975], p. 82-86; Rydell Robert W.: All the world's a fair: visions of empire at American International Expositions, 1876-1916. Chicago 1984; Greenhalgh, Paul: Ephemeral vistas: the Expositions Universelles, great exhibitions and world's fairs, 1851-1939. Manchester 1988, p. 52-80.

[7] Haskell (1985); Hutchinson John F.: Rethinking the origins of the Red Cross. Bulletin of the History of Medicine, 63/4 (1989), p. 557-578; Hutchinson, John F.: Champions of charity. War and the rise of the Red Cross. Oxford 1996.

[8] Hutchinson (1989), p. 561.

[9] Hutchinson (1989), p. 578.

This article explores the ambivalence between the humanitarian *ethos* and the military efficiency in the early Spanish Red Cross, mostly through the works of Nicasio Landa (1830-1891). A medical major of the Spanish Military Health Service who, along with the Count of Ripalda (1810-1876), founded the Spanish section of the Red Cross in 1864 and became its general inspector in 1867, Landa was its most active promoter, and was responsible for its connections with the Geneva Committee and other national sections of this international association during its early times. Unlike Ripalda, the president of the Spanish Red Cross until his death in 1876, of whom only the correspondence with the Geneva Committee appears to have been preserved, Landa was not only an active correspondent, but also a prolific author of monographs, leaflets and articles in specialized and daily newspapers on humanitarianism and war medicine, in addition to being the founder of the Red Cross journal *La Caridad en la Guerra*. (Pamplona April 1870-March 1871; Madrid April 1871).

The early days of the Spanish Red Cross

In October 1863, the five outstanding Geneva citizens who founded the "International Committee for the Assistance to Wounded Soldiers",—soon better known as the "Geneva Committee" and from 1884 as the "International Committee of the Red Cross", ICRC—organised an international conference of experts whose resolutions included the setting up of national committees for the assistance of wounded soldiers—later known as the national societies of Red Cross and Red Crescent—which promoted provincial and local sections, and offered their services to their states' governments by preparing material resources and instructing voluntary nurses in peacetime, as well as by providing assistance to their armies in wartime, always with the agreement of the military authorities.[10]

The Spanish delegates to this conference were Nicasio Landa as the representative of the Spanish Ministry of War, and José-Joaquín Agullo, Count of Ripalda and life senator from 1864, on behalf of the Military Hospitaller Order of Saint John of Jerusalem, whose long historical role in the assistance of the sick and wounded in wars would lead it to be entrusted by the Geneva Committee with the formation of the Spanish association of the Red Cross.[11]

---

[10] Boissier, Pierre: History of the International Committee of the Red Cross. From Solferino to Tsushima. Geneva 1985, p. 80-81.

[11] Giménez Enrich, Saturnino: Anales de la Cruz Roja: origen, vicisitudes, y desenvolvimiento de la asociación que lleva este nombre. Barcelona c.1874, p. 260-268.

The royal order (6 July, 1864) making this official, authorized the formation of a Spanish Central Committee and entitled it to instruct and organize "sections of voluntary male nurses of civil class", to prepare the "material resources of every kind to secure assistance to wounded in the battlefield", and to establish "premises where they ought to be helped". This royal order included the acceptance by Queen Isabella II (1843-1868) of "the idea of neutrality for the wounded enemies on the battlefield and for their assistance service, with those exceptions that were considered as convenient by the generals in chief, and required by the circumstances in each case"[12], a point whose relevance should not be dismissed, since at the previous Geneva conference it had not been included as a resolution but just as a recommendation.[13]

On 22 August 1864, the diplomatic representatives of twelve European states (Baden, Belgium, Denmark, France, Hesse, Italy, The Netherlands, Portugal, Prussia, Spain, Switzerland and Württemberg) at the "International Conference for the neutralization of military medical services in the field" signed in Geneva, the first "Convention for the amelioration of the fate of wounded soldiers". Spain, which was represented at this diplomatic conference by José-Heriberto García de Quevedo (1819-1871), its ambassador to the Helvetian Confederation, would ratify this Convention on 5 December 1864.[14]

That year the earliest local sections of the Spanish Red Cross were established almost simultaneously at Pamplona and Madrid, under the direct impetus of Landa and Ripalda, respectively. During the subsequent years the new association was organized and disseminated through Spain. In June 1867, its rules were approved, and the Spanish section's assembly of the International Association for the Assistance to Wounded in Campaign of Sea and Land, that is, the earliest *Junta* of the Spanish Red Cross, was founded. Also in 1867, the Spanish Red Cross was officially represented in two outstanding activities promoted by relief societies in Paris; namely, the *Exposition internationale des Sociétés de Secours aux Militaires Blessés* which was organised at the initiative of the French committee of the Red Cross as a special section of the Paris Universal Exhibition (April-October 1867), and the first International Conference of Societies for the Assistance to Wounded at War (26-31 August 1867). Only three of the six expected Spanish delegates attended that conference, namely the Count of Ripalda, Nicasio Landa

---

[12] Actas de la Asamblea Suprema de la Cruz Roja Española. Junta preparatoria, 10 July 1864, fol. 1v.

[13] Bossier (1985), p. 81.

[14] Giménez Enrich (c.1874), p 15-20; Boissier (1985), p. 114-121; Hutchinson (1989), p. 569.

and the musicologist and politician Mariano Soriano Fuertes (1817-1880), the latter as the representative of the Aragon section of the Order of Saint John of Jerusalem as well as of the Madrid committee of the Red Cross.[15]

In June 1870 the "Central Section of Charity Ladies" ("Sección Central de Señoras de la Caridad") was set up in Madrid under the presidency of the Duchess of Medinaceli (1848-1903). The philanthropist lawyer Concepción Arenal (1820-1893) presided over one of the Madrid districts.[16] Two months before (April 1870), the Supreme Assembly had approved the incorporation into the Spanish Red Cross of the "Order of the Holy Cross and the Victims of 2nd May" ("Orden de Santa Cruz y Víctimas del 2 de Mayo")—an association for assistance of the wounded that had been established in Madrid on the occasion of the Peninsular War (1808-1814), and which had played an outstanding humanitarian role during a local military insurrection in 1866.[17]

The Spanish section of the Red Cross began its international activities in 1870, when it mobilized humanitarian solidarity on the occasion of the Franco-Prussian War (July 1870-May 1871), the greatest international conflict where the Red Cross movement had intervened in its early days.[18] Just before the outbreak of this war, Nicasio Landa founded *La Caridad en la Guerra. Anales de la Asociación Internacional de Socorro a los Heridos*, the first journal published by any section of the Spanish Red Cross – at Pamplona, where he was assigned to a military garrison as a medical major. After its first twelve monthly issues between April 1870 and March 1871, the editorial office of *La Caridad en la Guerra* was transferred to Madrid at the suggestion of Landa himself, and this journal formally became the official gazette of the Spanish Red Cross under the new subtitle of the *Boletín Oficial de la Asamblea Española*.

The Spanish Red Cross' true baptism of fire was on the occasion of a civil war breaking out in northern Spain in May 1872, between the supporters of the legitimist cause led by Don Carlos de Borbón (1848-1909), the Carlist pretender to the Spanish Crown as King Carlos VII, and the Spanish governmental troops under three different political regimes within 5 years; namely the reigns of King

---

[15] Soriano Fuertes, Mariano: España artística e industrial en la Exposición Universal de 1867. Madrid 1868, p. 287-288; Giménez Enrich (1874), p. 268-286.

[16] La Caridad en la Guerra 1 (1870), (4), p. 2-3.

[17] La Caridad en la Guerra 1 (1870), (1), p. 4.

[18] Giménez Enrich (c.1874), p. 303-325; Clemente, Josep Carles: Historia de la Cruz Roja Española. Madrid 1986, p. 54-59; Segesvary, Victor: The birth of Red Cross solidarity 1870-71. International Review of Red Cross 117 (1970), p. 663-687; 118 (1971): p. 8-22; Hutchinson (1996), p. 105-133.

Amadeo I of Savoy (January 1871-February 1873) and Alfonso XII (1874-1885), with the First Spanish Republic (February 1873-December 1874) in between.

This conflict, better known as the Second Carlist War (1872-1876), triggered a long and bloody confrontation that embraced the military field as much as the ideological and propagandistic ones. The pervasive Catholicism in Spain at that time had already led this international association to substantially adapt its discourse to the local context. Yet, the fundamentalist Catholic condition of the insurgents meant that the Spanish Red Cross had serious additional difficulties in legitimising its role as a good-will, neutral institution on the battlefield. Furthermore, not even the fact that it was a civil war would make things easier, since the 1864 Geneva Convention was primarily intended for international conflicts confronting regular armies from different nations, so that their contenders easily recognized each other. Its full deployment in the rebel territory was rather controversial, because of the absence of a clear definition of the competence of this international humanitarian association in the face of insurrections and civil wars. In fact, from the discussion raised about this issue at the Red Cross' Central Committee in Geneva on the eve of the outbreak of the war, it was agreed not to establish "official contacts with the insurgents"—to be precise, with the pretender Don Carlos—in order to avoid any diplomatic conflict with the Spanish government.[19]

The writings of Nicasio Landa on military health and war medicine

Nicasio Landa was an outstanding member of that generation of military physicians whose awareness of the need for reform greatly contributed to the transformation of the Spanish army during the second half of the nineteenth century. His belief in the beneficial influence of civilization on public health as well as on the physical and moral improvement of mankind, and his firm convictions about scientific and social progress, were clear from the subject of the medical doctoral thesis he submitted to the Madrid Central University in 1856, the very year in which he entered the Spanish army as a medical officer.[20] Moreover, in the auto-

---

[19] Pitteloud, Jean-François (ed.): Procès-verbaux des séances du Comité International de la Croix-Rouge (17 février 1863 – 28 août 1914). Geneva 1999, p. 266.

[20] Landa Nicasio: Consideraciones acerca de la influencia de la civilización en la salud pública. Discurso leído ante el claustro de la Universidad central por el licenciado en medicina y cirugía ..., en el acto solemne de recibir la investidura del grado de doctor en la misma facultad, siendo su padrino el doctor D. Pedro Mata, catedrático de medicina legal. Madrid 1856.

biographical memoire of a six-month campaign as a military physician in Morocco (November 1859 – April 1860) which he wrote soon after, he presented the military health service as a "beneficial institution" of very recent development in the armies, whose relevance he expressively characterized as "the seal of its improvement and the barometer of the civilized state of nations".[21]

Among those issues of military health that were the subject of Landa's reforming efforts during the earliest years of his professional career, there was a remarkable concern for "the health of armed citizens", a phrase coming from a report on the Swiss military health service he wrote in April 1864 at the request of the General Direction of the Spanish Military Health Service Body[22] which appears to be strongly evocative of his republican ideals of citizenship. The same concern may be illustrated by his study of the soldier's diet in peace and wartime, where he made proposals to improve its quality, and by his note about the thoracic perimeter of conscripted soldiers, mostly intended to prevent the spread of lung consumption in the army.[23] In both cases, Landa demonstrated that he was an inquiring scholar who paid close attention to the medical literature of other European nations (Germany, France, Great Britain and Italy, above all), in search of any innovation that might contribute to improving the Spanish army as a whole through its military health service.

During two decades (1865-1886), Landa wrote many monographs, leaflets and articles on military medicine and health, most of them the result of his condition as a tireless promoter of the Spanish Red Cross having close connections with the Geneva Committee, and the outstanding leaders of this international association in the states that had subscribed to it. Two of his publications were monographs; one about a morally based law of warfare,[24] another consisting of a history of the international association of the Red Cross.[25] His remaining works

---

[21] Landa, Nicasio: La campaña de Marruecos. Memoria de un médico militar. Madrid 1860, p. 8.

[22] Landa, Nicasio: Servicio de Sanidad en el ejército suizo. Revista General de Ciencias Médicas y de Sanidad Militar. Periódico Oficial del Cuerpo de Sanidad del Ejército 4 (1867): p. 12-20, 58-62, 147-149, 217-224, 237-245, 309-315, 404-409, 605-608, 637-640, 665-672.

[23] Landa, Nicasio: Memoria sobre la alimentación del soldado, necesidad de mejorarla y reglas que deben observarse para la confección de los ranchos en guarnición y en campaña. Madrid 1859; Landa, Nicasio: Nota sobre el perímetro torácico que deben tener los reclutas. Revista de Sanidad Militar Española 2 (1865), p. 203-207.

[24] Landa, Nicasio: El derecho de la guerra conforme a la moral. Pamplona 1867.

[25] Landa, Nicasio: La caridad en la guerra. Madrid 1868; Landa, Nicasio: Menschenliefde en Oorlog. Rotterdam 1868 [Dutch ed.]

include health care instructions intended for the use of personnel (hospitaller brothers and voluntary nurses) whom the Red Cross had mobilized for the care of sick and wounded soldiers during the Second Carlist War;[26] a study of tactics in military medicine,[27] the above-mentioned report on the Swiss military health service,[28] a note on the British *Army Medical School* and its attached *Royal Victoria Hospital* in Netley[29] (1880), and some other works about war medicine innovations such as the "apron of succour" ("mandil de socorro") of his own invention, which was soon adopted by other national sections of the Red Cross as "Landa's Apron";[30] the transport of sick and wounded by rail and navigable routes;[31] and the design of elastic suspension systems for stretchers applicable to carts and wagons.[32]

---

[26] Landa, Nicasio: Instrucción popular para primera cura de heridos. s.l.1874.

[27] Landa, Nicasio: Estudios sobre táctica de sanidad militar. I. Del servicio sanitario durante la batalla. La Gaceta de Sanidad Militar, periódico científico y oficial del Cuerpo de Sanidad del Ejército Español 5 (1879), p. 492-496, 547-552, 556-561, 585-591, 609-619; Landa, Nicasio: Estudios sobre táctica de sanidad militar. II. Táctica sanitaria de batallón, conforme a la infantería del Excmo. Sr. Capitán General, Marqués del Duero. La Gaceta de Sanidad Militar, periódico científico y oficial del Cuerpo de Sanidad del Ejército Español 6 (1880), p. 231-235, 259-264; Landa, Nicasio: Estudios sobre táctica militar. Del servicio sanitario en el sitio y defensa de plazas. Madrid 1887.

[28] Landa (1867).

[29] Landa, Nicasio: La Academia de Sanidad Militar de Netley. La Gaceta de Sanidad Militar 6 (1880), p. 505-509.

[30] Landa, Nicasio: Mandil de socorro. Nuevo sistema para el levantamiento de los heridos en la batalla. Pamplona 1865; Landa, Nicasio: Le tablier de secours. Nouveau système pour l'enlévement des blessés dans la ligne de bataille. Pamplona 1865 [French ed.]. On the diffusion of "Landa's Apron", see, e.g., the works by Thomas Longmore (1816-1895): A treatise on the transport of sick and wounded troops. London 1869, p. 108-111; A manual of ambulance transport. London 1893, p. 139-141.

[31] Landa, Nicasio: Transporte de heridos y enfermos por vías férreas y navegables. Hospitales flotantes. Trenes hospitales. Revista de Sanidad militar Española 3 (1866), 106-113, 142-145, 166-170, 213-214, 239-242, 269-275, 314-320, 394-403; Landa, Nicasio: Transporte de heridos y enfermos por vías férreas y navegables. Hospitales flotantes. Trenes hospitales. Madrid 1866; Landa, Nicasio: Du transport des blessés et des malades par les voies ferrées et navaigables. Brussels 1866 [French ed.].

[32] Landa, Nicasio: Memoria descriptiva de un sistema de suspensión elástica de las camillas aplicable a las carretas y vagones por el Inspector G[ene]ral Médico Mayor de San[idad] Mil[itar]. Madrid, Centro de Documentación de Cruz Roja Española, Manuscrito D-616/1 F-830 (1875).

The Spanish Red Cross' humanitarian ethos through La Caridad en la Guerra

The editorial note "Our Flag" ("Nuestra bandera") which opened the first issue of *La Caridad en la Guerra*, and was doubtless written by Landa, was a programmatic declaration of the Red Cross' mission as "Universal Work for Assistance" ("Obra Universal de Socorro") to wounded soldiers in war, under the sign of neutrality and the principles of law, love and universal fraternity in opposition to force, hate, and the lack of solidarity so far prevailing. Yet, the editorialist rapidly went on to identify the earliest interventions of the Red Cross in Holstein, the Tyrol and Bohemia, with the flag of the Christian faith "that guided the Crusades' Hospitaller Knights in the Holy Land", and to underline the solidity and security that had been conferred on the Spanish Red Cross by its establishment under the auspices of such a deep-rooted Roman Catholic brotherhood as the Military Hospitaller Order of Saint John of Jerusalem.[33]

Certainly, both humanitarian souls, namely the Christian and the secular ones, coexisted in the Red Cross movement from the earliest times as a result of its promoters' varied beliefs, as much as for pragmatic reasons; namely the convenience of being able to rely on the support in each country of those institutions (mostly confessional) with the longest tradition as providers of assistance in battlefields in order to better secure the dissemination of the Red Cross all around the world. Yet, the emphasis on this combination of values and the involvement of the Military Order of Saint John of Jerusalem appears to have been imperative in the Spanish case, not only as a realistic strategy to introduce an international organization whose Protestant affinities aroused strong distrust among the powerful sections of the most conservative Catholicism,[34] but also as a feasible way of attracting other charity associations, mostly of a Catholic kind or inspiration, to the Red Cross. Particularly significant for this purpose was the description of the Red Cross as a "Christian venture" ("cristiana empresa") and a "holy cause" ("santa causa"), the latter being a phrase the Carlist insurgents had profusely ascribed to themselves in the First Carlist War (1833-1840), and its association with the binomial "Charity and Patriotism" ("Caridad y Patriotismo") that was used by the Hospitaller Order of Saint John of God, a counter-

---

[33] La Caridad en la Guerra 1 (1870), (1), p. 1.
[34] Catholic distrust of the Red Cross movement for religious reasons was obvious during its earliest times in other European states which delayed their incorporation into the Red Cross for some years. This is the case of Austria (1866), Bavaria (1866) and the Pontifical States (1868). Cf.: Boissier (1985), p. 113; Hutchinson (1989), p. 570; Hutchinson (1996), p. 81.

reformation congregation that had been very active as an auxiliary medical body of the Spanish army and navy in early modern times. These ideals were reiterated in the subsequent issues of *La Caridad en la Guerra*, with the help of literal quotations from the New Testament and references to the Catholic catechism. The promoters of the Spanish Red Cross explicitly recognized the historical role that these charity institutions, either confessional or secular (bodies of military health services, military administration, and army clergy) had played, but they judged them as insufficient in terms of their financial, material and human resources as much as in their administrative and logistic capacity, to efficaciously relieve the ravages of modern war.[35]

The Red Cross's civilizing and utilitarian dimensions were two other major ideals that the cover article "The work of civilization" ("La obra de la civilización") of the second issue of *La Caridad en la Guerra* jointly emphasized. The decisive contributions of the International Red Cross in the course of the short time of its existence to the cause of the universal humanization of war were listed, with particular emphasis on military hospitals' and health services personnel's neutralization, the releasing of enemies who had been wounded, the banning of explosive bullets, the recognition of the Red Cross flag as the international sign of neutrality, and the widening of the scope of the Geneva Convention to maritime war. Furthermore, the effective practical results of the general mobilization promoted by Red Cross national sections were underlined by invoking the allegedly exemplary case of its German committees on the occasion of the War of the Dukedoms of Schleswig-Holstein between Prussia and Denmark as early as 1864. From this general mobilization the cover article chose to underline features such as the great sums of money that were collected and distributed, disinfectant products and drugs against cholera that were bought, numerous cohorts of nurses of both sexes who were trained and distributed, ministers of every faith who were provided for spiritual assistance, libraries that were made up and sent for the relief and entertainment of sick and wounded officers and soldiers, provisional hospitals at railway stations for their care, irrespective of their nationality, and the effectiveness and kindness displayed by these institutions.[36]

---

[35] R.G.: La obra de la civilización. La Caridad en la Guerra 1 (1870), (2), 1-2; La Caridad en la Guerra 1 (1870), (2), p. 1.

[36] R.G. (1870), p. 2.

Red Cross pragmatism and the Spanish military health service: Landa's suspension device

From the French Revolution and the Napoleonic Wars onwards, military con-scription gradually spread through Europe as a major tool for such disparate aims as shaping nation-states, imposing taxation in kind, and sustaining colonial armies. In Spain, compulsory military service was not introduced until 1876, although the reforms of military health services that were undertaken from the mid nineteenth century, gradually led to the transformation of a provisionally conscripted army into one that was perfectly qualified for the imperialist inter-ventions of the time.[37]

In the course of the second half of the nineteenth century, Spain had no major clashes with other Western powers until the 1898 Spanish-American War. However, the gradual modernization of the Spanish army was promoted by a number of wars, both colonial and inside its metropolitan territory. Indeed, dur-ing the period 1858-1878 the Spanish army undertook colonial wars in Cochin China (1858-1862), Morocco (1858-1860), Mexico (1862), the Pacific (1862-1866) and against the insurrection of Yara in Cuba (1868-1878), in addition to being in-volved in several civil conflicts, mostly the revolutionary and cantonal wars of the Revolutionary Sexennium (1868-1874) and the Second Carlist War (1872-1876).[38]

The contents of Landa's above-mentioned design of elastic suspension sys-tems for stretchers applicable to carts and wagons[39] provides us with a good ex-ample of how he managed to combine his professional concerns as a Spanish medical officer with those derived from his condition as a most outstanding member of the International Red Cross Association. It consists of a manuscript report he wrote from Pamplona, the city where Landa's garrison had its head-quarters, in May 1875, when the Second Carlist War was at its peak, although it was to rapidly conclude nine months later (February 1876). Addressed to the General Direction of the Spanish Military Health Service, Landa's report was intended to obtain this body's approval of a new suspension system for stretch-

---

[37] Martínez Antonio, Francisco Javier: Salud pública e imperio en la España isabelina (1833-1868): el caso de la sanidad militar. Hist. Cienc. Saude-Manguinhos 13 (2006), (2), p. 439-475.
[38] Garmendia, Vicente: La segunda guerra carlista (1872-1876). Madrid 1975; Jover Zamora, José María. Realidad y mito de la Primera República: del "gran miedo" meridional a la utopía de Galdós. Madrid 1991.
[39] Landa (1875).

ers which he had developed for the Red Cross to install in its ambulance coaches for second-line transportation of the wounded in campaign.

In his report, Landa emphasized the importance of this transportation—particularly in its longest and most gruelling stage "from the dressing stations on the battlefield to the permanent hospitals situated in the territory where domination is guaranteed"—being undertaken in the best conditions possible, in order to avoid worsening the state of patients and increasing their sufferings. He also pointed out the modern conditions for this kind of transfer "in ambulance coaches, wagons and hospital boats" ("en carruajes de ambulancias, wagones o buques hospitales") that had been established in other countries, and claimed that the Spanish army would require 44 ambulance coaches in accordance with the "General Plan of Ambulances" that had been approved, inspired by the practice of the German army. Landa revealed the crude contrast between these innovations and the conditions under which the wounded were being transported during the Carlist war, similar to the times of our ancestors' wars "against Cartago and Rome, that is, in rough wooden carts towed by mules and oxen".[40]

Landa reported up to five different models of new coaches built by "modern industry", all of which were allegedly "particularly adequate for the transport of wounded" because of their "suitable conditions of comfort and well-being". The five models were identified by their inventors' names; specifically, Alessandro Locati, a Turinese builder of coaches and supplier of the Piedmontese army; the US dentist Thomas W. Evans (1823-1897), who had been involved in the Sanitary Commission during the American Civil War and in the American ambulance service during the Franco-Prussian war; the Baron Jaromir Freiherr von Mundy (1822-1894), a military doctor who was linked to the war health services of the Austro-Hungarian Empire and to the early Red Cross; the Belgian military physician and surgeon Henri-Marie-Désiré Vercamer (1831-1870), a veteran of the French Expedition to Mexico; and Francisco Anguiz y Malo de Molina, a Spanish medical major who was the head of the military medicine services in Madrid.[41] All of them were then well-known as technological innovators in military medicine in a period—from 1865 to 1875— which abounded in new devices for the transfer of soldiers wounded in campaign. They were presented at international exhibitions, scientific conferences, in specialised journals, and in reports such as the one Landa was submitting to his superiors.

---

[40] Landa (1875) f. 1r.
[41] Landa (1875), f. 1r.

He noticed that so far, no European army had "a number of these coaches that was proportionate to its actual health demands in campaign" in spite of the initiatives undertaken by different philanthropic associations in Europe, such as the Teutonic Order in the Austro-Hungarian Empire and the Ladies' Central Committee of the Spanish Red Cross, to make up for this lack.[42]

At this point, Landa did not hesitate to assign to the philanthropic societies the responsibility of securing for the armies the ambulance coaches they would require in campaign, in order to compensate for the "natural and irresistible tendency" of every Minister of War to spend his budget on buying the most modern cannons instead of new ambulance coaches.[43] He also took advantage of this lack in order to criticize what he perceived as a mistaken destination for the funds collected by political authorities, philanthropic associations and press companies for war relief purposes, and to reinforce the authority of the Red Cross in order to correctly channel these donations. According to Landa, these agencies excited "the national feelings in favour of wounded", but "preferred to continue helping at an individual level by providing the convalescents with pecuniary rewards and supplies of bandages and dressings", instead of dedicating at least one part of their donations to acquiring ambulances, as the Red Cross had repeatedly requested through the newspapers.[44]

Landa's persuasive strategy included his own vivid testimony of the actual conditions for the transport of wounded during the Carlist War, including very moving details,

> "So, when we hear, every day, that thousands of Spaniards have fallen wounded on the ground, only those carts snatched from the farm-workers of the district where the battle has happened are available to transfer them. And I know well how gruelling was the transport of the wounded which I led from Oroquieta and Udabe, Santa Bárbara and Velavieta, Las Muñecas and Estella! I am well aware of the sum of suffering that one or two days on a cart can cause to a poor unfortunate who can only endure because of his eagerness to arrive at a hospital or to come closer to his family. I will never forget the sad moment when a soldier with

---

[42] Landa (1875), f. 1r-v.
[43] "Porque si hay que elegir entre la compra de un cañón de acero a cargar por la recámara, a la de un carruaje de ambulancia de dobles resortes, ningún Ministro de la Guerra, sea del país que fuere, vacilará un instante en comprar el cañón. A las Sociedades Filantrópicas corresponde compensar los efectos de esta natural e irresistible tendencia, procurando a cada ejército los carruajes que ha de necesitar en campaña". See Landa (1875), f. 1v.
[44] Landa (1875), f. 1v.

a fracture, who could no longer bear the torture of a cart towed by oxen, begged me to leave him abandoned in a roadside ditch".[45]

After these preambles, Landa went on to present his newly invented suspension system. This system which he claimed to be "solid, simple and economic"[46], was based on "spiral springs" and provided "the stretchers on the carts with elasticity". Yet, before describing it, Landa referred to other elastic suspension systems having been tested in countries like France, Switzerland and the United States, whose technical details he discussed and used as a departure point for his innovative contribution. Finally, he demonstrated details of the suspension device he had built in collaboration with a manufacturer of machines in Pamplona. He claimed to have tested this device on his own bones and those of some of his friends who agreed to lie on stretchers suspended through this system into a cart that "ran over the thick roots and roughness of a poplar grove just cut down close to Pamplona". Landa also detailed small modifications he had introduced which could adapt his suspension system to "railway freight wagons", to "the sleeping quarters on hospital boats" and even to the carrying of the wounded on others' shoulders.

In the concluding paragraph of his report, after having claimed that with this suspension device "the most humble cart can acquire the favourable conditions of the most luxury coaches for transferring the wounded", Landa summarised its four major advantages, namely economic price, easy manoeuvrability, durability and endurance. And, significantly enough, Landa chose to end his report with a patriotic invocation,

---

[45] "Así es que hoy día en que a cada instante puede saberse que han caído por tierra millares de Españoles heridos, no hay que contar para transportarlos sino con las carretas que puedan arrancarse a los labriegos del distrito en que la batalla se diese.[45] Y cuán penoso es el transporte de heridos que he conducido desde Oroquieta y Udabe, Santa Bárbara y Velavieta, Las Muñecas y Estella, y he podido apreciar la suma de sufrimientos que uno o dos días de carreta imponen al infeliz herido, que solo las sobrelleva ante el afán de llegar a un hospital, o de acercarse a sus deudos. No olvidaré nunca el triste momento en que un fracturado no pudiendo tolerar más la tortura de una carreta de bueyes, me rogaba le dejara abandonado en la cuneta del camino". See Landa (1875), f. 1v-2r.

[46] "Su precio económico, su maniobra fácil, su duración y resistencia grandes". See Landa (1875), f. 2v.

"I think that not to save expenses and not to limit resources to relieve the sufferings of those who shed their generous blood for their king and their country are questions of national honour".[47]

Final remarks

Thomas L. Haskell states that the inadequacy of the prevailing modes of thinking to explain the origins of humanitarianism had tempted "scholars to migrate toward two extremes: either to abandon the very idea of humanitarianism lest it veil the play of domination or to reassert the classical liberal view that humanitarian ideas belong to a transcendent realm of moral choice, which no inquiry into social or economic circumstances can hope to illuminate".[48]

The case of Nicasio Landa, a medical major of the Spanish army who was an active promoter of the cause of the international movement of the Red Cross in Spain and its earliest general inspector, plainly shows that humanitarian ideals and the search for a higher military efficiency need not be at all contradictory in the times of the second industrial revolution and of the imperial expansion of the European powers.

During the second half of the nineteenth century, Spanish political and military authorities were confronted with technical problems and public opinion demands as to the way of making war, that were very similar to other European national armies. Yet, in contrast to other European states, the main scene where innovations were introduced in Spanish war medicine was not an international confrontation with another state, but the civil conflict better known as the Second Carlist War (1872-1876). This devastating five-year war was a baptism of fire for the Spanish section of an international humanitarian association whose foundational raison d'être had been, paradoxically, to relieve wounded soldiers in wars between different "civilised" states.

Nicasio Landa managed, first, to defend the most utopian humanitarian *ethos* of the Red Cross international movement and, at the same time, to adapt these ideas to the not inconsiderable doctrinal exigencies of Spanish Catholicism at the time. Secondly, Landa, on the basis of the reforms of the Spanish military health service during the previous two decades and by resorting to pragmatic arguments, succeeded in persuading the Spanish military authorities to accept the mediation of the Red Cross in war medicine in order to optimize military efficiency in the context of a long, complex and bloody civil conflict. Last but not

---

[47] Landa (1875), f. 2r-v.
[48] Haskell (1985), p. 340.

least, Landa was very clear about the need to centralize in the Red Cross, the collection and administration of financial and material resources to help the victims of war, and did not hesitate to use the association to introduce the great number of his technological innovations in Spanish war medicine services.

Jon Arrizabalaga & Juan Carlos García-Reyes
Dept. of Historical Sciences – History of Science
CSIC-IMF
Egipcíaques, 15
08001 Barcelona
jonarri@imf.csic.es & jcgarcia@imf.csic.es

Duty leads to right, right leads to duty.
Dutch Red Cross, nursing and war 1870-1918

Leo van Bergen

Summary

As a consequence of conscription in the second half of the nineteenth century the Dutch army began to exist of "sons of our home" instead of mercenaries. This led to a cry for better medical care to which the military and political authorities responded by calling into being a Dutch Red Cross organization. The home front would be satisfied and being a voluntary organization, military budgets would stay intact. However this was criticized in two ways. Radical nursing organizations opted for aid given by the state so nurses would be properly paid and soldiers would receive aid from well trained personnel. Wounded soldiers had the right to be helped and nurses had the right to be satisfactorily paid and only the state could guarantee both. Others also opted for state help, but for other reasons. Where radical nurses underlined the rights, they mainly pointed at obligations. Soldiers had the duty to fight and nurses had the duty to assist those who got sick or wounded so they too could do their bit for the Fatherland in need.

Introduction

Because of upcoming nationalism, resulting for instance in the piecemeal reintroduction of compulsory military service, around the midst of the nineteenth century armies more and more began to exist no more of often criminal, foreign mercenaries, but of "our lads." This strengthened the call for improved medical care. In the eyes of the people the duty to serve a country's army automatically implied the right to be nursed to the best of a nation's ability. This right had to be brought into practice in which again the word "duty" was mentioned regularly, in three different meanings. The duty coming from within the nurse him- or herself; the duty coming from the oath to assist always and everywhere where medical attention is needed, and, as military conscription, duty imposed upon nurses by the state. It are the first and the last one that will be the focus of our attention in this article, sketching the activities of Dutch nurses in several wars between 1870 and 1918, every now and then leading to discussions whether nursing should be an act of love and charity, voluntarily given, or an act of conscription. It was a discussion that amongst other reasons, contributed to the militari-

zation of the Dutch Red Cross (DRC) and with that of the DRC-nurse. It was a
militarization that had started rather soon after the erection in 1867 of the DRC
– officially called the Dutch Society for the Lending of Aid to Sick and Wounded
Warriors in Times of War. This was done not by a charitable organization or a
group of individuals, as had usually been the case elsewhere, but by Royal Decision of King William III (1817-1890) on advice of his as conservative and militaristic Minister of War J.A. van den Bosch (1813-1870). It was completed in 1917
when, as part of a major reorganization, it was declared that the DRC was sub-
ordinated to the Military Health Service (MHS). With that the DRC officially
had ceased to be an independent, neutral organization for the lending of medical
care to sick and wounded warriors regardless of nationality. It instead had become a cheap extension piece of state organized aid, mainly and not seldom ex-
clusively limited to soldiers of the Dutch forces.[1]

The militarization of medicine

Around the same time as the International Committee of the Red Cross had
come into being, the beginning of the sixties of the nineteenth century, the war
movement entered international politics. Using an own interpretation of Dar-
winism, this movement, bellicism, the opposite of the peace movement, paci-
fism, saw war as the natural state of mankind and valued this positively. War was
not a disaster. It strengthened and improved mankind by taking care of the weak
and giving the strong its rightful, ruling place. Most prominent representative
was German general Helmuth von Moltke (1800-1891) who once stated that
"peace is a dream, and not even a nice one." Certainly in the decades after the
Franco-Prussian war, the war movement would become highly influential.[2] This
paradoxically explains the success of the Red Cross. Without support of the military, ruled by bellicists, the Red Cross probably would have shared the fate

---

[1] See for instance: Bergen, Leo van: De Zwaargewonden Eerst? Het Nederlandsche
Roode Kruis en het vraagstuk van oorlog en vrede 1867-1945, Rotterdam 1994; Bergen,
Leo van: Voor het heil van Jan Soldaat. De militarisering van het Nederlandsche Roode
Kruis 1978-1940. ArmamentariA, 30 (1995), p. 33-44.
[2] Howard, Michael: The causes of war. In: Osterud, Ovind (ed.): Studies of War and
Peace. Oslo 1986. p. 17- , esp. 18; Verdoorn, J. A.: Arts en Oorlog. Part II. Amsterdam
1972, p. 493; Spits, F. C.: De metamorfose van de oorlog in de 18e en 19e eeuw. Assen
1971, p. 74, p. 140, p. 220-221; Wesseling, H. L.: Soldaat en Krijger. Franse opvattingen
over leger en oorlog aan de vooravond van de Eerste Wereldoorlog. Amsterdam 1986
[2], p. 218-219; Bevaart, W.: De Nederlandse defensie 1839-1874. The Hague 1993, p.
476.

Duty leads to right, right leads to duty.
Dutch Red Cross, nursing and war 1870-1918

69

likewise initiatives had had before it: it would have died a quick death. This of course was no act of mercy. The Red Cross, almost instantly embraced by Prussia, was seen as a cheap way to keep up morale and fighting strength of the army while at the same time showing the population that all was done that could be done to save the lives and limbs of the soldiers. However, for this to be really successful the Red Cross had to be brought under military command as soon as possible. No humanitarianism could avoid that what was of importance militarily should always have priority over what was of importance medically. Often however there was no disagreement for medical and military importance fell together, also because of the medical revolution, starting with hygienism and followed by bacteriology, that took place in the second half of the nineteenth century. As a consequence of preventive measures, anaesthetics and later inoculation, at last medical aid indeed began to save lives of men, men that after a while could be used in war again. For the first time in history medical care for soldiers really became of military importance.[3]

As a consequence the military world medicalized, but the medical world also militarized, which is still seen in the number of medical metaphors used in armies and the number of military metaphors used in hospitals.[4] This means that in general, physicians agreed with the militarising process. They began to take a peek outside their consulting room, often using the military medical examination as the thermometer of society, and they did not like what they saw: alcoholism, prostitution, venereal disease, in short: degeneration. A good strong military education could fix this. Conscription and war could vitalise mankind, or better: they could vitalise the inhabitants of the own country, the own people, the own race.[5]

A well known example of this attitude was the German physician Theodor Billroth (1829-1894), who wrote shortly after the Franco-Prussian war:

---

[3] See for instance.: Van Bergen (1994) passim;. Hutchinson, John F: Champions of Charity. War and the rise of the Red Cross. Oxford/Boulder 1996, passim.
[4] For this process see: Bergen, Leo van, "Blijdschap op het slagveld!" De militarisering van de medische zorg en van het Rode Kruis, in: Dassen, Patrick; Groen, Petra: Van de Barricaden naar de Loopgraven. Oorlog en samenleving in Europa 1789-1918. Amsterdam 2008, p. 167-198.
[5] See for instance: Nys, Liesbet; Samele, Henk de, et al. (eds.): De Zieke Natie. Over de medicalisering van de samenleving 1860-1914. Groningen 2002.

"The war has cost heavy sacrifices. Yet for Germany it was a happy occasion: the consequences for the development of science and art in our countries will be magnificent".[6]

And it also could be a blessing for the German people, but only if all those subjects, gone soft by years of war absence, stopped propagating all that "humanitarian stupidity."[7] A Dutch example is military doctor M.W.C. Gori (1834-1890), who wrote in 1880 that "against this repeatedly repeated 'war is a disaster', we say, 'war can be a blessing'."[8]

Dunant and Nightingale

The debate on voluntary service or state service already started during the erection of the International Committee of the Red Cross in 1863. Florence Nightingale (1820-1910), whom Henri Dunant (1828-1910) admired enormously, reacted on his plans with considerable restraint. She wrote to him that she completely rejected his ideas on voluntary aid on and in the immediate vicinity of the battlefield. Already during her work in the Crimea a decade earlier, she had made clear that the MHS and the MHS alone had to take care of the sick and wounded soldiers. Medical care was state care.[9] Nightingale opted for state care because according to her voluntary Red Cross aid would make the state lower the amount of money reserved for taking care of the sick and wounded soldiers. This money certainly would not go into budgets for social services, education or civilian healthcare. It would be used for enlarging the army and modernising weaponry. In other words, it was her conviction that Dunant's ideas would not

---

[6] For Billroth's ideas on war and medicine see: Ruprecht, Thomas M.: Äskulap oder Mars? Von der Sanitätsideologie und ihrer Kritik seit dem 19. Jahrhundert und dem Beginn ärztlichen Friedensengagements. In: Ruprecht, Thomas M.; Jenssen, C. (eds.): Äskulap oder Mars. Ärzte gegen den Krieg. Bremen 1991, p. 37-63, esp. p. 46.

[7] Verdoorn (1972) part I, p. 381.

[8] Gori, M.W.C.: De militaire geneeskundige organisatie, en den geneeskundigen dienst te velde. Vereeniging ter Beoefening van de Krijgswetenschap 15 (1879-1880). p. 137-230, esp. p. 139. For the ideas of Gori see: Van Bergen (1994), p. 138-145.

[9] Verdoorn (1972), part I, p. 385-386; Heudtlass, Willy: J. Henry Dunant. Eine Biographie. Stuttgart/Berlin 1985 [4], p. 73-74; Boissier, Pierre: From Solferino to Tsushima. History of the International Committee of the Red Cross. Geneva 1985, p. 42; Haje, Chr.F.: Een Gedenkzuil der Negentiende Eeuw. Amsterdam 1899, p. 46.

Duty leads to right, right leads to duty.
Dutch Red Cross, nursing and war 1870-1918

71

humanize war, but instead would make war more plausible and horrible.[10] This by the way also means that the often painted picture of Nightingale as a John the Baptist of the Red Cross movement is incorrect.

The War Nurse

A factor closely watched when explaining the militarization of medicine in general and of the Red Cross in particular is the woman-image pictured by Red Cross protagonists in those days, an image in which unconditional obedience to the doctor and totally sacrificing, motherly love were the keywords. Dunant himself said about women:

> "If one could only make useful the undeniable moral influence women have on society [...] without women mingling in things that are of no concern to them. [...] Then one will contribute to better understanding between peoples, classes and individuals. Women are the same everywhere, always loving and caring, never thinking about fatigue or personal security, when they can comfort those who suffer. [...] Tenderness in action is with them a natural consequence of innate tenderness".[11]

Within the DRC it was not seen any differently. Woman was nurse by nature. To paraphrase Simone de Beauvoir, she was not made a nurse, but was born a

---

[10] Verdoorn (1972), part I, p. 385-386; Heudtlass (1985), p. 73-74; Boissier (1985), p. 42; Haje (1899), p. 46; Summers, Anne: Angels and Citizens. British women as military nurses 1854-1914. London 1988, p. 2, p. 137; Best, Geoffrey: Humanity in Warfare. The modern history of the International Law of Armed Conflicts. London 1983, p. 149; Joyce, J.A.: Red Cross International and the strategy of peace. London 1959, p. 21. Geoffrey Best and J.A. Joyce clearly took sides with Dunant. Best portrayed the difference between Nightingale and Dunant as follows: 'The idea embodied in Miss Nightingale's work was that medical and nursing volunteers should improve the conditions and prospects of recovery of sick and wounded soldiers once they had got back to the hospital. The peculiar idea elaborated by Dunant and his Swiss associates [...] was to improve sick and wounded soldiers' chances of getting back to the hospital in the first place.' And Joyce, with somewhat more drama: 'Dunant, the European visionary, had seen a light on the horizon, which had been hidden from Miss Nightingale's more pragmatic English mind. Miss Nightingale saw the stricken soldier at her feet; Henry Dunant saw suffering mankind... everywhere.'

[11] Grundhewer, Herbert: Die Kriegskrankenpflege und das Bild der Krankenschwester im 19. und 20. Jahrhundert. In: Bleker, Johanna; Schmiedebach, Heinz-Peter (eds.): Medizin und Krieg. Vom Dilemma der Heilberufe 1865 bis 1985. Frankfurt am Main 1987, p. 135-152, esp. p. 142.

nurse, a metaphor literally written down by health officer H.G.W. Plantenga (1857-...) in 1903.[12] A woman *is* a nurse, because, as Red Cross propagandist Lodewijk Mulder (1822-1907) expressed it in 1870:

> "A woman's heart knows best to find its way to the suffering mortal; she knows how to touch strings in the mood of the unlucky, who we, men, do not know, and whose soft trembling even soothes bodily agony".[13]

This picture was also painted in the brochure *De Vrouwen en het Roode Kruis* (Women and the Red Cross), written in 1868 by central committee-secretary L.H. Verwey (1816-1875), former health officer and replacing member of the Southern-Holland Health Council. Women could not be missed in the nursing profession because more than any man, a woman was capable of pity. "Her failures usually are of the mind, seldom of the heart. [...] At the sickbed the heart is of more importance." This would certainly have its effect on the battlefield. Not that it would become any less bloody, but places would be erected where women, trembling of impatience, could and would go to, to take care of the unfortunate wounded. As soon as the order "Red Cross women, forwards" was given, the cries of agony would stop and chance in cries of joy, accompanied "by an indescribable look from wet eyes." And the women too would "cry of happiness, for no longer they had to wait to fulfil their work of love to their fellowmen. Happiness on the battlefield!" Each hill "would have a white sign with a red cross honoured by all. The bloody field had become a sanctuary, dear to friend and foe alike."

> "This touching and moving spectacle was made possible mainly by women. The rational mind makes the wounds, the non rational heart wants to heal them. Honour to the heart of women!"[14]

And when everyone was fixed or buried, the butchery could start all over again so the nurses could joyfully start their loving task anew. All in all it was a good thing every once in a while war came about, because without it women could not express their innate mercy and would get seriously depressed. It is hardly imaginable that the supposed division between man and woman, intelligence and

---

[12] Plantenga, H.G.W.: Verpleegsters in militaire hospitalen. In: Maandblad voor ziekenverpleging, 13, 12 (15-8-1903) p. 221-223, esp. p. 221.
[13] Mulder, L.: Voorbereiding in oorlogstijd. Utrecht 1868, p. 29; also: Verwey, L.H.: De Vrouwen en het Roode Kruis. Den Haag 1868, p. 27-28, p. 60-65.
[14] Verwey (1868), p. 27-28, p. 60-65.

Duty leads to right, right leads to duty.
Dutch Red Cross, nursing and war 1870-1918

73

feeling, violence and love can be expressed more clearly than in Verwey's bro-chure. Nevertheless, there could be no doubt, that, in spite of the song of praise Verwey had in store for womankind, a bit stupid but sensitive, there is no doubt that in the end man was chosen over woman, reason over feeling, violence over love.

Women within the Red Cross hardly thought different. Typical is a book of nurse S. Hudig, who entrusted her experiences in a Dutch ambulance during the Franco-Prussian war to paper. It had become clear to her that all the work done by Red Cross ambulances was hardly worth more than a drop on a hot plate. Nevertheless she only wrote about the gratitude nurses and doctors re-ceived from the wounded. Not a word about the enormous effort it had taken finding a suitable locality or about the problems that occurred when dealing with military authorities. For this was "no part of a woman's territory."[15]

But still: neither Mulder's, Verwey's, nor Hudig's words should lead to the idea that there was a strict man-woman diversion. Manliness and womanliness did not conflict, but emphatically were in each others line. Man as well as woman served national interest with their specific qualities. Fighting for the Fa-therland was the male, and taking care of the fighters the female duty. Not for nothing it is said in the anonymous 1874 brochure *Het Roode Kruis* (The Red Cross), that women had an important part to play within the Red Cross. Al-though she could not take part in the "Fatherland loving" fight upon the "fields of honour", it was the Red Cross that gave her a chance to "fulfil a fatherland loving task by giving loving care to them who were wounded, or had lost their health when fighting to preserve the independence of the Fatherland soil, which is worthy of, and indeed has, her love as well."[16]

This means the image coming from accepting the diversion that women were seduced into war participation as it were, an image for instance pictured by the German paediatrician and medical historian Herbert Grundhewer,[17] is at most only partly correct. We should not overestimate sympathy with sick and wounded soldiers as reason for women to join the Red Cross, which makes that we also should not overestimate the (ab)use that could be made of this for mili-tary purposes by appealing to nationalistic sentiment.

---

[15] Hudig, S.: In de Ambulance van het Roode Kruis. Rotterdam 1871, p. 4, p. 6, p. 10; Best, Geoffrey: Restraints on war by land before 1945. In: Howard, Michael (ed.): Restraints on War. Oxford 1979, p. 17-37, esp. p. 22.

[16] Anonymous: Het Roode Kruis. Utrecht 1874, p. 6.

[17] Grundhewer (1987), passim.

First of all one should take into account that only a small minority of women active in healthcare, such as the Dutch doctor, feminist and pacifist Aletta Jacobs (1854-1929) or the British war nurse Vera Brittain (1896-1970), embraced the war against war, although in Brittain's case not until after the war.[18] Apart from the fact that most women simply underlined the national war efforts, even the feminists amongst them seldom joined pacifist groups. It would have marginalized them. It would in fact have placed them outside society which would only weaken their battle for societal reform. They were not fighting existing society, they wanted to become part of it. Becoming a war nurse was a way of reaching that goal. It allowed them to play the prominent role they were denied in times of peace. Although their longing for freedom not seldom bothered military authority, they were proud of their uniform, wished to get as many decorations on it as possible and the officers amongst them were keen to get the respect a male officer was given.[19]

Furthermore we should take into consideration that many women not (only) became a nurse out of an inner urge to help, but also out of a longing for adventure, a will to get away from home and/or to go were the men went, *and* out of the desire to take part in the war herself as well as best as women could. There are even commentators who were of the opinion that women not so much wanted to ease suffering but to undergo it themselves.[20] On account of his experiences during World War I the Jewish physician Emil Flusser (1888-1942), born in South Bohemia, sketched in his *Krieg als Krankheit* (War as Illness) an even harsher picture of the war nurse, a nurse who had herself fallen victim to the deep craving for murder that in his view was typical for the soldiers of the many powers engaged in the war.

"Decent, young bourgeois girls and ladies from the highest civil and aristocratic circles wore those nice nursing uniforms, giving them access to the hospitals. Never such a high lady wanted to nurse the sick, only the wounded. She wanted

---

[18] See for instance: Lewer, Nick: Physicians and the Peace Movement. London 1992, p. 37-38; Layton, L.: Vera Brittain's testament(s), in: Higonnet, Margaret R. et al. (eds.), Behind the Lines, New Haven/London 1987, p. 70-83.

[19] Summers (1988), p. 4-5, p. 7-8, p. 151, p. 155, p. 157, p. 273, p. 287; MacDonald, Lyn: The Roses of No Man's Land. London 1991 [9], p. 27-28; Thébaud, F.: De Eerste Wereldoorlog: tijdperk van de vrouw of triomf van het seksuele verschil? In: Duby, G.; Perrot, M. (eds.): Geschiedenis van de Vrouw. 5: De twintigste eeuw. Amsterdam 1993, p. 21-74, esp.: p. 25-26, p. 30, p. 33-35, p. 37, p. 52-56.

[20] Summers (1988), p. 2; Layton (1987), p. 74-76.

Duty leads to right, right leads to duty.
Dutch Red Cross, nursing and war 1870-1918

75

to see blood and naked, tortured men. The sensation of this powerful, always fresh tickle of lust, by far outweighed all motives of a true will to help".[21]

An almost equal image was pictured in *Sittengeschichte des Weltkrieges* (Sexual history of the World War) by the famous German sexologist Hans Magnus Hirschfeld (1868-1935), although probably this should partly be subscribed to the subject of the book. Difference with Flusser was not only that Hirschfeld's opinion was much more nuanced, but also that he did not look upon it negatively. In Hirschfeld's view it was about time that nurses were seen as human beings, existing of flesh and blood, replacing the false picture of nurses as although loving but nevertheless chaste Madonna's. Nurses were women caring for the sick and wounded with all their heart and they were women wanting to love and be loved and have sex every once in a while. What's wrong with that?[22]

Brittain described this aspect of nursing work most frankly. There were not many things for which she was grateful to the war, but she was glad that it had liberated her from much of the sexual reticence instilled by her Victorian upbringing. She had not seen a boy without his clothes since she was three or four and had never laid eyes on a naked man. In the four years as a war nurse however, apart from actually having shared a bed with one of the wounded – at least, so she said herself –, she had no choice but to carry out practically every intimate act imaginable.[23]

But how nuanced and positive Hirschfeld's view on nurses might have been, his words, to say nothing of Flusser, nevertheless contrasted severely with the picture painted in a 1916 article in the *Revue de Paris*, copied with wholehearted approval in the Dutch *Maandblad voor Ziekenverpleging* (Nursing Monthly). That there were a lot of nurses coming from high circles could only be cheered. It made the nurses' sacrifice even more admirable.[24]

These highly differing pictures can be seen in the soldiers' tales as well, although Hirschfeld's appreciation for nurses as human beings, with human emotions and human desires, was often far behind the horizon. Often nurses were either sluts interested more in giving officers a good time than in taking care of

---

[21] Flusser, Emil: Krieg als Krankheit. Heide in Holstein 1932, p. 104-105.
[22] Hirschfeld, Magnus: Sittengeschichte des Weltkrieges. Leipzig/Vienna 1930, esp. the chapter: 'Erotik in der Krankenpflege'.
[23] Brittain, Vera: Testament of Youth. Glasgow 1978 [6], p. 167-168; Shepard, Ben: A War of Nerves. Soldiers and psychiatrists 1914-1994. London 2000, p. 148.
[24] De dames van het Roode Kruis. In: Tijdschrift voor Ziekenverpleging. 26 (1916), p. 328-329.

filthy and horribly smelling sick and wounded soldiers, or they were sexless crea-
tures, leaving not one button open for male imagination, tending the men with
eternally engraved smiles. This was the "the angel of no man's land", the "greatest mother in the world." The first caricature was the result of males' interest
and longings but despised in words, the second one only had his verbal admira-
tion.

The DRC school for nurses

After these general remarks, it is time to focus upon the DRC. Its purpose was to
use good times to prepare for bad times. The main question of course was: how?
Already within two years after it had come into being, it was pointed out that
the best way to meet its peacetime obligations was erecting and maintaining a
nurses corps. "This", so health officer and Red Cross propagandist Frederik
Piekema (1845-1901) stated, "would help the military health service enormously."[25] Although it took some years, he got his way. In 1877 the local DRC-
branches were called upon to educate nurses, male and female.[26] However, to the
taste of some DRC-members, this did not lead to success quickly enough and so,
on the 1883 general meeting, they insisted upon forming a committee to explore
further possibilities. In its report it was stated that having nurses at its continu-
ous disposal, was of the utmost importance for the DRC, because otherwise it
could never fulfil the task given to it by the King himself: nursing sick and
wounded soldiers in times of war. As a result the DRC took the education of
nursing personnel into its own hands, hoping they would remain loyal to the
organization after graduation.[27] This was to become a bitter disappointment.

It was decided to start with a rather small corps, sixteen in all. They would
receive a two year education at the Rotterdam Coolsingel Hospital, and after
that get a professional job in service of the DRC-central committee in The
Hague. However, all the activities the Red Cross employed in those peaceful

---

[25] Piekema, F.: Het Verbond van de 19ᵉ Eeuw. In: Onze Tijd 4 (1869), II, p. 227-236, esp.
p. 235.
[26] Algemeene Regeling der Werkzaamheden van de Nederlandsche Vereeniging tot het
Verleenen van Hulp aan Zieke en gewonde Krijgslieden in Tijd van Oorlog. The Hague
1877, p. 1.
[27] Rapport van de Commissie benoemd naar aanleiding van het Besluit der Algemeene
vergadering van 10 october 1883, betreffende de opleiding van ziekenverplegers en
ziekenverpleegsters. Utrecht 1885, p. 4.

Duty leads to right, right leads to duty.
Dutch Red Cross, nursing and war 1870-1918

77

days – except of course in the Dutch colonies –[28] had to have a direct connection with the work it was supposed to do in times of war. This became a major problem. A trained nurse could not, as could be done with materiel, be put aside and kept in storage until the times of war would come. Nevertheless training nurses was essential because otherwise there would not be enough of them to fulfil the wartime task, at least not in a satisfactory manner. It would be impossible to hire nurses trained and working elsewhere simply because such an education did not exist yet. So in spite of this dilemma the training of nurses was started. In times of peace they could work in hospitals, although obeying DRC-guidelines, and in times of war they should be at full disposal of the DRC-central committee. But as a consequence of lack of work after completing their studies, it was hard to keep the nurses committed to the Red Cross. For instance: in 1890 and 1891 six nurses graduated. Of them five years later no one was in Red Cross service anymore. So when other societies such as the Witte Kruis (White Cross) for community aid, who had no complaints whatsoever about lack of employment, also started to educate nurses, the Red Cross school was soon redundant. In 1897 it stopped.[29]

The central committee issued a declaration filled with anger and spite. In its view the main reason for failure was "the graduates lack of sense of moral obligation towards our society." The DRC had "with generous hand" paid for their education "confident that it for at least a couple of years could dispose of their nursing services."

"This trust has severely been shamed. Once in possession of the badly wanted certificate and having been able to learn and live on expense of the Red Cross for two years, our students saw no other way of showing their gratitude for all the enjoyed pleasures by backing out as soon as possible of the commitment they had

---

[28] For the Dutch East Indian Red Cross aid in the colonial wars see: Bergen, Leo van: For our honour and our rights. The Dutch East Indies Red Cross and the Atjeh-war. In: Binneveld, J.M.W.; Dekker, R. (red.): Curing and insuring. Essays on illness in past times: the Netherlands, Belgium, England and Italy 16-20th centuries. Rotterdam 1992, p. 135-149; Bergen, Leo van: Een Menslievende en Nationale Taak. Oorlog, kolonialisme en het Rode Kruis in Nederlandsch Indië 1870-1950. Soesterberg 2004.

[29] Weijde, Dr. van de: Over militaire verpleging. In: Maandblad voor Ziekenverpleging, 13, 10 (15-6-1903), p. 177-180, esp. p. 179; Lieburg, M.J. van: Het Coolsingelziekenhuis te Rotterdam (1893-1900). Amsterdam 1986, p. 545-553; Stumpel, A.R.J.; Lieburg, M.J. van: Het Nederlandsche Roode Kruis als opleider van verpleegsters 1867-1897. In: Spiegel Historiael 19 (1984) No. 1, p. 23-29, esp. p. 24-25; Verspijck, G.M.: Het Nederlandsche Roode Kruis 1867-1967. The Hague 1967, p. 75-76.

entered into with the Red Cross, accompanied by all kinds of false pretences and excuses".[30]

Understandably doubt reared its head within the Red Cross. It were hard times for the Red Cross anyhow. The absence of war and with that the absence of Red Cross visibility, had a disastrous effect on membership. In fact at the end of the nineteenth century the Dutch Red Cross existed of the central committee and just a handful of local committees. The Royal start had been promising; the regularly covered and praised ambulance work during the Franco-Prussian war had resulted in an abundance of members and local committees, but now the DRC was almost a living dead. Losing the nursing school would only make it harder to revive. It would be harder to get and hold members wanting *and able* to do their bit when push came to shuffle.

As a result the central committee uttered the idea of an all male nursing corps, but the nursing organizations protested fiercely. Although a clear border was hard to define, they pointed at the geographical distinction between MHS-work – at the front – and DRC-work – behind the lines. Therefore it was necessary to keep in tact a women's nursing corps because in times of war men had other things to do. It were female nurses who had to fill the gaps when either the male nurses, working in military hospitals during peace-time, had to go to the front be it as soldiers be it as nurses in the first aid posts, which by the way shows that the concept of "frontline nurse", much hailed after 1918 although to a large part mythical, was not something the nurses organizations strived for. If war should break out than the Netherlands "had to defend the freedom and independence of its ground, using all the force it had against a probably highly superior adversary." In such a case no man able to hold a gun could be missed and so the device should be: "All valid men, none excluded, to the fighting. And our women behind them."[31]

This state of mind had already come to the fore in 1885 in a letter written by the The Hague Red Cross Women's Committee. In it the committee proposed to the Central Committee, that, when in times of *peace* two nursing requests came in, of which only one could be remunerated, and one of the requests was made by a military man or his family, automatically this request had to be rewarded. The Red Cross preference for military sick and wounded should not

---

[30] Handelingen van de Vereeniging het Nederlandsche Roode Kruis, XV. The Hague 1898, p. 18-19 (further: Handelingen); Van Lieburg (1986), p. 552.
[31] Handelingen, XVII. The Hague 1903, p. 22-28, quote: p. 28.

Duty leads to right, right leads to duty.
Dutch Red Cross, nursing and war 1870-1918

79

be confined to times of war, but stretched beyond those limits. Only then the tie between soldier and Red Cross could become a tight one.[32]

The Franco-Prussian War and the Boer War

Fifteen years before the Dutch Red Cross had seen action for the first time. After German and French armies had gone to battle, the Dutch government asked the DRC in how far it would be able to support the MHS in case the Netherlands would get involved. However, it soon became clear that Dutch borders would not be crossed. This led to the request of sending ambulances abroad so the preparations would not have been in vain. In total eleven ambulances were sent in the direction of the battlefields, about equally divided between the German and the French side.[33] Careful diplomacy was nevertheless needed. The belligerents' inclination to feel discriminated, was strong and never absent.[34] Right or wrong, being seen as partial could gravely endanger the ambulances' work. Therefore every possible indication of preference, however slight, had to be fought shy of. As a consequence, for instance the possibility of bringing wounded to the Netherlands to be able to give them better care in an environment less hostile and dangerous, was shunned.[35]

Nevertheless the ambulance work during the Franco-Prussian led to a popularity of the Red Cross not seen anymore until after the Second World War. However, as said, it would be a short lived popularity. Because of the absence of war the Red Cross was anything but visible in normal life. Invisibility makes unloved and gradually the number of members and as a consequence also the number of local committees began to decline. The absolute low was reached around 1900, just at a time action again was needed.

At the end of the nineteenth century in South Africa for the second time the so called "Boers", the inhabitants originally coming from Germany, Flanders and the Netherlands, rose against the ruling Brits. Together with Flanders and Russia, the, as almost the entire Netherlands, clearly with the "race related" Boers sympathizing DRC send three ambulances to the Cape. Except direct

---

[32] Handelingen, IX. The Hague 1886, p. 121.
[33] Doedens, A.: Nederland en de Frans-Duitse oorlog. Zeist 1973, p. 114-115; De geneesheer op het slagveld. In: Onze Tijd 5 (1870), part 2, p. 310-323, esp. p. 321-323.
[34] Kamphuis, P.H.: Het Algemeene Nederlandsche Vredebond 1871-1901. The Hague 1982, p. 18; Doedens (1973), p. 115
[35] Doedens (1973), p. 116 (incl. note 10); Handelingen, II, The Hague 1872, part II, p. 17-18.

medical results, this had another consequence. Because of the successful employment of female nurses pleas to give women access to military hospitals were
heard more and were uttered louder. As a result in 1910 women were allowed to
practice nursing in military hospitals, although in practice this had no consequences, at least not in the short run.[36]

The activities concerning the Boer War, the slowly but gradually start of
work in times of peace – which had everything to do with the wish to be ready
for the task waiting in wartime, as well in exercise as in numbers of nurses – and
as a consequence the frequent joined drills with the MHS, made that the gradually declining number of DRC-members was brought to a standstill and even was
reversed. However, this in itself was not enough to immediately have a sufficient
number of at hand nurses to fulfil the wartime task. For this problem a solution
was sought, and it was found in the ongoing discussion about a "people's army";
an army build up through general conscription for a relatively short period of
time, replacing the limited conscription taking up several years. Women too, by
means of lending aid, should be involved in such an army.

In 1908 in his brochure *De persoonlijke dienstplicht der vrouw* (Personal female
conscription) General H.P. Staal (1845-1920), member of the Liberal Party and
Minister of War from 1905 to 1907, kicked off a discussion which within the
DRC would last up until the end of World War I. The opening sentences were:

> "It has been made clear to us, that we can and may not put down the weapons of
> war. Instead we have to prepare for a war that will decide whether we will stay an
> independent nation and that has to be fought by the entire people, using all its
> strength".[37]

In this "noble battle" women too could not be missed, not to raise the sword as
men, but to "ease and soften the disasters of war using the warm dedication of a
woman's heart." Traditionally this happened voluntarily and out of sheer compassion, but it had to become "unrelenting duty" first of all because the conscription army existed of blood relatives, and second because it was an army fighting
to preserve a nation "of which also women are a part and in which they claim
their rights." If women claim the right to be a full member of the state, they can
no longer set aside the duties stuck to such a membership.

---

[36] Romeijn, D.: De geneeskundige dienst. In: Wetenschappelijk Jaarbericht
Krijgswetenschap 6 (1910). p. 412-434, esp. p. 414.
[37] Staal, H.P.: De Persoonlijke Dienstplicht der Vrouw. The Hague 1908, p. 1.

Duty leads to right, right leads to duty.
Dutch Red Cross, nursing and war 1870-1918

81

"Now woman is no longer *allowed* to withdraw from her task, set upon her by the all dominating state interest and of which she, as man has to do for its defence, must make *her* power and *her* talent available: the task of nursing. We already know the personal conscription of man; the common conscription has to come. It has to incorporate the personal conscription of women".[38]

When writing down his demands, Staal departed from unchanging circumstances within the DRC. But he hoped, and expected, that it would not be necessary to take legal measures. What had to be put upon its population by state law when shortage turned out to be persistent, would in this case probably be filled in time because women would see it as a moral obligation and therefore would perform voluntarily.[39]

At least by some women Staal would not be disappointed. The speech, held on a conference later that year, of the director of the The Hague Red Cross Hospital, G.J. Beynen, seamless joined in with the general's words.[40] Beynen explicitly referred to Staal and also in the brochures on female conscription by E.W. Wijnaendts Francken-Dyserinck, *De Gemeenschapsplicht der vrouw* (Female community duty) and *Vrouwenplicht en Gemeenschapsplicht* (Female duty and community duty) the general was mentioned as a source of inspiration.[41] Wijnaendts Francken (1876-1956) was one of the founders of the Dutch Union for Female Suffrage, who in 1907 had parted from the more radical Dutch Society for Female Suffrage led by Jacobs. Wijnaendts Francken also was one of those within feminist circles who, as Staal had done, constantly underlined that claiming rights had to go hand in hand with fulfilling duties. In her articles on female social conscription she even gave the impression that she had joined the struggle for women's rights, because only then women would be willing to take up societal duties, for instance as a Red Cross nurse. No surprise she rejected Staal's idea that Dutch women would probably be willing to assist the wounded in times of war voluntarily, sheer out of the goodness of their hearts. The Dutch, men as well as women, mostly were weak and selfish. Only state coercion could make them fulfil their duties.[42] Francken Dyserinck was anything but alone when tak-

---

[38] Staal (1908), p. 1-3.
[39] Staal (1908), p. 25-26.
[40] Congres voor Roode Kruis en Reddingwezen. In: Geneeskundige Courant voor het Koninkrijk der Nederlanden 62 (1908), p. 215, p. 224-225.
[41] Wijnaendst Francken-Dyserinck, W.: De Gemeenschapsplicht der Vrouw. w.p. 1912, p. 2; Wijnaendst Francken-Dyserinck, W.: Vrouwenplicht en Gemeenschapsplicht. The Hague 1913 [2], p. 1.
[42] Wijnaendst Francken-Dyserinck (1913), p. 17.

ing this stand, but the reasons why others also wanted state nursing instead of voluntary nursing, were completely different.

The First World War

Although interest in Red Cross-work was somewhat growing, all in all it remained rather small. Therefore it was established that the DRC would not be prepared for its task if war should come. And indeed; when in August 1914 south of the Dutch border canons began to howl, the DRC was prepared for anything but a war on Dutch soil. It has to be said that no country and no Red Cross-organisation would show itself prepared for the long, extremely bloody trench war World War I would become. A war fought in awful circumstances, resulting in nine million deaths and numerous psychological and often ghastly physical wounds. But in contrast to DRC-failure those problems lay in the future. Critique on DRC-functioning already in those August days itself, could therefore not stay out and was for instance uttered by nursing union Nosokomos (We Care), the in 1900 established, radical sister of the more moderate Bond voor Ziekenverpleging (Union for Nursing). In her struggle to uplift the nursing trade, not fleeing from societal critique and pacifistic utterances, Nosokomos propagated state interference. This was necessary if the profession ever would become of interest for young, civilised women.[43]

In two articles in De Nieuwe Amsterdammer (New Amsterdam) the board of Nosokomos gave air to its frustrations. In December 1913 the DRC-central committee had send Nosokomos a letter asking how many nurses could be available for the DRC within 48 hours after mobilisation or actual battle. 150 nurses responded positively. But when 31 July 1914 mobilisation was announced the central committee remained silent. After a few days Nosokomos asked for clarification, whereupon the DRC responded that the nurses should turn to the local DRC-branch. But there was no mention of what to do if a local branch was absent, although there was a fair chance this would be the case. A survey by the Nosokomos-board held in December showed that only a handful of nurses had found its way to the Red Cross. For this, Nosokomos stated, not the nurses were to blame, but only and fully the DRC-board. And therefore it had gravely failed to accomplish its main task: lending help to sick and wounded soldiers. For, as

---

[43] Bakker-Van der Kooy, C.: De maatschappelijke positie van verpleegsters in de periode 1880-1940. In: Tijdschrift voor Geschiedenis 96 (1983), p. 454-475, esp. p. 456, p. 466-467.

Duty leads to right, right leads to duty.
Dutch Red Cross, nursing and war 1870-1918

83

the physician Jan Kuiper (1862-1938) had said at the beginning of the war in the *Tijdschrift voor Ziekenverpleging* (Nursing Magazine): when war should come all those working in healthcare will have an irresistible urge to help. The Red Cross had failed to organize this urge, so Nosokomos could do nothing else but conclude that if the Netherlands would have gotten involved in the war in August 1914 "the nursing of our sick and wounded by means of the Red Cross would have turned out to be an absolute disaster." Not only the DRC had not finished its preparations, "it had not even started them."[44]

It was not until after the outbreak of war, so Nosokomos said, the DRC went to work and even then it were not the members of the central committee, but the local branches and some individual members. The board in The Hague had written the nurses union that it "wanted to decentralize as much as possible, instead of taking the lead itself", an utterance not approved by Nosokomos. The diligence of the local committees could only be praised, but because of the lack of direction and coordination the results were more often negative than positive. But it was highly unjustified to give the local committees the blame for this and for not having ready a detailed mobilization and war scenario, as board-member O.J.A. Repelaer van Driel (1849-1920) had done, and which would be done again somewhat later by his colleague M.B. Rost van Tonningen (1852-1927). It had been the central committee itself that had talked and talked for many years on many a subject, but not on the one most important. Therefore the central committee had proven that it could not live up to its task and that this would still be the case when the next war would break out. That there would be a war after this one, was an undeniable future scenario, as far as Nosokomos was concerned, because in spite of Peace Conferences and Peace Palaces states kept on arming themselves instead of taking disarmament seriously. Armament does not lead to peace as the saying goes, but can only have one outcome: another war. However, in times of war nursing sick and wounded was a medical and humanitarian duty, but a duty that should not be fulfilled by charity such as the Red Cross, but by the state.[45] It was a point of view showing Nosokomos, at least as far as its view on war and medicine was concerned, as a true follower of Nightingale.

When talking to the secretary of the central committee, squire M. Mazel, it had become clear how much the DRC depended on good will and charity. As far as the nurses were concerned this meant that they were expected to do their job

---

[44] Het Roode Kruis staatszorg. In: De Nieuwe Amsterdammer, 23 Jan.1915, p. 10; Kuiper, J.: Oorlog. In: Tijdschrift voor Ziekenverpleging. 24 (1914), p. 604-605.
[45] Het Roode Kruis staatszorg, 23 Jan. 1915, p.10.

out of sheer devotion to Red Cross work. In other words: they had to be prepared to do their bit for God and country unpaid.

> "We were struck by the peculiar announcement, done in the midst of conversation, that the secretary himself received a wage; is he not expected to be devoted, or does difference in sex play its part?"[46]

This again meant that the Red Cross would first of all be in need of nurses who were financially independent. Capability was only a secondary demand. If money given out of charity flowed in abundance, maybe some fee could be given, if not it would stay out. Nursing salaries were the budget's closing post and the beginning of cutbacks. But capable treatment of wounded men, who had fought to defend their country, called upon – and forced – to do so by the state, should not depend on the budget of the nursing organisation. Nursing was not charity, but duty coming out of the right of men to be taken care for after having done their bit, and therefore a state task.[47]

A – probably military – critic of military health care and Red Cross named Tribunus, wholeheartedly agreed with Nosokomos. "The promotion of an Army, a state interest of the highest order" should not be left to volunteers and so by chance. Tribunus furthermore advised the main board to finally take into its midst real capable men and less depend on (conservative) political persuasion, class and sex. Until that moment the board could only be called a non-medical, royal, male stronghold.[48]

---

[46] Het Roode Kruis staatszorg, 6 Feb.1915, p 1.

[47] Het Roode Kruis staatszorg 6.Feb.1915, p. 1. Closely linked with this was the critique of Nosokomos uttered around the same time on the education of assistant nurses for hospitals the Red Cross wanted to start. It feared that these assistants would be given nursing tasks, for which they were not equipped, and would therefore become a threat to the employment of real nurses and to the status of the nursing profession. It was a fear not out of place as Great Britain would prove in the years of WWI. Jorissen, J.W.: Helpsters van het Roode Kruis. In: Het Reddingwezen in Vredes- en Oorlogstijd 3 (1914), p. 19-21; Boland, G.W.: Aan redactie Nosokomos. In: Het Reddingwezen in Vredes- en Oorlogstijd 4 (1915), p. 105; Summers (1988), p. 289-290.

[48] Tribunus, Noodzakelijke reorganisatie van het Nederlandsche Roode Kruis. In: De Amsterdammer 3.Oct.1915, p. 1.

Duty leads to right, right leads to duty.
Dutch Red Cross, nursing and war 1870-1918

85

Fig. 1: Dutch Red Cross central committee, 1917.

The Red Cross reorganisation 1917

Tribunus called upon a necessary reorganisation and this indeed came in 1917. The main point of it however was not a democratisation of the organization – which actually had been the starting point of the reorganization process – but the formalization of a situation already there in practice. From 1917 on the DRC officially was a cheap extension piece of the Dutch MHS, acting only on behalf of the Dutch army and acting only if the MHS asked for it. This had already became clear in 1914 when little or no Red Cross aid was rendered to fugitives from Belgium because no man, woman or band aid could be missed should the Dutch army have to go to war; it was shown when it was decided not to send Red Cross-ambulances abroad, as had been done in 1870 and during the Boer war, and it was shown again in 1918, after the reorganisation. This time help to civilians fleeing across the Dutch border was given, but only after the armed forces had asked for it, for the war refugees had become a military problem.[49] In

---

[49] Archive Main Board DRC 1867-1945, Algemeen Rijksarchief, inv. nr. 1, box 2, extraordinary meeting 1.Oct.1914; Handelingen, XXIV. The Hague 1916, part 1, p. 87-90; Mandere, H. van der: Het Nederlandsche Roode Kruis 1917-1920. Amsterdam 1920, p. 44; Nederlandsche Roode Kruis 1867-1924. The Hague 1923, p. 7; Het Nederlandsche Roode Kruis. The Hague 1937, p. 41.

other words: again military necessity and not humanitarian need was the decid-
ing factor.

Seen the subordination of the DRC to a state organization as the armed
forces, it is no wonder that the war and the Red Cross activities (not) undertaken, resulted in a new round concerning the female conscription debate. To
achieve the DRC-reorganization a committee had been called into being in 1915.
It started its work having the following numbers in mind. In a war a percentage
of wounded of 15 was expected. This meant the DRC had to take care of 30,000
beds, 725 physicians, 3000 nurses and 300 head nurses. These numbers only
could be achieved if some liabilities would be imposed by law. For instance, according to the committee there was a need for "militarization of civilian healthcare." It was of the utmost importance that medical students were brought into a
military connection, so they knew that as reserve-health officers they were
obliged to serve in the army in times of war "either detached at the MHS or at
the Red Cross, in accordance with regulations, in times of peace agreed upon by
both bodies in mutual deliberation." Also the needed amount of nurses and assistant nurses could only be received through the obligation "to serve the State in
case of war." As man also woman should in times of need give all her abilities to
the Fatherland. If this was not done willingly, it had to be done unwillingly.[50]

Closing remarks

The red threat of this article, a threat that could easily be extended with examples of the Inter War Years, the Second World War and the war of decolonisa-
tion in Dutch East India/Indonesia, is woven by the question if nursing victims
of war, and especially sick and wounded soldiers, should be an act of mercy,
good will and charity, or an act of state obligation. That in practice female conscription never got of ground is rather irrelevant. The point I want to make is
that only superficially seen those who say that the duty of men to serve as soldiers, gives them the right to proper healthcare, and this right to proper healthcare should lead to the obligation to render that aid, agree with each other. Not
for nothing for instance Nosokomos emphasized state obligation. Because a
woman was not borne a nurse, but became one only after years of education,
Nosokomos wanted the state to pay these trained nurses. And it were only these
trained nurses who should do the job, making sure enough money was reserved

---

[50] Rapport van de Commissie voor de reorganisatie van de Vereeniging "Het
Nederlandsche Roode Kruis". The Hague 1917, p. 37-38, p. 41-42.

Duty leads to right, right leads to duty.
Dutch Red Cross, nursing and war 1870-1918

87

in state budget to give the sick and wounded soldiers the care they needed and deserved; as said, as Nightingale did. Nosokomos saw this as a part of its fight for nursing emancipation, and this in its turn was part of women's struggle for female emancipation in general, starting with suffrage. The rights of men to be nursed and the rights of women to be taken seriously were emphasized. Staal and certainly Wij-naendts Francken not so much looked at the state as turned to women themselves and emphasized their duty to nurse as they emphasized the duty of men to fight. It was a woman's duty towards the Fatherland, the female equivalent for male conscription, to nurse the soldiers, paid or unpaid. A long and intense education was not really necessary because above all nurses needed emphatic qualities and those were in a woman's possession by birth. The only – although not unimportant – difference between these last two was that Staal was optimistic and thought of conscription as a last resolve, probably not even needed because Dutch women were merciful enough to do their job voluntarily, for as Wijnaendts Francken saw conscription as the one and only possibility. If the Dutch are not forced, they will do nothing that is not directly to their own advantage. When the Red Cross itself during World War I began to question its voluntary character, setting aside Dunant's conviction of aid out of the goodness of the heart, it unmistakably sided with Staal and certainly Wijnaendts Francken. It did so not because female conscription would be beneficial to all wounded combatants regardless of nationality and not because this would strengthen Dutch nursing, giving nurses fair wages, but because it thought this could heighten morale and fighting strength of the Dutch armed forces without too high a price. Nosokomos did not agree. As said, nursing the wounded was a duty but the men had the right that this would be done only by well-educated nurses who should receive wages living up to their skills. Only the state could make this happen. So Nosokomos on the one hand and, despite some differences, Staal, Wijnaendts Francken and the reorganization committee of the Red Cross on the other, both saw a connection between duty and right, right and duty. Nevertheless, they could hardly be further apart.

Dr. Leo van Bergen
VU-university medical center Amsterdam,
dep. of Medical Humanities (Metamedica)
Van der Boechorststraat 7
1081 BT Amsterdam
l.vanbergen@vumc.nl

Die vaterländischen Frauenvereine des Roten Kreuzes am Beispiel des Frauenvereins für die Krankenpflege in den Kolonien

Wolfgang U. Eckart

Bald nach der Genfer Konferenz entstanden auch im Deutschen Kaiserreich Männer- und Frauenvereine vom Roten Kreuz mit dem Hauptzweck der Verwundeten- und Krankenversorgung im Kriege. Sie bildeten im Kaiserreich einen integrierenden Teil der nationalen Organisation des Roten Kreuzes. Durch die internationalen Konferenzen von Berlin (1869), Wien (1897) und Petersburg (1902) wurde indes auch die Friedenstätigkeit der Rotkreuz-Organisationen, besonders die Hilfeleistung in Notständen, als „Grundlage der Kriegsbereitschaft" anerkannt. In Deutschland konstituierten sich in allen Bundesstaaten selbständige Landesvereine (Landesmännervereine), die sich am 20. April 1869 zum *Zentralkomitee der deutschen Vereine zur Pflege verwundeter und erkrankter Krieger* zusammenschlossen. Innerhalb des Zentralkomitees (seit *1879 Zentralkomitee der Deutschen Vereine vom R. K.*) waren die Frauenvereine vom Roten Kreuz, seit 1871 unter dem Dach des *Verbands der deutschen Frauenvereine vom Roten Kreuz* (Würzburg, 12.8.1871) versammelt, besonders rührig. Ihr ältester und größter Verein, der unter dem Protektorat der Kaiserin stehende und bereits am 11. November 1866 gegründete *Vaterländische Frauenverein vom Roten Kreuz*, umfasste Preußen, die Reichslande und 70 Vereine auf außerpreußischem Gebiet und konnte 1908 auf 234 741 Mitglieder verweisen. Nach der Satzung vom 7. November 1900 durfte jede „unbescholtene Frau oder Jungfrau ohne Unterschied des Glaubens oder Standes" Mitglied werden. Für die Arbeit in den kaiserlichen Schutzgebieten schloss sich dem Vaterländischen Frauenverein 1888 der Deutsche Frauenverein für die Krankenpflege in den Kolonien[1] an, der sich 1922 in „Vaterländischer Frauenverein für Deut-

---

[1] Zur Geschichte des Vereins vgl. Naarmann, Bernhard: Koloniale Arbeit unter dem Roten Kreuz. Der "Deutsche Frauenverein vom Roten Kreuz für die Kolonien" zwischen 1888-1917, Diss. med. [Masch.Man.], Med. Fak. Univ. Münster/Westf. 1986; Gelpcke [Regierungsrat]: Eine Geschichte des Vereins von seiner Gründung bis zum Jahr 1907. Unter dem Roten Kreuz. Zeitschrift des Deutschen Frauen-Vereins für Krankenpflege in den Kolonien 18 (1907), Nr. 5, S. 49-51 u. Lehr, Ludwiga: Der Deutsche Frauenverein vom Roten Kreuz für die Kolonien. Koloniale Rundschau. Monatsschrift für die Interessen unserer Schutzgebiete und ihrer Bewohner 5 (1913), S. 674-679; zu besonderen kolonialen Aktivitäten einzelner Mitglieder vgl. Bülow, Frieda Freiin von: Reisescizzen und Tagebuchblätter aus Deutsch-Ostafrika. Berlin 1889 [bes. für Sansibar] u. Wittum, Johanna: Unterm Roten Kreuz in Kamerun und Togo. Heidelberg 1899; über die Tätigkeit des Vereins im Ersten Weltkrieg berichtet Lehr, Ludwiga: Die Kriegsarbeit des Deutschen Frauenvereins vom Roten Kreuz für die Kolonien. Deutsche Ko-

sche über See" umbenannte und seine Arbeit den Deutschen im Ausland widmete. Doch hiervon etwas später.

Was die spezifische Rolle der Frauenvereine vom Roten Kreuz im wilhelminischen Deutschland angeht, so folge ich im Wesentlichen der Einschätzung
von Ute Planert in ihrer brillanten Darstellung „Antifeminismus im Kaiserreich"
(1998). Hatte doch die bürgerliche Nationalideologie des 19. Jahrhunderts Frau-
en keineswegs „aus der Nation verbannt, sondern ihnen spezifische Einflusssphären eingeräumt, deren konstitutive Bedeutung für die Existenz des Nationalstaates nicht bestritten wurde"[2]. Zu solchen Einflusssphären gehörten definitiv
der Vaterländische Frauenverein und die Frauenvereine vom Roten Kreuz[3], die
„bürgerlichen und adligen Frauen einen weiblichen Weg zu Heldentum und Ehre" wiesen. Obgleich „Sammlungstätigkeit für die Aufrüstung und vor allem die
Vorbereitungskurse für die Kriegskrankenpflege" zu den wesentlichen Tätig-
keitsfeldern der „Liebesthätigkeit" jener Vereine gehörten, eröffneten dieselben
Vereine zugleich „konservativ-nationalistischen Frauen partiellen Zugang zur
Welt des Militärs und boten ihnen eine gesellschaftlich sanktionierte Möglich-
keit, an Glanz und Glorie des wilhelminischen Militarismus teilzuhaben. [...]
Schon vor dem Ersten Weltkrieg nahmen die Mitglieder der Vaterländischen
Frauenvereine daher an den Übungen der [männlichen] Kriegervereine und Sani-
tätskolonnen teil". Im Kriege würden sie selbstverständlich wie die Rotkreuz-
Männer Kriegsrecht und Disziplinarordnungen unterstehen. Ist es vor diesem
Hintergrund erstaunlich, dass diese Frauen sich als „Soldaten des Vaterländischen
Frauenvereins" deuteten und von ihrem „Heer der Frauen" schrieben und sprachen? „Gleichgroße mut'ge Helferinnen" wollten sie sein, ihren Anteil haben am
nationalistischen Aufschwung ihrer Zeit, durstig sein dürften nach gesellschaftlicher Reputation, und so ihrem weiblichen Alltag durch nationales und soldatisches Handeln staatstragenden Sinn verleihen[4].

---

lonialzeitung 35 (1918), S. 132-134 sowie in: Unter dem Roten Kreuz im Weltkriege. Das
Buch von der freiwilligen Krankenpflege. Herausgegeben von E. Senftleben, W. Foerster
u. G. Liesner, Berlin 1934.
[2] Planert, Ute: Antifeminismus im Kaiserreich. Diskurs. Soziale Formation und politische Mentalität. Göttingen 1998, S. 222-223.
[3] Leider hierzu wenig in dem ansonsten für die ambivalente Rolle der Frau im deutschen
Kolonialreich einschlägigen und außerordentlich ergiebigen Sammelband von
Bechthaus-Gerst; Marianne; Leutner, Mechthild (Hg.): Frauen in den deutschen Kolonien. Berlin 2009.
[4] Süchting, Andrea: Frauen, Patriotismus und Krieg. Der Vaterländische Frauenverein
1890 bis 1914. Zulassungsarbeit, Historisches Seminar, Univ. Freiburg 1995, S. 56 u. 66.

Vereinsgründungen. Die Konstituierung kolonialer Krankenpflege

Nur wenige Jahre nach dem Erwerb der ersten deutschen Kolonialgebiete in Afrika konstituierte sich zum Zweck der kolonialen Krankenpflege 1887 in Berlin der *Deutschnationale Frauenbund*. Zu den Aufgaben des Bundes, der sich dem hehren Ziel verschrieben hatte, die „Bethätigung nationaler und humaner Interessen von höchster Bedeutung" zu fördern, um so den „Beweis zu liefern, daß die Opferwilligkeit deutscher Frauen und Jungfrauen auch für derartige Zwecke der anderer Nationen nicht nachstehe", sollten „in der Hauptsache die Errichtung von Samariterstationen und Krankenhäusern in den deutschen Kolonien" gehören.[5] Tatsächlich diente der Zusammenschluss vorwiegend der Organisation deutscher „Krankenpflege in Ost-Afrika"[6] und ganz konkret der finanziellen Förderung der durch die Mitbegründerin und erste Vorsitzende, Frieda Freiin von Bülow, in Daressalam eingerichteten Krankenpflegestation.[7] Die Konstituierung des Bundes, der sich – seinen Satzungen entsprechend – ausschließlich der Pflege der weißen Kolonialbevölkerung zuwandte, gesellt sich zu einer ganzen Reihe ähnlicher – wenngleich nicht kolonialorientierter – Frauenvereinsgründungen in der zweiten Hälfte des 19. Jahrhunderts mit vorwiegend philanthropischer und gemeinnütziger Aufgabenstellung, aber auch emanzipatorischen Ansprüchen innerhalb und gegenüber einer nahezu völlig von Männern bestimmten Gesellschaft. Der *Deutschnationale Frauenbund* war die erste kolonialorientierte Vereinigung des Kaiserreichs, in der „gebildete Damen" – vorwiegend des gehobenen Bürgertums und des Adels – den „kolonialen Gedanken" propagierten und ihren geschlechtsspezifischen Beitrag zur Sicherung der deutschen Kolonialexpansion leisten konnten. Erst 1907 würde ihm mit dem *Frauenbund der Deutschen Kolonialgesellschaft* eine zweite Frauenvereinigung zur Seite treten, die sich vor allem die Aussendung weiblicher „Hilfskräfte" nach Deutsch-Südwestafrika angelegen sein ließ.[8] Beide Vereine sollten bis zum Verlust der deutschen Kolonialgebiete einträchtig kooperieren.

Bereits im ersten Jahr nach der Gründung des Deutschnationalen Frauenbundes wurde die Pflegetätigkeit auf alle deutschen Kolonialgebiete ausgedehnt. Im Zuge dieser weit gefassten Neuorientierung nannte sich der Bund dann seit

[5] Deutsche Kolonial-Zeitung 4 (1887), S. 668.
[6] Gelpcke, Geschichte (1907), S. 49.
[7] Deutsche Kolonial-Zeitung 4 (1887), S. 668.
[8] Deutsches Kolonial-Lexikon (1924), Bd. 1, S. 662; vgl. auch Frobenius, Else: Deutsche Frauenarbeit in den Kolonien. Deutsche Kolonialzeitung 35 (1918), S. 90-91.

April 1888 *Deutscher Frauenverein für die Krankenpflege in den Kolonien*[9] und schloss sich
als Hilfsverein dem *Vaterländischen Frauenverein* an. Gleichzeitig geruhte „Ihre Majestät die Kaiserin und Königin das Protektorat über den Verein allergnädigst zu
übernehmen"[10]. An der Spitze des Vereins stand zunächst die Gräfin Martha von
Pfeil, nach ihr die Gräfin Clara von Monts, gefolgt von „Frau Staatssekretär von
Stephan". Schon im September 1888 sicherte die *Deutsche Kolonialgesellschaft* dem
Verein auf Antrag von Vizeadmiral Livonius – seine Frau gehörte dem Vorstand
des Frauenvereins, er selbst dem der Deutschen Kolonialgesellschaft an – jede
Unterstützung zu. „Daß bei unsern Frauen der Wunsch nach Beteiligung [an der
kolonialen Sache, W.U.E.] vorhanden", so Livonius in der Antragsbegründung,
„ist wohl natürlich. Schon die germanische Frau war die Genossin des Mannes,
nicht nur Dienerin; thatkräftige Helferin in schwierigen Lagen". Wo in den Kolonien des Kaiserreichs „deutsches Wesen" so „munter" wachse, da sei es „Eh-
renpflicht, den Frauenverein für Pflege in den Kolonien zu unterstützen".[11]

Am 9. Oktober 1888 wandte sich der Vorstand des Frauenvereins in eigener Sache direkt an Bismarck. Dem Reichskanzler sollten die Ziele des Vereins
mitgeteilt werden:

„Wohin auch in den neu erworbenen und unter Eurer Durchlaucht Schutz und
Fürsorge stehenden Kolonien deutsche Unterthanen ausziehen, um deutsche Arbeit und deutsche Kultur zu verbreiten, da hat sich überall die Nothwendigkeit
fühlbar gemacht, die Gefahren des Klimas durch zeitgerechte Pflege der Erkrankten zu mildern und mit der Sorgfalt der weiblichen Pflegehand Ruhe, Trost und
Stärkung dem Leidenden zu bringen. Deutsche Frauen waren es, welche durch
diese Gedanken bewogen wurden, sich zu einem Pflegeverein zunächst für
Deutsch-Ostafrika zusammenzuschließen und welche in dem Wunsche, nach
Kräften zu helfen, dafür Sorge trugen, daß weibliche Pflegekräfte hinausgesendet
wurden, um die Pflichten der Hülfeleistung zu übernehmen. [...] Es handelt sich
zunächst darum, die Ziele des Vereins auf die Krankenpflege allein zu beschrän-
ken; in dieser Beschränkung aber, sich über alle deutschen Kolonien auszudehnen.
Ueberall da, wo sich die Nothwendigkeit einer Pflegestation herausstellt und wo
den Diakonissinnen Schutz und Unterkommen gewährleistet werden kann, will
der Verein seine Thätigkeit entwickeln und hat deshalb den Namen „Deutscher
Frauen-Verein für Krankenpflege in den Kolonien" angenommen. [...] In dem Gedanken, daß die Thätigkeit unseres Vereins nichts weiter ist, als die Erweiterung
der Thätigkeit des großen vaterländischen Frauen-Vereins in das weite Gebiet der
deutschen Kolonien, suchten wir die Verbindung mit dem genannten Verein und

---

[9] Deutsche Kolonial-Zeitung 1 (1888) N.F., S. 143.
[10] Gelpcke, Geschichte (1907), S. 49.
[11] Deutsche Kolonial-Zeitung 1 (1888) N.F, S. 299.

in Anerkennung unserer Zwecke ist uns durch Rescript vom 29. August von dem Vorstande desselben die Eigenschaft als Hülfs-Verein des Vaterländischen Frauen-Vereins zugestanden und dabei gleichzeitig die Beilegung des Rothen Kreuzes genehmigt worden. Damit glauben wir, für unsere Organisation den weiten Boden über das ganze deutsche Vaterland gefunden zu haben und hoffen, Gott werde unsere Thätigkeit segnen. Durchdrungen von der Überzeugung, daß wir auf Erreichung unserer Ziele nur hoffen dürfen, sofern Euer Durchlaucht dieselben billigen und hochdero machtvoller Hülfe stützen, bitten wir in Ehrerbietung, Euer Durchlaucht wollen die kais. Beamten in den deutschen Schutzgebieten hochgeneigtest ermächtigen, den Organen unseres Vereins vorkommenden Falls Schutz zu gewähren".[12]

Dieser Bitte wurde bereits einen Tag später in den entsprechenden Mitteilungen nach Kamerun, Sansibar und Klein-Popo Genüge getan. Dem Schreiben des Vorstandes war auch die erste Satzung des neuen Vereins beigefügt. Sie präzisierte in ihrem ersten Paragraphen dessen Aufgabengebiete:

„Der Zweck des Frauen-Vereins für Krankenpflege in den Kolonien ist: 1. Die Förderung der Krankenpflege in den deutschen Kolonien durch Herstellung von Krankenhäusern, durch Beschaffung und Unterhaltung von Krankenpflege-Kräften, und durch Beschaffung von Geräthschaften, Heilmitteln und Werkzeugen für diese Krankenhäuser. 2. Förderung der Thätigkeit der Mission in den deutschen Kolonien durch Betheiligung an allen Aufgaben und Unternehmungen, welche die Linderung von Nothständen der Bevölkerung im Auge haben".[13]

Ordentliche Mitglieder sollten „Frauen und Jungfrauen" sein, die einen Jahresmindestbeitrag von sechs Mark zu entrichten hatten, außerordentliche Mitglieder auch „Herren", sofern sie dem Verein regelmäßig Geldzuwendungen entrichteten. Der Vereinsvorstand setzte sich paritätisch aus mindestens sechs männlichen und sechs weiblichen, höchstens aber 25 Mitgliedern zusammen. Seine endgültige Anerkennung im juristischen Sinne erfuhr der Frauenverein freilich erst sieben Jahre nach der Gründung durch „allerhöchste Kabinettsordre" vom 4. November 1895. Durch die Verleihung der Rechte einer juristischen Person war er erst von diesem Zeitpunkt an berechtigt, etwa Verträge abzuschließen oder Grundstücke zu erwerben.

Seine kolonialen und heimatlichen Aktivitäten wurden den Mitgliedern von 1890 bis zum Beginn des Ersten Weltkrieges in dem monatlich erscheinenden Vereinsblatt *Unter dem Rothen Kreuz. Zeitschrift des Deutschen Frauen-Vereins für Kran-*

---

[12] Frauenverein an Bismarck, Berlin, 9. Okt. 1888. – BAPo, RKA Nr. 5642.
[13] Ebendort.

Deutlich wird die rasante Entwicklung des Vereins besonders durch das schnelle
Hinzutreten neuer Ortsgruppen, auffallend konzentriert im süddeutschen Raum,
was bereits 1904 die Gründung eines „Landesvereins Württemberg" und 1908 die
eines „Landesvereins Bayern" notwendig machte. Warum sich die Abteilungen
(Ortsgruppen) des Vereins besonders in Süddeutschland konzentrierten, ist nicht
leicht zu erklären. Möglicherweise spielt hier die – gegenüber Norddeutschland –
besondere gesellschaftliche Bedeutung der Konfessionalität und das mit ihr ver-
bundene Bedürfnis, religiös begründete Philanthropie ad oculos zu demonstrieren, im protestantisch-pietistischen Württemberg ebenso wie im katholischen
Bayern eine nicht zu unterschätzende Rolle.

Im Jahre 1909 gab der Verein „mit Rücksicht auf die erfreuliche Ausdehnung [...] über die Grenzen des Königreichs Preußen hinaus"[17] seine Stellung als
Hilfsverein des Vaterländischen Frauenvereins auf und suchte stattdessen die
direkte Verbindung zum *Zentralkomitee der deutschen Vereine vom Roten Kreuz*. Dort
wurde der Zuwachs begrüßt, aber auch die Änderung des Vereinsnamens gefordert. Der Name lautete von nun an *Deutscher Frauenverein vom Roten Kreuz für die Kolonien*. Sowohl in organisatorischer als auch in konzeptioneller Hinsicht war die
Suche nach einem neuen Dachverband durchaus begründet. Zum einen erschien
bei der beachtlichen Ausdehnung über das gesamte Reichsgebiet der Zusammenschluss mit dem hauptsächlich nach Norden orientierten Preußischen Vaterländischen Frauenverein nicht länger gerechtfertigt, zum anderen wollte man
nach Beendigung des Kriegszustandes in Südwestafrika die „Bestrebung" des
„Vereins in erster Linie auf Friedensarbeit" richten.[18] Mit der organisatorischen
„Neuorientierung" verband sich eine noch deutlichere Ausrichtung auf die allgemeine Förderung des weiblichen Kolonialengagements im Kaiserreich. Der ur-
sprünglich als karitativ orientierter Pflegeverein angelegte Zusammenschluss
wurde so zum kolonialen Frauenverein. Typisch für die neue Ausrichtung war
der enge Schulterschluss des Vereins mit dem 1907 von Adda von Liliencron und
anderen „Kolonialfreundinnen" gegründeten und 1908 der Deutschen Kolonialgesellschaft angegliederten *Frauenbund der Deutschen Kolonialgesellschaft*, der sich das
Ziel gesetzt hatte, die Kontakte zwischen Heimat und Kolonialperipherie zu festigen und hier wie dort „deutschem Familiengeist und deutscher Art und Sitte
eine sichere Pflanz- und Pflegestätte zu bereiten und zu erhalten"[19]. Bei der Aus-

---

[17] Gelpcke, Geschäftsbericht des Deutschen Frauenvereins für Krankenpflege in den Kolonien für das Jahr 1908, in: Unter dem Rothen Kreuz. Zeitschrift des Deutschen Frauen-Vereins für Krankenpflege in den Kolonien 20 (1909), S. 103-105, hier S. 103.
[18] Ebendort, S. 103.
[19] Mamozai, Herrenmenschen (1982), S. 198-199.

stellung „Die Frau in Haus und Beruf", die 1912 im Berliner Zoologischen Gar-
ten ausgerichtet wurde, organisierten beide Vereine einträchtig die Abteilung
„Die Frau in den Kolonien"; in den Zeitschriften der Zusammenschlüsse, *Unter
dem Roten Kreuz* und *Kolonie und Heimat*, wurde über das beiderseitige Engagement
berichtet und zeitweilig sogar ein Zusammenschluss der Vereine erörtert.[20]

Ausbildung und Dienstverhältnisse der Schwestern

Unabdingbare Voraussetzung für die Aufnahme der Schwestern in den Verein
war die „höhere Töchterschulausbildung"[21], für die Aussendung in die Kolonialgebiete der Erwerb des Examens einer staatlich anerkannten Krankenpflegerin.
Typisch für die Anwerbung neuer Schwestern, die regelmäßig durch Inserate in
der Vereinszeitschrift erfolgte, war der „Aufruf" des Jahres 1900, in dem die
umworbene Zielgruppe klar umrissen wurde. Es hieß dort:

> „Aufruf! Der Vorstand des Deutschen Frauenvereins für Krankenpflege in den
> Kolonien richtet an alle Töchter der gebildeten Stände, welche den patriotischen
> Drang in sich fühlen, ihre Arbeitskraft den Zwecken des Vereins zu widmen, die
> Bitte, sich mit ihrer Meldung an Ihre Exc. Frau Staatssekretär von Stephan, Berlin
> W., Passauer Straße 6/7, zu wenden. Sowohl solche, welche sich zu Krankenpfle-
> gerinnen erst ausbilden wollen, als auch ausgebildete und in ihrem Beruf bereits
> tätig gewesene tüchtige Pflegekräfte können in den Schwesternverband des Ver-
> eins eintreten. Daß für die Pflegearbeit in unseren Kolonien ein ganz besonders
> gediegener Charakter, stark entwickeltes Pflichtgefühl und ernsteste Entsagungs-
> kraft gefordert werden müssen, wolle jede Bewerberin sich von vorneherein klar-
> machen. Wer aber von dem festen Vorsatz erfüllt ist, den Leidenden draußen den
> besten Dienst der deutschen Heimat, d. h. eine treue, sorgsame und verständnis-
> volle Pflege an ihr Schmerzlager zu tragen, dem wird die Arbeit in den Kolonien
> eine Wirksamkeit voll hoher Befriedigung gewähren".[22]

Alle Kandidatinnen erhielten eine hauswirtschaftliche und krankenpflegerische
Ausbildung. Für die hauswirtschaftlichen Belange standen die Großherzogliche
Wirtschaftsschule zu Karlsruhe und seit 1899 auch die *Deutsche Kolonialschule Wil-
helmshof* in Witzenhausen bei Kassel zur Verfügung.[23] Die Ausbildung für den

---

[20] Ebendort, S. 199.
[21] Lehr, Frauenverein (1913), S. 675.
[22] Unter dem Roten Kreuz 11 (1900), S. 73.
[23] Die Ausbildung von Frauen in Witzenhausen ist ungewöhnlich, denn dort sollte eigentlich nur "reichsangehörige[n] junge[n] Männer[n]" Aufnahme und Ausbildung gewährt werden. Die Kolonialschule war 1899 gegründet worden und stand unter der

Krankenpflegedienst erfolgte – nach der obligatorischen Untersuchung auf Tropentauglichkeit – meist in den Vereinshospitälern zum Roten Kreuz. In Hannover stand bis 1893 das Clementinenhaus als Ausbildungsstätte zur Verfügung, in Hamburg sicherte ein Vertrag mit dem Schwesternverband der Hamburgischen Staatskrankenhäuser die Ausbildung der Schwestern. Im Institut für Schiffs- und Tropenkrankheiten in Hamburg schließlich wurden seit der Eröffnung des Instituts im Jahre 1901 alle Schwestern, ehe sie hinausgingen, für ihren Beruf sowohl durch eine praktische Ausbildung für die Pflege von Tropenkranken als auch durch theoretische Vorträge besonders vorbereitet. Auch auf einige der einfachen Untersuchungsmethoden (Harnuntersuchung, oberflächliche Hämoglobinuntersuchung und dergl.) und auf das Mikroskopieren erstreckte sich das Unterrichtsangebot für die Schwestern, um „den Aerzten in den Tropen einen Teil dieser langwierigen und zum Teil rein mechanischen Untersuchung abnehmen [zu] können"[24]. Bereits im März 1901 war es zu einem Vertragsabschluss zwischen dem Frauenverein und Bernhard Nocht, dem Leiter des Instituts gekommen, der sich verpflichtete, jeweils 6 Schwestern in dreimonatigen Kursen auszubilden. Die gynäkologische und geburtshilfliche Ausbildung erfolgte in der Regel in landesherrlichen Hebammenschulen, so etwa in der Großherzoglichen Hebammenschule in Jena. Anders als im Reichsgebiet war den Hebammenschwestern aus verständlichen Gründen von Anfang an gestattet, in den Schutzgebieten auch in schwierigen Fällen ohne die regelmäßige Heranziehung eines Arztes Geburten selbständig zu leiten und kleinere geburtshilfliche Operationen durchzuführen. Die Ausbildung der Schwestern wurde ergänzt durch eine besondere Unterweisung im Mikroskopieren, um die Schwestern so in die Lage zu versetzen, ihren Dienst auch bei der Bekämpfung der Malaria oder der Schlaf-

---

Schirmherrschaft von Herzog Johann Albrecht von Mecklenburg. Neben allgemeinbildenden, wirtschaftlichen, forst- und landwirtschaftlichen, technischen und körperertüchtigenden Lerninhalten sollte der zwei- bis dreijährige Lehrgang "unsolide, wenig eifrige, verwöhnte sowie körperlich zu wenig leistungsfähige Elemente" vom Kolonialdienst "rechtzeitig wieder ausscheiden" helfen und zugleich "in ausgeprägt nationalem Geiste auf Grund christlich-sittlicher Lebensanschauung" für die Tätigkeit in den deutschen Schutzgebieten ertüchtigen. Der Wahlspruch der Deutschen Kolonialschule lautete: "Mit Gott für Deutschlands Ehr' – Daheim und überm Meer!" – Deutsches Kolonial-Lexikon (1924), Bd. 3, S. 723-724.
[24] Vgl. Nocht, Bernhard: Die Umgestaltung des Hamburger Seemannskrankenhauses zu einem Institut für Schiffs- und Tropenhygiene. Deutsche Medicinische Wochenschrift 26 (1900), 203-204; ders.: Organisation des Unterrichts über Tropenhygiene und Tropenkrankheit in Hamburg. Janus. Archives Internationales pour l'histoire de la médecin et la géographie médicale 9 (1904), S. 170-176, hier S. 173.

krankheit zu leisten. Tatsächlich wurden Schwestern des Frauenvereins in Schlafkrankheitslagern in Ostafrika und in Kamerun eingesetzt.

Die unmittelbaren Kosten, die die Aussendung einer Schwester verursachte (Gehälter, Ausrüstung, Reisekosten), übernahm der Frauenverein selbst, während von den Institutionen und Behörden, denen er die Schwestern zur Verfügung stellte, eine jährliche Entschädigung für jede Schwester verlangt wurde, die aber den Gehaltsbeitrag und die Ausrüstung in aller Regel nicht deckte. Daneben trug der Frauenverein allein die Kosten für die Alters- und Invalidenversicherung der Schwestern aus einem eigens dafür geschaffenen Schwestern-, Pensions- und Unterstützungsfonds und unterhielt zusätzlich das ihm testamentarisch vermachte Erholungsheim Georgshof bei Köln für die zurückgekehrten oder auf Heimaturlaub befindlichen Schwestern. Alle Dienstzeiten, auf die sich die Schwestern des Frauenvereins an der kolonialen Peripherie zu verpflichten hatten, richteten sich nach den Dienstperioden der Beamten der Kolonialabteilung bzw. des Reichskolonialamtes und des Reichsmarineamtes. So betrug die Regeldienstzeit in Westafrika eineinhalb, in Deutsch-Südwestafrika und im Pazifik drei, in Ostafrika zwei und im Kiautschou-Gebiet vier Jahre. In der Heimat und im Kolonialdienst waren alle Schwestern durch ihre besondere Tracht, die nach der Aufnahme in den Verein getragen werden musste, sofort zu erkennen. Sie bestand in der Heimat aus einem schwarzen Kleid, einem schwarzen Mantel, der weißen Schwesternhaube mit schwarzseidener Überhaube zum Ausgehen, ferner einer Armbinde und einer Brosche mit dem Abzeichen des Vereins. Für den Kolonialdienst waren blau-weiß gestreifte Arbeitskleider sowie weiße Kleider für die Freizeit vorgesehen. Den Hebammenschwestern standen darüber hinaus ein zusätzlicher Anzug nebst Bluse, ein geteilter Reitrock von derbem Lodenstoff, ein Regenmantel, ein Tropenhelm und hohe Schaftstiefel zu. Jede erhielt außerdem für Ihre Schwesternkiste je zwölf Kleider und Schürzen, sechs weiße Hauben, eine Unterhaube, Schirm und Sonnenhut.[25]

Schwesternarbeit in den Schutzgebieten

Bereits im Gründungsjahr hatte der Deutschnationale Frauenbund Schwestern nach Deutsch-Ostafrika entsandt und neben der eingangs bereits erwähnten Pflegestation in Daressalam auch ein Feldlazarett in Sansibar eröffnet. Während der Pflegestation in Daressalam ein glückliches Schicksal beschieden sein sollte, begann die Arbeit auf Sansibar mit einem Missklang und endete noch vor dem

---

[25] Naarmann, Frauenverein (1986), S. 63.

Verzicht des Kaiserreichs auf die dem ostafrikanischen Festland vorgelagerte Insel zugunsten Helgolands (1890).

Zu den ersten Mitgliedern des Frauenbundes und späteren Vereins, die in einem deutschen Kolonialgebiet tätig waren, gehörte auch Frieda von Bülow[26]. Das dreißigjährige Freifräulein[27], zugleich Vorstandsmitglied der *Deutsch-Ostafrikanischen Evangelischen Missionsgesellschaft*, für die sie sich bereits 1886 um die Errichtung eines Missionskrankenhauses in Dunda am Kigani stark gemacht hatte,[28] reiste 1887 zusammen mit ihrem Bruder Albrecht nach Deutsch-Ostafrika aus. Während sich Albrecht[29] als Offizier der deutschen Ostafrikatruppe um die Unterwerfung des Schutzgebietes verdient machte, engagierte sich seine Schwester in der Krankenpflege auf dem ostafrikanischen Festland[30] und bereiste mit dem ihr nahestehenden niedersächsischen Pastorensohn und Kolonialchauvinisten Carl Peters auch Sansibar. Unter ihrer Ägide kam es auf dem Festland wie auf der Insel zur Gründung erster Pflegeeinrichtungen des Vereins. Doch die Dinge liefen nicht gut. Offiziell wegen eines „Klimafiebers", in Wirklichkeit aber wegen gravierender Unstimmigkeiten mit dem Vorstand des Frauenvereins aufgrund ihres eigenmächtigen und finanziell unbedachten Vorgehens auf Sansibar[31] kehrte Frieda von Bülow bereits 1888 nach Berlin zurück und verließ den Frauenverein im Streit. In der Deutschen Kolonialzeitung hieß es hierzu lakonisch, es habe sich bei der jungen Dame um „eine jener ideal veranlagten und mit großer Willenskraft ausgerüsteten Naturen" gehandelt, denen aber gerade „das dem idealen entgegengesetzte reale mathematische Kalkül mehr oder weniger abzugehen" pflege. Hinzu komme, dass die „gedachte junge Dame Maßnahmen in Sansibar ins Leben" gerufen habe, „die nicht durchweg die Billigung des Vorstandes" hätten finden können, „weil dieselben mit den verfügbaren und zunächst in Aussicht stehenden Mitteln des Bundes nicht aufrecht zu erhalten waren".[32] Tatsäch-

---

[26] Vgl. zur Biographie der am 12. Oktober 1857 in Berlin geborenen und 1909 in Jena gestorbenen v. Bülow das Deutsche Kolonial-Lexikon, Bd. 1, S. 253-254.
[27] Freiin = Freifräulein im Gegensatz zur verheirateten Freifrau.
[28] Frieda v. Bülow an die Gattin des Reichskanzlers, Berlin, 9. Oktober 1886; Ein Krankenhaus in Dunda in Ostafrika [Flugblatt, September 1886, für den Vorstand der Deutsch-Ostafrikanischen Evangelischen Missionsgesellschaft, gez. Diestelkamp]. – BA-Po, Nr. 5673. – Eigentlicher Gründer und, bis 1887, auch Wortführer der Missionsgesellschaft (Berlin III) war Carl Peters. Vgl. Gründer, Christliche Mission, S. 37.
[29] Albrecht Freiherr v. Bülow, geb. am 24. Juni 1864 in Smyrna, gest. am 10. Juni 1892 bei Moschi. – Deutsches Kolonial-Lexikon (1924), Bd. 1, S. 253.
[30] Mamozai, Herrenmenschen (1982), S. 201-202.
[31] Vgl. Deutsche Kolonial-Zeitung 1 (1888) N.F, 143, S. 317.
[32] Ebendort, S. 317.

lich hatte Frieda von Bülow mit ausdrücklicher Billigung Carl Peters, aber gegen
den Beschluss des Frauenbundes und gegen die strikte Anweisung, wieder auf das
Festland überzusiedeln, ihre Pflegestation auf Sansibar begründet, sich aber in
der Organisation ungeschickt verhalten und sich auch nicht gegen die Konkurrenz des bereits existierenden französischen Hospitals durchsetzen können.[33]
Eine Schwester („Fräulein Bertha"), die ihr vom Frauenbund zur Unterstützung,
vor allem wohl aber als Kontrollinstanz zur Seite gestellt worden war, hatte die
Freiin bereits nach wenigen Wochen „durch allerlei Intrigen und Beschuldigun-
gen"[34] krankenhausreif geärgert. Frieda von Bülow sollte Ostafrika nicht zum
letzten Male gesehen haben. Nachdem ihr Bruder Albrecht am 10. Juni 1892 bei
Moschi gefallen war, kehrte seine Schwester 1893, nicht ohne sich zuvor im Pis-
tolenschießen ausbilden zu lassen, noch einmal in die ostafrikanische Kolonie des
Kaiserreichs zurück, um dort den hinterlassenen Landbesitz ihres Bruders zu
verwalten.[35] Wieder in Deutschland, betätigte sich die Kolonialenthusiastin
schriftstellerisch unter anderem als Biographin ihres verehrten Carl Peters.[36]
    Schon ein Jahr nach dem Scheitern des ersten Versuches kam es 1888 zu
Vertragsabschlüssen des Frauenvereins mit der *Evangelischen Missionsgesellschaft für
Ost-Afrika* (Berlin III), der Marine-Verwaltung, dem Reichskommissar für
Deutsch-Südwestafrika von Wissmann und dem *Zentralverein zur Pflege im Felde verwundeter und erkrankter Krieger* über die Errichtung eines zweiten Hospitals in Sansibar.[37] Das Spital wurde als Lazarett in einem angemieteten Gebäude geführt und
war vornehmlich für Angehörige der Marine und der Wissmann-Truppe gedacht. Eine längere Funktion sollte der Einrichtung jedoch nicht beschieden sein;
als sich nämlich die militärischen Operationen zunehmend auf das ostafrikanische Festland konzentrierten und auch Verwundete nicht mehr nach Sansibar
evakuiert wurden, kam es zu keiner weiteren Vertragsverlängerung. Das Lazarett
wurde am 8. Mai 1889 nach Bagamoyo überführt, und der Frauenverein musste

---

[33] Generalkonsul Michahelles an den Fürsten von Bismarck, Sansibar, 9. März 1888; Das
deutsche Krankenhaus in Sansibar, in: Frankfurter Zeitung, Erstes Morgenblatt, 24. November 1888. – BAPo Nr. 5673.
[34] Ebendort; Deutsch-Ostafrikanische Evangelische Missionsgesellschaft, gez. E. G. Büttner, an Reichskanzler, Berlin, 18. Mai 1888.
[35] Ebendort, S. 202.
[36] Ebendort, S. 201.
[37] Brief des Auswärtigen Amtes an von Lucanus über die Errichtung eines zweiten Kran-
kenhauses in Sansibar vom 23. März 1890. GStA Pk (ehemals Abteilung Merseburg),
2.4.11., Nr. 913.

seine kaum begonnene Arbeit in Sansibar einstellen.[38] Stattdessen wurde die Tätigkeit auf dem ostafrikanischen Festland verstärkt weitergeführt. So waren dort bereits 1890 vier Vereinsschwestern nötig. Sie arbeiteten vornehmlich im Krankenhaus zu Bagamoyo sowie in den Stationslazaretten Kilwar (bis 1893), Pangani, Otlindi, seit 1895 auch im Krankenhaus Tanga und einem in Daressalam neu eingerichteten Lazarett. Die zunehmende Anzahl von Europäerinnen in Daressalam ließ es nun auch wünschenswert erscheinen, eine ausgebildete Hebammenschwester dorthin zu entsenden. Im Jahre 1896 wurde die erste Hebamme des Vereins in Daressalam eingesetzt. Ein Jahr später konnte auch ein erstes Erholungsheim für Rekonvaleszenten im Haus des Leuchtturmwärters auf der Insel Ulenge, eineinhalb Stunden von Tanga, eingerichtet werden, wodurch kostspielige Erholungsreisen Genesender nach Deutschland reduziert wurden.

Neben der Aussendung von Pflegeschwestern und Hebammen konzentrierte sich der Frauenverein auf das Zusammentragen von Spendenmitteln, die der kolonialen Krankenpflege in Deutsch-Ostafrika zuflossen. So wurde etwa 1902 das Lienhardt-Sanatorium in Wugiri mit Spendenmitteln gestützt, die vornehmlich durch den Landesverein Württemberg gesammelt worden waren. Die Anzahl der nach Deutsch-Ostafrika entsandten Pflegerinnen des Frauenvereins nahm bis zum Beginn des Weltkrieges kontinuierlich zu, überschritt aber eine Gesamtzahl von 16 gleichzeitig tätigen Schwestern nie. Bereits wenige Jahre nach der Entsendung der ersten Schwestern nach Deutsch-Ostafrika und Sansibar wurde die Arbeit auch in anderen Schutzgebieten aufgenommen.

In den Jahren 1891 und 1892 trafen je zwei Schwestern auf den Stationen Friedrich-Wilhelmshafen und Stefansort in Deutsch-Neu-Guinea ein. Die Anzahl der dort arbeitenden Schwestern schwankte zwischen 1891 und dem Kriegsbeginn 1914 zwischen fünf und einer Schwester. Die letzten drei von ihnen wurden nach dem Beginn der Kampfhandlungen 1914 über Sydney nach Deutschland ausgewiesen, wo sie erst 1915 eintrafen. Auch auf den übrigen pazifischen Besit-

---

[38] Nicht so die Missionsgesellschaft. Sie beschloß, in Sansibar zu bleiben und an Stelle des bisherigen Hospitals einen Neubau mit 50 Betten zu errichten, wofür ihr bereits 30.000 Mark zur Verfügung standen. Den Rest der nötigen Summe erhoffte man sich aus dem Erlös einer Lotterie und einem in Aussicht gestellten kaiserlichen "Gnadengeschenk" über weitere 20.000 Mark, das auch tatsächlich am 9. April 1890 aus dem "allerhöchsten Dispositions Fonds" bei der Reichshauptkasse gewährt wurde. Dennoch kam es nicht zum Bau, nachdem in Folge des Deutsch-Englischen Vertrages vom 18. Juni Sansibar nicht mehr zur deutschen "Interessenssphäre" gehörte. Stattdessen beschloß man auch in Berlin, auf das ostafrikanische Festland zu ziehen. GstA PK (ehemals, Abtlg. Merseburg), 2.4.11., Nr. 913.

zungen des Kaiserreichs war die Gesamtzahl der tätigen Schwestern des Frauenvereins, entsprechend der niedrigen europäischen Bevölkerungszahl, immer sehr
gering. So arbeiteten zeitweilig in Appia/Samoa drei Mitglieder des Vereins im
Pflegedienst. Bei Kriegsbeginn hielt sich hier freilich keine Schwester mehr auf.
Nach der Besetzung der Marschall-Inseln durch die Japaner geriet dort eine Pflegerin zusammen mit den übrigen Deutschen in Kriegsgefangenschaft und kehrte
erst nach eineinhalb Jahren nach Deutschland zurück.

In Kamerun nahm der Verein seine Arbeit im Jahre 1891 auf. Acht Betten
und die Kücheneinrichtung für das Gouvernementslazarett in Duala wurden
finanziert, zwei Schwestern in das Schutzgebiet entsandt. Ihre Anzahl stieg dann
bis zum Beginn des Krieges kontinuierlich auf eine Gesamtzahl von 17 Pflegekräften. Sie konnten bei Ausbruch des Krieges nur zum Teil das Schutzgebiet
schnell verlassen; diejenigen, die sich in den Schlafkrankenlagern im Inneren des
Landes befanden oder dorthin beim Rückzug der Truppen mitgeführt worden
waren, trafen erst 1915/16 in Deutschland ein. Erwähnenswert für die Arbeit in
Kamerun ist auch die größtenteils vom Frauenverein getragene Einrichtung des
Erholungssanatoriums auf der Halbinsel Suellaba, dem die Abteilung Leipzig des
Vereins für küstennahe Ausflüge der Rekonvaleszenten ein Ruderboot stiftete.

In Togo nahm der Frauenverein seine Arbeit im Jahre 1894 auf und widmete sich zunächst der Betten- und Ausrüstungsausstattung des Nachtigall-Kran-
kenhauses in Anecho. Wieder war es der rührige Landesverein Württemberg, der
die Einrichtung des mit „allerhöchster Genehmigung ihrer Majestät der Königin
von Württemberg" so benannten Charlotten-Krankenhauses in Lome durch die
Stiftung einer Dökkerschen Lazarett-Baracke ermöglichen konnte. Nach
Kriegsausbruch und der Kapitulation deutscher Truppen im Inneren des Schutzgebietes leisteten die zu dieser Zeit noch anwesenden vier Schwestern eine Reihe
von Monaten „Kriegskrankenpflege im Dienste britischer Truppen" und wurden
erst 1915, nachdem genügend britische Pflegekräfte vorhanden waren, in die
Heimat entlassen.

Auch in Deutsch-Südwestafrika wurde die Arbeit des Frauenvereins 1894
aufgenommen. Sie begann mit der Einrichtung eines Lazaretts in Windhuk und
der Aussendung zweier Schwestern in den Pflegedienst. Die schnelle Entwicklung Windhuks erforderte bereits 1901 die Errichtung einer Gemeindepflege und
eines Kindergartens, deren Finanzierung vornehmlich durch die Abteilung Leipzig geleistet wurde. Bereits ein Jahr später konnten zwei Schwestern in Swakopmund, eine Schwester in Windhuk und je eine in Keetmannshoop und Groot-
fontein stationiert werden. Unmittelbar nach dem Ausbruch kriegerischer Ereignisse im Gefolge des Herero-Nama-Aufstandes (1904) wurden die nun im

Schutzgebiet vorhandenen acht Schwestern den Militärbehörden zur Verfügung gestellt. Kriegsbedingt stieg die Anzahl der in Südwest-Afrika tätigen Schwestern 1904 auf 24. Sie übten ihre Tätigkeit nun vorwiegend in Feld- und Etappenlazaretten der Schutztruppe aus. Auch in Deutschland bewirkten die Kriegsereignisse im fernen Südwest-Afrika erhöhte Vereinsaktivitäten. An die Spitze der heimatlichen Werbekampagne stellte sich die Ehrenvorsitzende des Vereins, Elisabeth, Herzogin Johann Albrecht zu Mecklenburg, die im Februar 1904 zu einer großen Versammlung für die „Liebestätigkeit" im Schutzgebiet aufrief:

„Aufruf! Der in Deutsch-Südwestafrika ausgebrochene Aufstand erheischt das Eingreifen der freien Liebestätigkeit zur Fürsorge für die Kranken und zur Linderung der Not der um ihr Hab und Gut gebrachten deutschen Ansiedler. Um diesen Anforderungen in umfangreichster Form gerecht werden zu können, wendet sich der unter dem allerhöchsten Protektorat ihrer Majestät der Kaiserin stehende unterzeichnende Verein, dessen Schwestern auf dem vom Aufstande bedrohten Teile des Schutzgebietes bereits arbeiten und kürzlich durch weitere Hinaussendungen im Rahmen der Hilfstätigkeit des Roten Kreuzes vermehrt worden sind, an die weitesten Kreise in allen Gauen unseres deutschen Vaterlandes mit der herzlichen Bitte um Zuwendung reichlicher Geldmittel".[39]

Der Aufruf verhallte nicht ungehört, und schon am Ende des Jahres konnte der Verein auf ein Sammelvermögen von mehr als 51.000 Mark zurückgreifen. Insgesamt sollten ihm allein aus dieser Initiative annähernd 130.000 Mark zufließen. Mit dem Geld unterstützte der Verein die

„beraubten Farmer, ihre Familien, Witwen und Waisen mit Kleidern, Wäsche, Decken, Wirtschaftsgegenständen, Lebensmitteln und den notwendigsten Toiletten-Artikeln, wie Seife, Bürsten usw. Einigen Witwen wurden die Mittel zur Erlernung eines Berufes gewährt, der sie in den Stand setzte, sich und ihre Kinder zu ernähren".[40]

Der Einsatz auf dem Kriegsschauplatz Deutsch-Südwestafrikas traf den Verein nicht unvorbereitet, da er sich auf Ersuchen des Zentralkomitees der Deutschen Vereine vom Roten Kreuz bereits 1899 mit vier Schwestern an einer Transvaal-Expedition beteiligt hatte. Nach Beendigung des Kriegszustandes konzentrierte sich die Arbeit wieder auf die Einrichtung neuer Hebammenstationen und die Tätigkeit in den bereits bestehenden Häusern. So waren etwa zwei Schwestern

---

[39] Unter dem Roten Kreuz. Zeitschrift des Deutschen Frauen-Vereins für die Krankenpflege in den Kolonien 15 (1904), Nr. 2, S. 13.
[40] Gelpcke, Geschichte (1907), S. 51.

im Elisabeth-Haus in Windhuk, einer Einrichtung der Deutschen Kolonialgesellschaft, angestellt, neue Kindergärten konnten in Windhuk, Swakopmund und
Daressalam gestiftet sowie das vom bayerischen Landesverband des Vereins fi-
nanzierte Prinzessin Ruprecht-Erholungsheim in Swakopmund eröffnet werden.
Bei Kriegsbeginn 1914 befanden sich 20 Schwestern in Deutsch-Südwestafrika,
darunter elf Hebammen-Schwestern, zwei Kindergarten-Schwestern und die
Oberin des Prinzessin Ruprecht-Heimes. Sie wurden nun vollständig in der Pflege von Verwundeten und Kranken eingesetzt, während die Frau des Gou-
verneurs Seitz als Vorsitzende der Abteilung Windhuk die karitative Sammel-
tätigkeit des Vereins organisierte.

Im Kiautschou-Gebiet schließlich nahm der Verein 1901 mit zunächst
vier, später sechs Schwestern seine Arbeit auf. Die Aufgaben erstreckten sich hier
vor allem auf die Pflegetätigkeit in der Frauenabteilung des kaiserlichen Marine-
lazarettes. Zwei der Schwestern wurden von dort aus auch zur Betreuung ambu-
lanter Geburten im Marinepachtgebiet abgestellt, eine weitere Schwester versah
ihren Dienst in dem am 1. August 1903 mit 18 Betten eröffneten Prostituierten-
krankenhaus in Tsingtau. Nach der Besetzung des Gebietes durch japanische
Truppen verblieben die Pflegerinnen des Frauenvereins zunächst noch in Kiautschou, nachdem das Marine-Sanitätspersonal bereits auf die Heimreise geschickt
worden war. Sie sollten erst im Herbst 1915 nach Deutschland zurückkehren.

Insgesamt sind zwischen 1887 und 1914 sicher einige Hundert Krankenschwestern ausgesandt worden. Einen charakteristischen Entsendungs-Quer-
schnitt für die Endphase der deutschen Kolonialherrschaft liefert das Jahr 1908,
als in allen Schutzgebieten insgesamt 49 Schwestern ihren Dienst versahen, 20
davon in Deutsch-Südwestafrika, elf in Deutsch-Ostafrika, sechs in Kiautschou,
vier in Togo, je drei in Kamerun und Neuguinea und zwei in Samoa.

Der Ausbruch des Ersten Weltkrieges veränderte den Charakter des Frauenvereins nachhaltig. Zunächst wurden die auf Heimaturlaub befindlichen und
frisch ausgebildeten Schwestern unmittelbar dem allgemeinen Kriegsdienst zur
Verfügung gestellt. Ein gleiches Schicksal ereilte die nach und nach aus den verlorenen Schutzgebieten zurückkehrenden Vereinsschwestern.[41] Als spätestens
1917 alle ehemaligen Schutzgebiete *de facto* verloren waren und der Frauenverein
damit kein koloniales Wirkungsfeld mehr besaß, erfolgte gleichwohl keine Ver-
einsauflösung; vielmehr passte sich der Verein durch Satzungsänderung und
Umbenennung den neuen Bedingungen an. Im Vordergrund stand nun neben
dem allgemeinen Kriegsdienst auch die Heimatarbeit, die besonders den aus

---

[41] Lehr, Ludwiga, Die Kriegsarbeit (1934), S. 240.

Deutsch-Ostafrika über die Schweiz in erbärmlichem Zustand zurückkehrenden deutschen Frauen und Kindern galt.[42] Auch allen anderen heimkehrenden Kolonialdeutschen galt die Sorge des Vereins. Eine offizielle Umwidmung der Schwesternarbeit in diesem Sinne erfolgte auf der Jahreshauptversammlung 1919. Daneben sollte die Arbeit nun auch solchen Kranken, Erholungsbedürftigen und Wöchnerinnen gelten, die möglicherweise auf dem „alten Kolonialboden" weiterlebten.[43] Eine solche Zielgruppe war jedoch – zumindest in den ersten Nachkriegsjahren – nicht existent. Schließlich gehörte die Ausdehnung der Vereinsarbeit auf deutsche Siedler in allen überseeischen Ländern zum neuen Programm des Vereins, der sich folgerichtig 1922 in *Vaterländischer Frauenverein für Deutsche über See* umbenannte. Neue Betätigungsfelder hatte der Verein bereits 1920 in Peru und 1921 im ehemaligen Schutzgebiet Deutsch-Südwestafrika, in Buenos Aires, in Tsingtau gefunden. Auch in der Türkei, in Brasilien, Chile, Paraguay und Curacao und seit 1925 sogar im ehemaligen Schutzgebiet Deutsch-Ostafrika arbeiteten nun deutsche Rotkreuzschwestern. Unmittelbar vor der Auflösung aller Untervereine des Roten Kreuzes durch die Nationalsozialisten gründete der Frauenverein noch 1935 in Dresden eine *Schwesternschaft für Deutsche über See*, die die Rechtsnachfolge des alten Vereins antrat und nach ihrer Evakuierung nach Westdeutschland nach dem Zweiten Weltkrieg in der Marburger *Schwesternschaft „Übersee" e.V.* fortlebt.

Eine Gesamtbewertung der Tätigkeit des Frauenvereins in den Schutzgebieten des Zweiten Deutschen Kaiserreichs hat sowohl unter dem Gesichtspunkt des metropolitanen Kolonialinteresses deutscher Frauen als auch unter dem der medizinalen Versorgung an der kolonialen Peripherie zu erfolgen. In der Heimat bildet der Verein als Sammelbecken kolonialenthusiastischer Frauen des Mittelstandes und der gehobenen Schichten zweifellos ein wichtiges Pendant zu der wesentlich von Männern getragenen Deutschen Kolonialgesellschaft. Was die Mitgliederstärke anbelangt hält der Frauenverein indessen weder dieser Organisation noch ihrer Vorläuferin, dem *Deutschen Kolonialverein*, stand. Waren im Deutschen Kolonialverein bereits ein Jahr nach dessen Gründung (1885) schon mehr als 10.000 zumeist männliche Mitglieder organisiert, so wird diese Zahl im Frauenverein erst 1908/09 überschritten. Angemessen ist jedoch ein Vergleich mit dem freilich erst 1907 gegründeten Frauenbund der Deutschen Kolonialge-

---

[42] Ebendort.

[43] Deutsche Frauen – Deutsche Schwestern. Koloniale Arbeit aus fünf Jahrzehnten unter dem Roten Kreuz, Berlin 1936, S. 23.

sellschaft, der 1914 mehr als 18.600[44] Kolonialenthusiastinnen (gegenüber ca. 42.000 Gesellschaftsmitgliedern insgesamt im gleichen Jahr[45]) zählte. Immerhin konnte der Frauenverein im gleichen Jahr auf 12.503[46] Eingeschriebene verweisen. So darf die Bedeutung des Vereins im Rahmen der gesamten Kolonialbewegung nicht unterschätzt werden. Repräsentiert er doch einen quantitativ und ideologisch bedeutenden Teilaspekt im Rahmen der bürgerlichen Frauenemanzipation des Kaiserreichs. Gemessen an den immensen Aufgabenstellungen im Bereich der Krankenpflege an der kolonialen Peripherie muss die Bedeutung des Frauenvereins jedoch eher gering angesetzt werden. Der Umstand, dass zwischen 1887 und 1914 niemals mehr als 70 Schwestern gleichzeitig in allen deutschen Schutzgebieten einschließlich des Pachtgebietes Kiautschou tätig waren, macht deren Anzahl, gemessen an den Aufgaben, zu einer *quantité négligeable*. Dies wird noch dadurch verstärkt, dass sich die Tätigkeit des Vereins ausschließlich auf die Betreuung von Europäerinnen und Europäern in den Schutzgebieten konzentrierte, „Eingeborenenarbeit" in aller Regel aber nicht betrieb. Diese fiel mit ihrem ganzen Gewicht der Pflegetätigkeit der europäischen, vorwiegend deutschen Missionsgesellschaften zu. Nicht zu vernachlässigen ist schließlich der Aspekt der angestrebten Vermehrung des europäischen Frauenanteils an der kolonialen Peripherie durch die Aussendung von Pflegeschwestern des Vereins. Das Ziel einer solchen Maßnahme, die besonders für Südwest-Afrika angestrebt war, sollte die Senkung der hohen Promiskuität weißer Siedler mit eingeborenen Frauen sein. Rassenhygienisches Denken spielte in diesem Zusammenhang eine nicht unerhebliche Rolle. Gemessen an solchen Zielen war die Mission des Frauenvereins aber wohl eher ein Fehlschlag.

Prof. Dr. Wolfgang U. Eckart
Institut für Geschichte und Ethik der Medizin
Ruprecht-Karls-Universität Heidelberg
Im Neuenheimer Feld 327
69120 Heidelberg
direktor@histmed.uni-heidelberg

[44] Deutsches Kolonial-Lexikon (1924), Bd. 1, S. 662.
[45] Ebendort, S. 302.
[46] Naarmann, Frauenverein (1986), S. 63.

Geschlechterhierarchien in der konfessionellen Kriegskrankenpflege des 19. Jahrhunderts

Annett Büttner

Einleitung

Im 19. Jahrhundert ist eine verstärkte Dichotomisierung der Geschlechterordnung – hier das wehrhaft männliche, dort das häuslich-weibliche Element – zu konstatieren. Wie Karen Hagemann mit Blick auf die antinapoleonischen Befreiungskriege festgestellt hat, bedeutet dies auf den Bereich des Militärs übertragen, dass mit dem Aufkommen der allgemeinen Wehrpflicht und ihrer nationalstaatlichen Legitimation das Militär sich als ‚frauenfreier' Raum zu konstituieren begann.[1] Dennoch sind Frauen in der Verwundeten- und Krankenpflege weiterhin anzutreffen.

Diesem Beitrag liegt die Frage zu Grunde, inwieweit der Einsatz von weiblichen Pflegekräften in den deutschen Einigungskriegen in der zweiten Hälfte des 19. Jahrhunderts zur Institutionalisierung einer geschlechtshierarchischen Arbeitsteilung in der medizinischen Versorgung Verwundeter geführt hat. Auch die Überlegung, ob Frauen mit diesem Betätigungsfeld, in dem sie gerade im Krieg trotz der nun vollzogenen deutlichen Trennung zwischen Männer- und Frauensphäre, an gesellschaftlichem Handlungsspielraum und damit Einfluss gewannen, wird Gegenstand meiner Ausführungen sein.

Ich werde mich dem Thema von verschiedenen Seiten nähern. Zum einen ist die Einbindung der überwiegend weiblichen konfessionellen Pflegekräfte in militärische Strukturen von Interesse, zum anderen die geschlechterspezifischen Tätigkeitsfelder innerhalb der Kranken- und Verwundetenpflege. Zuletzt soll das persönliche Verhältnis der männlichen Patienten zu ihren Pflegerinnen untersucht werden.

Die maßgeblichen Quellen befinden sich in der Fliedner-Kulturstiftung Kaiserswerth, die die Archivfunktion für das Kaiserswerther Diakonissenmutterhaus wahrnimmt sowie in weiteren Archiven von Mutterhäusern evangelischer und katholischer Schwesternschaften.[2] Diese bisher kaum ausgewerteten Quellen

---

[1] Hagemann, Karen: Venus und Mars. Reflexionen zu einer Geschlechtergeschichte von Militär und Krieg. In: Hagemann, Karen (Hg.): Landsknechte, Soldatenfrauen, Nationalkrieger. Frankfurt am Main 1998, S. 13-48, hier S. 24.

[2] Das auf dem patriarchalischen Familienmodell aufbauende Mutterhaussystem hat der Gründer des ersten evangelischen Diakonissenmutterhauses in Kaiserswerth bei Düsseldorf, Pfarrer Theodor Fliedner (1800-1864), von den katholischen Clemensschwestern in

sind umso bedeutsamer, als die staatliche Gegenüberlieferung auf Reichsebene im
2. Weltkrieg fast vollständig vernichtet wurde. Lediglich in den Landesarchiven
Stuttgart, Dresden und München finden sich vereinzelt Quellen zur Entstehungsgeschichte der freiwilligen Kriegsverwundetenfürsorge und deren Übergang in das organisierte Militärsanitätswesen.

Der Beitrag ist Teil eines von der Bosch-Stiftung Stuttgart geförderten und
von Prof. Krumeich an der Universität Düsseldorf betreuten Dissertationspro-
jektes mit dem Arbeitstitel „Die freiwillige konfessionelle Kriegsverwundetenfürsorge in der zweiten Hälfte des 19. Jahrhunderts".

Die Kriegsverwundetenfürsorge bis zur Mitte des 19. Jahrhunderts

In den Söldnerheeren der frühen Neuzeit gab es noch kein eigenständiges Militärsanitätswesen. Die ärztliche Versorgung von kranken oder verletzten Soldaten
oblag den sogenannten Feldscherern, die keine universitäre Ausbildung erhielten,
sondern einen handwerksähnlichen Beruf ausübten. Die eigentliche Krankenpflege wurde von Bauernfamilien, bei denen man die kampfunfähigen Soldaten
einquartierte, oder von im Tross mitreisenden Frauen und Kindern durchgeführt.[3] Letztere hatten darüber hinaus wichtige Versorgungsfunktionen zu erfüllen. Parallel dazu entwickelten sich Ende des 18. Jahrhunderts erste Ansätze eines Militärsanitätswesens. In den Koalitions- und antinapoleonischen Befreiungskriegen reichten dessen Kapazitäten aber bei Weitem nicht aus. In die so
entstandene Lücke traten die auf Anregung von Damen der adligen Oberschicht
vielerorts gebildeten Frauenvereine.[4]

Parallel dazu entwickelte sich insbesondere in Preußen ein stark militärisch
geprägtes neues Bild der „Nation" als rein männlich beherrschter Raum, aus dem
Frauen weitgehend ausgeschlossen wurden. Analog zum zeitgleich entstehenden
bürgerlichen Familienmodell, in dem Frauen ausschließlich der häusliche und

---

Münster übernommen. Auf die Unterscheidung in Kongregation und Orden im Bereich
der katholischen Kirche wird im Folgenden im Interesse der besseren Lesbarkeit verzichtet.

[3] Ring, Friedrich: Zur Geschichte der Militärmedizin in Deutschland. Berlin 1962, S. 31 ff.
[4] Im März 1813 hatten einige Prinzessinnen des Hauses Hohenzollern in einem „Aufruf
an die Frauen im Preußischen Staate" zur Bildung von Frauenvereinen aufgerufen, die
daraufhin in mindestens 300 deutschen Städten entstanden. Vgl. dazu Hagemann, Karen:
Heldenmütter, Kriegerbräute und Amazonen. Entwürfe „patriotischer" Weiblichkeit
zur Zeit der Freiheitskriege. In: Frevert, Ute (Hg.), Militär und Gesellschaft im 19. und
20. Jahrhundert. Stuttgart 1997, S. 174-200, hier S. 192 ff.

familiäre Lebensbereich zugewiesen wurde, übten die Frauenvereine ausschließlich krankenpflegerische, hauswirtschaftliche und fürsorgerische Tätigkeiten aus. Damit entsprachen sie der neuen bürgerlichen Weiblichkeitsideologie und ihrer neu zugewiesenen Rolle patriotischer Weiblichkeit innerhalb der „wehrhaften Nation".[5] Nach dem Ende der Befreiungskriege lösten sich die Frauenvereine weitgehend wieder auf. Die daran anschließende lange europäische Friedensperiode ließ das Problem der Kriegskrankenpflege für Jahrzehnte in den Hintergrund treten.[6]

Das Preußische „Reglement für die Friedens-Lazarethe" von 1852 nannte erstmals den Beruf des Militärkrankenwärters als Angehörigen des Hilfspersonals für die Garnisonslazarette.[7] Während in der Bestimmung über die für diesen Dienst notwendige Ausbildung keine Festlegungen getroffen wurden, finden die dienstrechtlichen Belange umso ausführlichere Erläuterung. Die Wärter wurden nicht zu den Staatsbeamten gezählt, sondern in einem kurzfristig kündbaren Angestelltenverhältnis beschäftigt. Vorzugsweise sollten sie aus den Reihen der „mit der erforderlichen Rüstigkeit versehenen Invaliden" rekrutiert werden, um deren Pensionszahlungen zu sparen. Ihr monatlicher Lohn betrug je nach Größe des Lazaretts zwischen 6 und 10 Reichstalern und war damit ebenso hoch wie der der Hausknechte.[8] Eine fachlich qualifizierte Kranken- und Verwundetenversorgung konnte unter diesen Bedingungen kaum stattfinden. Paragraph 552 der genannten Verordnung regelte, dass „die Zulassung von Frauen zur Verrichtung der Wärterfunktionen [...] unter allen Umständen unstatthaft" war. Das bereits 1848 an den preußischen König gerichtete Angebot des Vorstehers des Kaiserswerther Diakonissenmutterhauses Pfarrer Theodor Fliedner (1800-1864) von Diakonissen und „Hilfswärtern" zur Pflege der auf dem schleswig-holsteinischen Kriegsschauplatz verwundeten Soldaten war ebenso abgelehnt worden, wie das im darauf folgenden Jahr zur Versorgung der bei der Niederschlagung des Badischen Aufstandes verwundeten preußischen Soldaten.[9] Ähnliche Initiativen zum

---

[5] Vgl. dazu: Grundhewer, Herbert: Die Kriegskrankenpflege und das Bild der Krankenschwester im 19. und frühen 20. Jahrhundert. In: Bleker, Johanna; Schmiedebach, Heinz-Peter (Hg.): Medizin und Krieg. Vom Dilemma der Heilberufe 1865 bis 1985. Frankfurt am Main 1987, 135-152, hier S. 136 f., sowie Hagemann (1997), S. 180.
[6] Zu einzelnen Initiativen in der 1. Hälfte des 19. Jahrhunderts vgl. Ring (1962), S. 117 ff.
[7] Reglement für die Friedens-Lazarethe der Preußischen Armee vom 5. Juli 1852, Berlin 1852. Die Bestimmungen für die Wärter wurden in den § 82 bis 85, § 550 bis 561 sowie in Anlage B des Reglements festgelegt.
[8] Ebendort, § 551.
[9] Gerhardt, Martin: Theodor Fliedner. Ein Lebensbild. 2 Bd., Düsseldorf 1933, Bd. 2, S. 475.

Einsatz von Diakonissen in Militärlazaretten blieben in den Folgejahren ohne Ergebnis.[10] Während die Behörden dem Einsatz weiblicher Pflegekräfte äußerst skeptisch gegenüberstanden, forderten führende Militärs die männlichen Brüder der sogenannten Diakonenanstalten mehrfach zur Beteiligung am Militärsanitätswesen auf.[11]

Erst die Tätigkeit von Florence Nightingale (1820-1910) im Krimkrieg lenkte das Interesse der breiten Öffentlichkeit wieder auf die noch weitgehend ungelöste Problematik der plötzlich notwendigen Versorgung einer großen Menge Verwundeter nach einer Massenschlacht.[12] Zur Lösung schlug sie den Ausbau des militäreigenen Sanitätswesens vor, da sie Kriege als eine staatliche Angelegenheit betrachtete, dessen Folgen auch von diesem zu tragen seien.[13] Ihrer Meinung nach würde die Einbeziehung freiwilliger Pflegekräfte die Behörden nur zur Kriegführung und zur Abwälzung ureigenster Aufgaben auf die private Wohltätigkeit verleiten.

Andere Lösungsansätze wurden dagegen von Henri Dunant (1828-1910) nach seinen Erlebnissen in Solferino propagiert. Er schlug die Verwendung freiwilliger Hilfskräfte vor, da die Behörden im Kriegsfalle außer Stande seien, ausreichend für die Verwundeten zu sorgen. Analog zum bereits geschilderten bürgerlichen Familienmodell kamen für ihn überwiegend weibliche Kräfte in Frage, die Dank ihrer angeborenen Fähigkeiten wie Hingabe, Liebe und Zartgefühl für die Pflege von Verwundeten prädestiniert erschienen, während „Mietlinge" fast immer teilnahmslos und unfreundlich seien.[14] Darin war er sich mit der von ihm

---

[10] Disselhoff, Julius: Die Arbeit unserer Diakonissen im Krieg. In: Jubilate! Denkschrift zur Jubelfeier der Erneuerung des apostolischen Diakonissen-Amtes und der fünfzigjährigen Wirksamkeit des Diakonissen-Mutterhauses zu Kaiserswerth a. Rhein. Kaiserswerth 1886, S. 207-221, hier S. 207.

[11] Gerhardt, Martin: Ein Jahrhundert Innere Mission. Die Geschichte des Central-Ausschusses für die Innere Mission der deutschen Evangelischen Kirche, 1. Teil: Die Wichernzeit. Gütersloh 1948, S. 277.

[12] Aus der zahlreichen Literatur über Nightingales Arbeit im Krimkrieg seien hier nur beispielhaft erwähnt: Goldie, Sue M.:, „I have done my duty" Florence Nightingale in the Crimean War 1854-56. Manchester 1987, sowie Seidler, Eduard; Leven, Karl-Heinz: Geschichte der Medizin und der Krankenpflege. Stuttgart 2003, S. 217-220.

[13] Nightingale, Florence: Army sanitary administration and its reform under the late Lord Herbert. London 1862.

[14] Dunant, Henry: Der preussische Hof und seine Sympathien für das internationale Humanitätswerk. Aufgabe der Frauen in Kriegs- und Friedenszeiten. In: Müller, Rudolf (Hg.): Entstehungsgeschichte des Roten Kreuzes und der Genfer Konvention. Stuttgart 1897, S. 332-380, hier S. 370 ff.

sehr verehrten Florence Nightingale einig, die in ihrer Publikation „Notes on nursing" aus dem Jahr 1860 bereits im Vorwort feststellte: „Jede Frau ist eine Krankenschwester."[15] Zwar forderte sie gleichzeitig ein umfangreiches Wissen für die Pflegenden, zu dessen populärwissenschaftlicher Verbreitung sie mit ihrem Buch ausdrücklich beitragen wollte, andererseits grenzte sie sich sofort vom männlich dominierten ärztlichen Beruf ab, der einer systematischen Ausbildung bedurfte.

Der Einsatz konfessioneller Pflegekräfte in den Reichseinigungskriegen

Trotz der großen Popularität der Initiative von Dunant und seinen Genfer Mitstreitern hatte diese noch keine tiefgreifenden Auswirkungen auf den Deutsch-Dänischen und den Preußisch-Österreichischen Krieg. Das Militär glaubte weiterhin, ohne freiwillige Pflegekräfte auskommen zu können. Der Einsatz der konfessionellen Schwestern- und Bruderschaften erfolgte dort noch ganz aus eigener Initiative der evangelischen und katholischen Mutterhäuser, die damit nicht nur philanthropische Ziele verfolgten, sondern vielmehr ihre staatsbürgerliche Gesinnung demonstrieren wollten. Erst im Deutsch-Französischen Krieg sind Ansätze einer Einbindung der freiwilligen Krankenpflegekräfte in die Strukturen des Militärsanitätswesens festzustellen, indem sie beispielsweise gemeinsam mit Militäreinheiten ausrückten. Mehr notdürftig als effektiv koordiniert wurden die Einsätze durch den im Mai 1866 ins Amt berufenen Königlichen Kommissar und Militär-Inspekteur der freiwilligen Krankenpflege Graf Eberhard zu Stolberg-Wernigerode (1810-1872). Dieser war gleichzeitig Kanzler des Johanniter-Ordens, der auch eine rasche Verbindung zu den Malteser-Rittern, den katholischen Orden und den Diakonissen- und Diakonenhäusern suchte.

Die Krankenpflegerinnen wurden 1864 in Schleswig und 1866 auf dem böhmischen und bayerischen Kriegsschauplatz zwar verbal willkommen geheißen, man ebnete ihnen von militärischer Seite aber nicht den Weg in die Lazarette. Sie waren so gezwungen, sich die zu pflegenden Kranken und Verwundeten oft in tagelangen Irrfahrten quasi selbst zu suchen und wurden von den Ärzten und den Verwaltungsstellen zunächst nur geduldet.[16] Diese Duldung erlangten sie

---

[15] Nightingale, Florence: Bemerkungen zur Krankenpflege. Die „Notes on nursing" neu übersetzt und kommentiert von Christoph Schweikardt und Susanne Schulze-Jaschok. Frankfurt am Main 2005, S. 21.
[16] Vgl. dazu u.a.: Luley, Amalie: An Gottes Hand. Zürich 1891, S. 69 ff. Für das Diakonissenmutterhaus Neuendettelsau Zentralarchiv der Diakonie Neuendettelsau (künftig: ZADN), Mutterhausregistratur B IX, Zusammenfassender Bericht über die Lazareth-

im Wesentlichen, weil sie sich nützlich machten und nicht störten. Die Individualität der einzelnen Schwester war in der Außensicht durch die kollektiven Eigenschaften wie Gehorsam, Opferwilligkeit, Frömmigkeit, Fleiß und Demut so unkenntlich geworden und die Unterwerfung unter die strenge Disziplin der dem Militär nicht unähnlichen Mutterhäuser hatte ihren Charakter in den meisten Fällen bereits zu einer militärtauglichen Persönlichkeit geformt.[17] Die Tracht, in ihrer Funktion einer Uniform ähnlich, festigte diesen Eindruck.[18] Die „weiße, unbefleckte Schwesterntracht" diente als Schutz, schuf Distanz und stand quasi als Symbol für ihre Unantastbarkeit.[19]

Oft erlangten die Schwestern Zutritt zu den Lazaretten nur über den Umweg der Übernahme der Hauswirtschaft. Nach Bewährung auf diesem Arbeitsfeld durften sie dann auch in der eigentlichen Pflege tätig werden. Ähnliches wird über Florence Nightingale berichtet, die nach ihrem Eintreffen in Scutarie von den Militärs und Ärzten zunächst ignoriert wurde. Daraufhin habe sie ihren Schwestern befohlen, nicht ohne ärztliche Anweisung tätig zu werden. Sie wurden zunächst nur mit der Reinigung des Lazaretts beauftragt. „Was hier noch als

---

Tätigkeit der Diakonissen von Neuendettelsau in dem deutschen Bundeskriege 1866, Bl. 114-117. Beispielhaft für katholische Schwesternschaften: Archiv der Clemensschwestern Münster, Mutterhausarchiv Handschriften Krieg Registrande 946-950 (Schwesternbriefe vom August 1870). Auch die männlichen Felddiakone hatten 1866 in Bayern Schwierigkeiten, eine Beschäftigung in den Lazaretten zu finden. Vgl. Ebrard, Johann Heinrich August: Die evangelische Felddiakonie in Baiern in dem deutschen Bundeskriege 1866. Erlangen 1866, S. 13 ff.

[17] Vgl. dazu: Köser, Silke: ‚Denn eine Diakonisse darf kein Alltagsmensch sein.' Kollektive Identitäten Kaiserswerther Diakonissen 1836-1914. Leipzig 2006, S. 286 ff. sowie zur disziplinierenden Funktion des Diakonissenmutterhauses Arnold, Doris: Pflege und Macht. Der Beitrag Foucaults. In: Braunschweig, Sabine (Hg.): Pflege – Räume, Macht und Alltag. Beiträge zur Geschichte der Pflege. Zürich 2006, S. 158-159. Sowohl das Militär als auch die Mutterhäuser besaßen Merkmale totaler Institutionen, die durch die Verdrängung der Individualität ihrer Angehörigen zu Gunsten von Disziplin und Gehorsam gekennzeichnet sind. Der Begriff wurde vom amerikanischen Soziologen Goffman in den 1970 Jahren geprägt und kontrovers diskutiert. Vgl. dazu: Goffman, Erving: Asyle. Über die soziale Situation psychiatrischer Patienten und anderer Insassen. Frankfurt am Main 1973 sowie Scheutz, Martin (Hg.): Totale Institutionen. Wiener Zeitschrift zur Geschichte der Neuzeit 8/1 (2008).

[18] Zur Tracht der konfessionellen Schwestern gibt es bisher keine umfassende wissenschaftliche Publikation. Die Tracht der Kaiserswerther Diakonissen wurde 1917 unter Markenschutz gestellt, da sie viele unbefugte Nachahmer gefunden hatte. Vgl.: Büttner, Annett: Kleidung und Symbole. In: Kaiserswerther Schwesterngrüße. Sonderausgabe zum fünfjährigen Bestehen der Kaiserswerther Schwesternschaft 3 (2006), S. 53-55.

[19] Grundhewer (1987), S. 147.

raffinierter Einfall erscheint, in die Männerdomäne der Kriegskrankenpflege ein-
zudringen, sollte sich bald gegen die Frauen kehren: der Gehorsam wurde in Bezug auf die Krankenpflege als hervorragendste Eigenschaft der Frau dargestellt.[20]
Eine Selbstverständlichkeit war die absolute Unterordnung der Schwestern
unter die ärztliche Weisungsbefugnis. Ein preußischer Militärarzt resümierte
nach dem Deutsch-Dänischen Krieg:

„Was nun aber die freiwillig zur Krankenpflege herbeieilenden Personen betrifft,
so müssen dieselben in eine momentane Unterordnung unter den militairischen
Befehl treten. In den Lazarethen ist dies ganz selbstverständlich, da man dort zur
freiwilligen Pflege nur die Mitglieder der geistigen Orden beider christlicher Con-
fessionen anstellen wird, welche in Hospitälern vorgebildet, bereits an eine voll-
kommene Unterordnung unter den Willen der Aerzte gewöhnt sind."[21]

Weiter kritisierte er die unabhängige Stellung des Johanniterordens in der Kriegsverwundetenfürsorge und empfahl die Eingliederung seiner Sanitätseinrichtungen in die militärische Hierarchie. Diesen Vorschlägen wurde gegen Ende des
19. Jahrhunderts Folge geleistet. Fortan wurden die zur Krankenpflege und für
hauswirtschaftliche Arbeiten zur Verfügung stehenden Angehörigen geistlicher
Genossenschaften jedes Jahr namentlich gemeldet und für den Kriegsfall den jeweiligen Militäreinheiten zugeordnet.[22] Dadurch verloren sie die in den Einigungskriegen noch existierende Handlungsfreiheit, wie beispielsweise die Entscheidung
darüber, in welchen Lazaretten sie tätig sein wollten.

Aus dem Vorausgegangenen folgt, dass die Nützlichkeit der Unterstützung
des Militärsanitätswesens durch die freiwillige konfessionelle Krankenpflege nach
den Reichseinigungskriegen allgemein anerkannt war, eine aktive Mitarbeit an
seiner Organisation jedoch nicht damit verbunden sein sollte. Sie wurde lediglich
als preiswerte Verfügungsmasse wahrgenommen und immer effizienter einge-
bunden. Der militärische Verwaltungsapparat nutzte die Opferwilligkeit der
Schwestern und der zahlenmäßig gering vertretenen Diakone für die Ziele des
Militärsanitätswesens aus, ohne ihnen oder den Mutterhausleitungen ein Mit-
spracherecht oder auch nur Einflussmöglichkeiten auf dessen Organisation ein-

---

[20] Ebendort, S. 143.
[21] Biefel, Richard: Tagebuch und Bemerkungen aus dem Feldzuge 1864. Breslau 1865, S.
146 f.
[22] Vgl. dazu u.a.: ZADN, Mutterhausregistratur B IX e Fasc. 8 Ausbildung von Krankenpflegerinnen für den Krieg 1899-1908 sowie Fliedner-Kulturstiftung Kaiserswerth
(künftig FKSK) Bestand 2-1 Diakonissenanstalt 1209, Organisatorische Vorbereitung für
den Einsatz von Diakonissen im Kriegsfall 1887-1905.

zuräumen. Mit besonderer Deutlichkeit zeigt sich dies in den bereits genannten Musterungslisten, mit denen Ordensschwestern und Diakonissen ab dem Ende der 1880er Jahre in Mobilmachungspläne einbezogen wurden.

Die in der zweiten Hälfte des 19. Jahrhunderts beim Militär tätigen Frauen nahmen nur die durch die Einführung der allgemeinen Wehrpflicht unterbrochene Tradition der frühneuzeitlichen Heere wieder auf, in denen Frauen im Tross wichtige Funktionen wie die Versorgung und die Krankenpflege übernommen hatten. Im Interesse der Schnelligkeit, Flexibilität und Schlagkraft sollte dieser im Zeitalter der Massenheere möglichst klein gehalten werden[23], wozu sich nur temporär eingesetzte und dabei gut ausgebildete Hilfskräfte ausgezeichnet eigneten. Lediglich die ab den 1870er Jahren einsetzende breite gesellschaftliche Anerkennung ihrer Arbeit unterschied sie von ihren Geschlechtsgenossinnen des 16. bis 18. Jahrhunderts, die zur Unterschicht gezählt wurden. Die Festlegung auf die Krankenpflege engte jedoch ihren gesellschaftlichen Handlungsspielraum weiter ein. Wurden in den Befreiungskriegen noch vereinzelt als Männer auftretende Kombattantinnen nachträglich zu Helden stilisiert, ließ die Festlegung auf die als „niedere Dienste" angesehenen Pflegeaufgaben diese Option nun nicht mehr als mögliches Handlungsmuster gelten. Konfessionelle Schwestern waren zudem gleich doppelt von Einflussmöglichkeiten ausgeschlossen. Zum einen waren sie trotz ihrer unbestrittenen Leistungen nicht an leitender Stelle im militärischen Sanitätswesen vertreten und zum anderen waren sie dem patriarchalischen Mutterhaussystem unterworfen, das auf Selbstverleugnung und Gehorsam und nicht auf Selbstbestimmung beruhte. Diese Erkenntnisse korrelieren mit den jüngsten Ergebnissen der Pflegegeschichte. Sie hat festgestellt, dass mit der Entstehung von religiösen Schwesternschaften und der damit einhergehenden Verdrängung von Männern aus der Krankenpflege die dafür nötigen Kenntnisse nicht mehr als Qualifikation, sondern als Teil des weiblichen Geschlechtscharakters angesehen wurden.[24] Frauen waren demnach durch ihre mütterlichen Eigen-

---

[23] Hagemann (1998), S. 24.
[24] Im Mittelalter und der frühen Neuzeit waren beide Geschlechter gleichermaßen in der Krankenpflege vertreten. Erst mit dem Aufkommen des Topos von bestimmten „Geschlechtscharakteren" im 18. Jahrhundert wurden der Frau Eigenschaften wie Fürsorglichkeit, Sanftmut und Selbstlosigkeit zugeschrieben, die sie für die Krankenpflege und andere haushaltsnahe Tätigkeiten prädestiniert erscheinen ließen. Männer galten dagegen als aktiv, rational und tapfer und waren damit für Aufgaben außerhalb des Hauses geeignet. Zudem wurden sie durch Diakonissen, Rot-Kreuz-Schwestern u.a. Schwesternschaften am Ende des 19. Jahrhunderts zunehmend aus dem Pflegewesen verdrängt. Vgl. dazu: Hausen, Karin: Die Polarisierung der „Geschlechtscharaktere" – Eine Spiegelung der Dissoziation von Erwerbs- und Familienleben. In: Heidi Rosenbaum (Hg.): Seminar

schaften besonders für die „weibliche Liebestätigkeit" prädestiniert.[25] Damit setzte eine Abwertungsspirale ein, die mit dem Image Frauenberuf einherging.

> „Auch wenn der christliche Liebesdienst katholischer oder protestantischer Schwestern eine spezifische Tradition des Pflegeberufs darstellt, ist es schließlich die Tatsache, dass es Frauen sind, die diese Tätigkeit ausüben, die es ermöglichte, diese Arbeit so lange und über die Phase der Säkularisierung und der Verberuflichung am Ende des 19. Jahrhunderts hinaus als schlecht bezahlten Beruf zu erhalten und die Qualifikationen, die für diesen Beruf notwendig waren, nicht wirklich anzuerkennen."[26]

Führende Ärzte und Militärs propagierten darüber hinaus sogar die unentgeltliche Pflege, die nur der inneren Befriedigung dienen solle.[27] In seiner berühmten Rede auf der Konferenz der Frauenvereine in Berlin sagte Rudolf Virchow 1869 zur Zukunft der Krankenpflege:

> „Ja, meine geehrten Damen, meiner Meinung nach ist allerdings darauf hinzuarbeiten, daß ein Stamm von Personen, welcher nicht gerade ohne Lohn – denn das würde ja eine sonderbare Zumuthung sein – aber ohne entsprechenden Lohn, hauptsächlich mit der Aussicht auf innere Befriedigung, mit dem Zweck, ihrer Kraft und Thätigkeit ein dankbares Feld zu schaffen, in diese Arbeit eintritt."[28]

Ein ähnlicher Vorschlag an männliche Arbeitskräfte wie beispielsweise an junge Assistenzärzte ist schlicht unvorstellbar. Mit der Bestimmung der Frau zur „geborenen Pflegerin" wurde sie nicht nur auf diese nicht hoch angesehene Tätigkeit festgelegt, sondern die Krankenpflege selbst in ihrer Rolle als Hilfsorgan festgelegt, während die männlich dominierte ärztliche Tätigkeit Teil der immer stärker naturwissenschaftlich durchdrungenen Medizin wurde.[29] „Mit der Krankenpflege

---

Familie und Gesellschaftsstruktur. Materialien zu den sozioökonomischen Bedingungen von Familienformen. Frankfurt am Main 1978, S. 161-191.

[25] Bischoff, Claudia: Frauen in der Krankenpflege. Zur Entwicklung von Frauenrolle und Frauenberufstätigkeit im 19. und 20. Jahrhundert. Frankfurt am Main 1992, hier insbesondere S. 93-144.

[26] Wecker, Regina: Geschlecht macht Beruf – Beruf macht Geschlecht. In: Braunschweig (2006), S. 22.

[27] Vgl. dazu Grundhewer (1987), S. 145.

[28] Zitiert nach: Seidler (2003), S. 295.

[29] Vgl. dazu: Grundhewer (1987), S. 142 f.

war den Frauen der unselbständige, befehlsabhängige, körpernahe Teil der Medizin zugefallen."[30]

Geschlechterspezifische Tätigkeiten in der Kriegsverwundetenfürsorge

Die gesellschaftlich akzeptierten Geschlechterrollen im Krieg wurden schon an der Staatsspitze vorgelebt. Theodor Fontane formulierte 1866:

> „Denn [...] wie sich der König an die Spitze derer stellte, die auszogen, um für die Ehre und den Bestand des Vaterlandes zu fechten, so stellte sich die Königin an die Spitze derer, denen es zufiel, zu heilen und zu helfen."[31]

Männliche Krankenpfleger traten in den hier behandelten Kriegen als Militärkrankenwärter und als Diakone bzw. katholische Ordensangehörige auf. Erstere entstammten unteren Gesellschaftsschichten, da sich die militärischen Wärter zum großen Teil aus dem Kreis der invaliden Soldaten rekrutierten und eine äußerst geringe fachliche Ausbildung erhielten. Sie standen in den Lazaretten hierarchisch unter den Schwestern und verrichteten für diese niedere Dienste und körperlich schwere Reinigungsarbeiten. Die Diakone kamen überwiegend aus dem Handwerk. Die Bezeichnung „Hilfswärter", die Fliedner 1848 in seinem Angebot an das Militär verwandte, impliziert einen geringeren Bildungsstand als er Diakonissen zugestanden wurde, die zwar auch erst zu Beginn des 20. Jahrhunderts einen staatlich anerkannten Abschluss ihrer Krankenpflegeausbildung erlangten, aber dennoch eine systematischere Schulung erhielten als männliche Pflegekräfte.[32] Die Anzahl der männlichen Diakone erreichte nicht ansatzweise das Niveau der in Diakonissenmutterhäusern organisierten Schwestern.[33] Die in

---

[30] Ebendort, S. 143.
[31] Fontane, Theodor: Der deutsche Krieg von 1866. Bd. 2: Der Feldzug in West- und Mitteldeutschland. Nachdruck der Erstausgabe Berlin 1870/71. Düsseldorf 1979, S. 311.
[32] Pf. Engelbert, der Vorsteher der Duisburger Diakonenanstalt, sprach von seiner Einrichtung als einer, „ die männliche Kräfte in der Krankenpflege anleitete". Engelbert, Jakob: Richard Engelbert der Diakonenvater. Ein Lebensbild. Duisburg 1920, S. 84. Zum staatlichen Krankenpflegeexamen vgl.: Schweikardt, Christoph: Die Entwicklung der Krankenpflege zur staatlich anerkannten Tätigkeit im 19. und frühen 20. Jahrhundert: Das Zusammenwirken von Modernisierungsbestrebungen, ärztlicher Dominanz, konfessioneller Selbstbehauptung und Vorgaben preußischer Regierungspolitik. München 2008.
[33] Zur Geschichte der Diakonenanstalten allgemein: Häusler, Michael: "Dienst an Kirche und Volk": Die Deutsche Diakonenschaft zwischen beruflicher Emanzipation und

der Krankenpflege und Sozialfürsorge tätigen Diakone hatten von Beginn an ein Akzeptanzproblem in Kirche und Gesellschaft, da ihre Tätigkeit als „unmännlich" angesehen wurde. Für einen Vergleich des unterschiedlichen Umgangs des Militärs mit weiblichen und männlichen Krankenpflegekräften eignet sich ein Blick auf deren Einsatzbedingungen.

Im Krieg von 1866 standen bei den konfessionellen Kräften beider christlicher Konfessionen den 1013 Schwestern nur 110 männlichen Pfleger gegenüber, von denen allein 25 Freiwillige aus Duisburg waren, die sich in der sogenannten „Felddiakonie" überwiegend seelsorgerlich betätigten.[34]

Diakone bzw. männliche Angehörige katholischer Pflegeorden und Diakonissen bzw. katholische Schwestern führten in der eigentlichen Kranken- und Verwundetenpflege in den Lazaretten im Wesentlichen dieselben Arbeiten aus. Dazu gehörten das Verbinden der Verwundeten und die Versorgung von Cholerakranken ebenso wie das Austeilen von Lebensmitteln. Weitere gemeinsame Arbeitsgebiete waren die Unterstützung der Johanniter und Malteser bei der Verwaltung der Spenden, die Begleitung von Verwundetentransporten in die Heimat, die Verteilung religiöser Schriften, persönliche Liebesdienste wie Briefe schreiben und seelsorgerlicher Zuspruch, der vor allem bei Schwerverwundeten und Sterbenden zu leisten war. Häufig wurden sowohl die männlichen Pfleger, als auch die Schwestern von Johanniter- bzw. Malteserrittern, durch Vorsteherinnen und Vorsteher der Mutterhäuser oder von Geistlichen begleitet. Dies diente weniger dem Schutz der Pflegekräfte als vielmehr der Organisation und Koordination des Einsatzes vor Ort.

Ein treffendes Beispiel für die gesellschaftliche Konstruktion von Geschlechterrollen bietet ein Vergleich der Fremd- und Selbsteinschätzung männlicher und weiblicher Pflegekräfte.[35] Im Handbuch der Kriegschirurgie aus dem Jahr 1882 heißt es:

---

kirchlicher Formierung (1913-1947). Stuttgart u.a. 1994. 1887 waren nur rund 11% der reichsweit in der Krankenpflege tätigen Personen männlich. Bei den geistlichen Genossenschaften beider christlicher Konfessionen betrug der Männeranteil 5,3 %. Hähner-Rombach, Sylvelyn: Geschlechterverhältnisse in der Krankenpflege. In: Hähner-Rombach, Sylvelyn (Hg.): Quellen zur Geschichte der Krankenpflege. Frankfurt am Main 2008, S. 488.

[34] Fontane (1979), S. 316 f. Zu den hauptamtlichen Diakonen kamen in Kriegszeiten noch freiwillige „Felddiakone", die sich seelsorgerlich und in der Krankenpflege betätigten.

[35] Zur sozialen Konstruktion von Geschlechterrollen, auch als „doing gender" bezeichnet vgl.: Gildemeister, Regine; Wetter, Angelika: Wie Geschlechter gemacht werden. Die soziale Konstruktion der Zwei-Geschlechtlichkeit und ihre Reifizierung in der

„Männliche Pflege ist bei Schwerkranken nicht zu empfehlen, da Männer im allgemeinen bequemer, selbstsüchtiger und weniger geschickt zur Krankenpflege sind als Frauen, welche weiche, geschickte Hände haben. Wo soll man auch die geeigneten Männer finden mit der nothwendigen Geistesbildung und unentbehrlichen Gemütsentwicklung? Die Frauen sind geborene, nüchterne und wachsame Krankenpflegerinnen und eignen sich auch die dazu gehörenden Kenntnisse und Fertigkeiten schnell an."[36]

Ein ähnliches Selbstbild entwarfen die Schwestern in ihren zahlreichen Briefen an die Mutterhausleitungen. Im Alltag versuchten sie mitunter, die von ihnen als minder qualifiziert angesehenen Diakone aus der eigentlichen Pflege zu verdrängen, während sich diese wiederum als besonders zur Pflege männlicher Patienten geeignet ansahen:

„Ein junger Mann wird seine Wunde, sei sie nun am Arm und der Brust, oder am Unterleib und Schenkel, lieber vor einem jungen Manne entblößen, als vor einer, wenn auch noch so ehrbaren Frauensperson. Er wird sich minder genirt fühlen, gewisse Bedürfnisse mit Hülfe des ihn duzenden Bruders Felddiakon zu befriedigen, als die Diakonissin oder barmherzige Schwester um diese Hülfe anzugehen. Ueberhaupt aber wird sich sein Herz rückhaltloser Jenem öffnen, während von Dieser ihn unausbleiblich eine gewisse wohlberechtigte Scheu und Ehrfurcht entfernt hält."[37]

Zumindest bei den freiwilligen christlich motivierten männlichen Pflegern ist die gleiche Sorgfalt und Empathie am Krankenbett zu konstatieren, wie bei den weiblichen Kräften, auch wenn dies den gängigen gesellschaftlichen Konventionen zuwider lief.

Mit wenigen Ausnahmen übernahmen nach bisheriger Erkenntnis ausschließlich Schwestern die eine gute fachliche Ausbildung und psychische Robustheit voraussetzende Assistenz bei Amputationen und Operationen. Darüber hinaus trauten ihnen Ärzte eine besondere Begabung und das emotionale Fingerspitzengefühl im Umgang mit Menschen zu. In diesem Zusammenhang steht auch das Problem der „Wahrheit am Krankenbett". Es kam nicht selten vor, dass Diakonissen von den Ärzten um die Übermittlung der letalen Diagnose oder der

---

Frauenforschung. In: Knapp, Gudrun-Axeli (Hg.): Traditionen Brüche: Entwicklungen feministischer Theorie. Freiburg/Breisgau 1992, S. 201-254.
[36] Fischer, Hermann Eberhard: Handbuch der Kriegschirurgie, 2 Bd. Stuttgart 1882, hier Bd. 2, S. 445.
[37] Ebrard (1866), S. 18.

Mitteilung einer bevorstehenden Amputation gebeten wurden. So berichtete die Neuendettelsauer Diakonisse Sara Hahn (1835-1916) über einen Patienten:

> „Einen von diesen muß ich morgen mit dem Gedanken an die Amputation vertraut machen. Die Aerzte sagen's gewöhnlich den Kranken vorher nicht, ich aber meine, sie sollten's wissen und man sollte es ihnen beibringen. Dr. N. sagt, dazu gehöre ein eignes Talent, er könne es nicht, ich solle es nur thun."[38]

Die Frau war in diesem Fall für die Harmonisierung der Emotionen und Schmerzen zuständig, die in der bürgerlichen Gesellschaft angepasste Muster gelenkt werden mussten.

Die Tätigkeiten in der eigentlichen Pflege wurden bei den Diakonen ergänzt durch männlich konnotierte Arbeiten, wie Bergung und Transport der Verwundeten direkt von den Schlachtfeldern, die wegen der dazu nötigen körperlichen Kräfte ausschließlich Männern vorbehalten waren. Die ärztliche Versorgung oblag selbstverständlich ausschließlich männlichen Ärzten, die sich hoher gesellschaftlicher Wertschätzung erfreuten und gerade dabei waren, sich innerhalb der militärischen Hierarchie eine selbständigere Position zu verschaffen.[39]

Ein kurzer temporärer Machtzuwachs ergab sich für die Schwestern in der Begleitung todkranker und sterbender Soldaten. Da der Tod ihrer Ansicht nach keine Privatangelegenheit war, setzten sie sich unter Ausnutzung des momentanen Machtgefälles mitunter über den Wunsch einiger Patienten nach einem nicht religiös bewältigten Tod hinweg, indem sie beteten und seelsorgerlichen Beistand organisierten. Dabei gehörte die Ausübung eines gewissen Drucks auf Patienten, die eine religiöse Unterweisung ablehnten, durchaus zum allgemeingültigen Verhaltenskodex, um die der eigenen christlichen Weltanschauung entsprechenden Verhaltensweisen auch beim Patienten herbeizuführen.[40] In der Sterbebegleitung

---

[38] ZADN, Mutterhausregistratur B IX, Briefe der auswärtigen Schwestern 1866, Brief von Schwester Sara Hahn an Schwester Marie aus dem Lazarett Würzburg vom 12. August 1866.

[39] Claudia Bischoff fasste das Phänomen der Verdrängung von Frauen aus der Heilkunde zu Beginn der Neuzeit unter dem Satz „'männliche' Medizin und ,weibliche' Pflege" zusammen. Vgl. Bischoff (1992), S. 32 ff.

[40] Zum Umgang mit Sterbenden vgl.: Nolte, Karen: Vom Umgang mit Tod und Sterben in der klinischen und häuslichen Krankenpflege des 19. Jahrhunderts. In: Braunschweig (2006), S. 165-174, sowie Büttner, Annett: „Herr ist meines Lebens Kraft, vor wem sollte ich mich fürchten?" Die religiöse Deutung des vorzeitigen Todes durch evangelische Diakonissen im 19. Jahrhundert. In: Fehlemann, Silke; Vögele, Jörg (Hg.): Vorzeitiger

lag ihrem eigenen Anspruch nach die besondere Kompetenz christlicher Krankenpflege.

Die bisherigen Ergebnisse bestätigen die These von Karen Hagemann, nach
der sich die Handlungsspielräume von Frauen in den Nationalkriegen des 19.
Jahrhunderts nur kurzzeitig erweiterten, damit diese ihren patriotischen Pflichten nachkommen konnten. Nach Kriegsende mussten die Geschlechterbilder
und -rollen jedoch umso strikter wieder festgeschrieben werden, „um die als be-
drohlich erachtete Erweiterung des öffentlichen Handlungsspielraumes von
Frauen wieder einzuschränken."[41] Solche Paradoxien sind auch im Bereich der
Schwesternschaften zu beobachten. Die an die Einbindung in ein strenges Mutterhaussystem mit detaillierten Regelungen des Tagesablaufes, der Frömmigkeits-
formen und der Außenkontakte gewohnten katholischen und evangelischen
Schwestern legten im Krieg teilweise ein ausgesprochen eigenständiges, ja sogar
eigensinniges Handeln an den Tag. So reisten sie teilweise ohne männliche Begleitung bis ins feindliche Ausland, um zu ihren Einsatzorten zu gelangen. 1870
schlug sich eine Gruppe Neuendettelsauer Diakonissen unter Nutzung der Infrastruktur katholischer Orden selbständig zu ihrem Einsatzort im preußischen
Militärlazarett im Schloss von Versailles durch. Dort nahmen sie, versteckt hinter den Fahnen auf dem Podium, an der Reichsgründungsfeier im Spiegelsaal teil,
ein Ereignis, von dem sie voller Stolz in die Heimat berichteten. Sie dürften die
einzigen weiblichen Anwesenden bei diesem historischen Ereignis gewesen sein.[42]

Der Tod in den Reihen der eigenen Schwesternschaften diente beiden Konfessionen neben der Dokumentation von Glaubensstärke und -gewissheit auch
zur Demonstration männlich und damit soldatisch konnotierter Verhaltensweisen.[43] Ein Beispiel von den Dillinger Franziskanerinnen demonstriert die Vor-
bildfunktion für ihre Mitschwestern. Über das spätere Sterben einer ehemaligen
Lazarettschwester wurde in der Chronik vermerkt:

> „Die letzte der 6 Heldinnen erreichte ein Alter von 76 Jahren. [...] Heldisch war
> ihr Sterben. Sie erwartete den Priester sitzend in ihrem Lehnstuhl. Als der Herr
> Dekan das Zimmer betrat, stellte sie sich mit großer Mühe aufrecht hin und sagte:
> ‚Hochwürdiger Herr Dekan, jetzt gilt es, ich muß sterben'. Sank in den Sessel zu-

Tod: Identitäts- und Sinnstiftung in historischer Perspektive. Historische Sozialfor-
schung 34 (2009) 4, S. 133-153.
[41] Hagemann (1998), S. 26.
[42] Vgl.: Rößler, Hans: „Heil Dir im Siegerkranz, Herrscher des Vaterlands!". Neuendettelsau und der Krieg 1870/71. In: Rößler, Hans (Hg.): Unter Stroh- und Ziegeldächern.
Aus der Neuendettelsauer Geschichte. Neuendettelsau 1982, S. 185-189.
[43] Vgl. dazu: Büttner (2009), S. 146-151.

rück und gab ihr Leben Gott zurück. Der Herr Dekan bemerkte: ‚Wie ein Offizier‘.“[44]

Bemerkenswert an diesem Beispiel ist, wie weit militärische Vorstellungen von männlich-soldatischem Verhalten am Ende des 19. Jahrhunderts auch in katholische Orden eingedrungen waren. Die Beerdigungsfeiern mit militärischen Ehren banden den Tod der Schwestern in die weltliche Kriegsopfersymbolik ein und symbolisierten die hohe gesellschaftliche Wertschätzung, was nicht ohne Stolz erwähnt wurde. Für einen kurzen Moment wurden sie so Teil der männlichen Heldenhaftigkeit.

Ähnlich verhielt es sich bei den Kaiserswerther Diakonissen, die ebenfalls mit der doppelten Opfersymbolik argumentierten, zum einen der christlichen in der Nachfolge Jesu und zum anderen der weltlich-nationalen. Die nach dem Ersten Weltkrieg in der Mutterhauskirche angebrachte Gedenktafel für die Opfer der Kriege seit Bestehen der Diakonissenanstalt hebt insbesondere den Tod für das Vaterland hervor (Abb.1). Links, und damit nach abendländischer Sprachtradition auf der zuerst wahrgenommenen Seite der Tafel, sind unter der Überschrift: „Sie starben für das Vaterland“ die Diakonissen aufgeführt, die während des Lazarettdienstes an den Folgen von Erkrankungen verstorben waren. Auf der rechten Seite werden die gefallenen männlichen Anstaltsmitarbeiter genannt. Die Diakonissen stehen damit rangmäßig mindestens auf der gleichen Ebene, wie die gefallenen Männer. Zwar wurde die ‚Nation in Waffen‘ als männlich dominierter Raum konstruiert, aus dessen politischem Machtgefüge Frauen systematisch ausgegrenzt wurden, andererseits waren sie für das Funktionieren der Kriegsgesellschaft unerlässlich, weshalb ihnen ein Platz analog zu den Aufgaben in Familie und Haus zugewiesen wurde.[45] Gerade die in Folge des Sanitätsdienstes verstorbenen Diakonissen hatten ihre geschlechtsspezifischen Pflichten vorbildlich erfüllt und wurden so in den Dankeskanon des Vaterlandes aufgenommen.

---

[44] Schreyer, Lioba: Geschichte der Dillinger Franziskanerinnen. Bd. 2. 19. Jahrhundert seit der Restauration. Reimlingen 1980, S. 623.
[45] Hagemann (1998), S. 24.

Abb. 1: Die nach dem Ersten Weltkrieg in der Kaiserswerther Mutterhauskirche angebrachte Gedenktafel für die Opfer der Kriege seit Bestehen der Diakonissenanstalt.

Das Verhältnis der männlichen Patienten zu ihren Pflegerinnen

Obwohl auch in den Kriegen des 19. Jahrhunderts die Schwestern den Lazarettall-
tag mit den Soldaten gemeinsam erlebten, ist der aus dem 1. Weltkrieg bekannte
Topos des „Kamerad Schwester" dort noch nicht anzutreffen, da die Distanz zu-

mindest zu den konfessionellen Schwestern zu groß war.[46] Es überwiegen vielmehr familiäre Deutungen. Der Vorsteher des Kaiserswerther Diakonissenmutterhauses Julius Disselhoff (1827-1896) interpretierte das Verhältnis folgendermaßen:

„Auch da, wo Lazarettpfarrer treulich die Kranken und Verwundeten besuchten, war die geistliche Pflege der Diakonissen keineswegs überflüssig. Sie waren an den Betten der Schwerverwundeten, der in großen Schmerzen und im Sterben Liegenden bei Tag und Nacht zugegen, und suchten durch ein teilnehmendes Wort, einen Spruch der Bibel, einen Liedervers, ein kurzes Gebet u.s.w. der Seele des Leidenden das Licht und Labsaal zu geben, was ihr not that. Namentlich war solchen Schwerkranken, die in der Heimat alte Eltern, Frau und Kinder hatten, die stete Nähe und das aufrichtende Wort einer Diakonissin doppelt erquicklich."[47]

Weiter heißt es:

„Und wie dankbar erst waren sie für die beständige und geregelte Pflege und Fürsorge der Schwestern! Sie sahen Mütter in ihnen, riefen sie oft auch mit dem Mutternamen und zeigten ihnen kindliches Vertrauen. Es hat mich oft tief gerührt, wenn ein Ungar, Böhme oder Italiener in seinen Schmerzen das einzige von ihm verstandene deutsche Wort rief: ‚Mutter!'"[48]

Die männlichen Vorsteher legten den Schwestern die Interpretation des Schwestern-Patient-Verhältnisses als Mutterersatz nahe, was aber auch durchaus als Schutzfunktion vor moralischer Angreifbarkeit gelten kann, da sie die Schwestern in ein asexuelles Verhältnis zu den Soldaten setzte.[49] Auf die Bedeutung der Tracht in diesem Zusammenhang wurde bereits an früherer Stelle eingegangen.

Dieses Interpretationsmuster wurde von den Schwestern teilweise aufgenommen. Eine Kaiserswerther Diakonisse schrieb 1866: „Recht wie die Kinder auf ihre Mutter sehen und sich am liebsten von ihr helfen lassen und ihr das Herz ausschütten, bei ihr aber auch fein stille sind, so sind hier die Soldaten uns gegenüber."[50] So verfestigten sich noch vor dem Aufkommen des Topos der „geis-

---

[46] Mierisch, Helene: Kamerad Schwester 1914-1918. Leipzig 1934.
[47] Disselhoff (1886), S. 215.
[48] Disselhoff (1886), S. 213.
[49] Vgl. dazu: Theweleit, Klaus: Männerphantasien. 2 Bd. Frankfurt am Main 1977, Bd. 1, S. 107 ff.
[50] Disselhoff (1886), S. 209.

tigen Mütterlichkeit"[51] am Ende des 19. Jahrhunderts die Geschlechterrollen in der Pflege verwundeter Soldaten. Die den weiblichen Pflegerinnen zugeschriebene „natürliche Mütterliebe" sollte sich so zur „patriotischen Mütterlichkeit" erweitern.[52] Insbesondere die jüngeren Schwestern beider Konfessionen sahen in den Soldaten aber auch Brüder, eine Deutung, die durch die Altersstruktur der Schwestern begünstigt wurde. Auf den Kriegsschauplatz schickte man vorwiegend junge, leistungsfähige Schwestern, die nicht selten leibliche Brüder unter den Soldaten hatten.

Angesichts des anstrengenden Pflegealltags stellt sich die Frage, ob der Sinn der Geschlechterrollen nicht schon von Zeitgenossen bezweifelt wurde. Die Schwestern teilten zum großen Teil die Strapazen des Krieges, d.h. lange Fußmärsche oder Fahrten auf offenen Bauernwagen bei winterlichen Wetterverhältnissen, mangelhafte Verpflegung und Unterkunft, Ungeziefer, Ungewissheit, große körperliche und psychische Beanspruchung durch die Pflege Schwerverwundeter und durch die ständige Konfrontation mit Todesfällen. Einige Beispiele lassen sich dazu finden, wenn etwa leicht verwundete Soldaten verschiedener Nationalitäten den Schwestern zu Hilfe kamen.

> „Durch ihre Sanftmut überwand sie [die Diakonisse] auch das Herz mancher anfangs bitteren Franzosen. Louis hießt einer; eine Kugel hatte ihm das rechte Handgelenk zerschossen. Als seine Pflegerin, Schwester Katharine, nicht mehr an seinem Bette erschien, fragte Louis voll Teilnahme und Sorge stets nach ma soeur, ob sie malade, sehr malade sei. Die Thränen in Schwester S. Augen deuteten ihm an, daß sie gestorben sei. In lautes Weinen ausbrechend, rief er: ‚Die Schwestern arbeiten sich zu Tode; das ist keine Arbeit für Frauen; das ist zu schwer!' Er hatte keine Ruhe, bis er durch alle Instanzen hindurch sich die Erlaubnis erbettelt hatte, Schwester Katharinens Leiche zu Grabe zu geleiten. Von da an suchte er den Diakonissen auf alle Weise beizustehen. Er stellte sich an den Ausgang der hohen steinernen Treppe, welche in den Hof hinabführte. Kam dann eine Schwester mit der Gießkanne, dem einzigen vorhandenen Gefäß, worin das Wasser 80 Stufen hoch nach den Krankensälen gebracht wurde, so nahm

---

[51] Der Begriff „geistige Mütterlichkeit" wurde von der Pädagogin Henriette Schrader-Breymann in den 1870er Jahren erstmals verwandt. Sie stellte die Ausbildung von Kindergärtnerinnen in dem von ihr in Berlin gegründeten Pestalozzi-Fröbel-Haus unter das Motto „Übet geistige Mütterlichkeit!" und bot damit Frauen die Möglichkeit, „in einem fest etablierten Ausbildungsgang ‚Mütterlichkeit' als Beruf zu erlernen. Damit gab sie dem gemäßigten Flügel der Frauenbewegung ein entscheidendes Stichwort." Vgl. dazu: Sachße, Christoph: Mütterlichkeit als Beruf. Sozialarbeit, Sozialreform und Frauenbewegung 1871-1929. Opladen 1994, S. 106.
[52] Hagemann (1997), S. 190.

er sie ihr rasch aus der Hand und holte mit der linken Hand das notwendige Wasser herauf [...].“[53]

Dass in den Lazaretten Männer von Frauen gepflegt wurden, fand weder in zeitgenössischen Publikationen noch in den Briefen der konfessionellen Schwestern aus dem 19. Jahrhundert Erwähnung. Die Pflege durch die Schwestern schien selbstverständlich zu sein, zumal ihnen für Aufgaben, die ihr Schamgefühl verletzt hätten, männliche Hilfen zur Verfügung standen. Durch die Haus- und Krankenhausordnungen ihrer Mutterhäuser waren sie für den Umgang mit männlichen Patienten ausreichend instruiert und verfügten außerdem über genügend Berufserfahrung.[54] Das für weltliche Schwestern erst im Jahr 1907 von Generalarzt Georg Körting im Auftrag des Zentralkomitees des Preußischen Vereins vom Roten Kreuz herausgegebene „Unterrichtsbuch für die weibliche freiwillige Krankenpflege“ stellte eine Erweiterung des bereits seit 1887 existierenden Lehrbuchs für männliche Pfleger dar. Extra zu diesem Zweck wurden zwei Kapitel über „Die Stellung des weiblichen Pflegepersonals in der Kriegskrankenpflege“ sowie über „Den Dienst im Haushalte des Lazaretts“ hinzugefügt. Der Autor appellierte an die Moral, den Patriotismus und die Menschenliebe der weltlichen Pflegerinnen:

„Es handelt sich in der Kriegstätigkeit ausschließlich um die Pflege von kranken Männern. Dazu gehört Rüstigkeit und Umsicht, aber noch viel mehr sittliche Kraft. Nur sie kann über manches Peinliche hinweghelfen, was mit dem Dienst auf den Abteilungen kranker Männer, auf den Operationssälen wie im Zusammenarbeiten mit jungen Ärzten und Sanitätsmannschaften unvermeidlich verbunden ist. Die Frau, welche nicht von dem festen Glauben an das Unpersönliche ihrer Tätigkeit als Pflegerin durchdrungen ist, welche nicht um des hohen patriotischen Zieles willen von reinster, selbstloser Menschenliebe beseelt ist, bleibe dem Krankenpflegedienst fern. Niemals kann die Verstandesbildung durch den Unterricht den sittlichen, inneren Halt ersetzen, der die Pflegerin in

---

[53] Disselhoff (1886), S. 216.
[54] Für den Bereich der katholischen Schwesternschaften vgl.: Meiwes, Relinde: „Arbeiterinnen des Herrn“ Katholische Frauenkongregationen im 19. Jahrhundert. Frankfurt am Main 2000, S. 167 f. Für die Verhältnisse in der Diakonissenanstalt Kaiserswerth vgl. die Instruktion für den Wärter bei den männlichen Kranken vom 27. Juli 1838: Sticker, Anna: Die Entstehung der neuzeitlichen Krankenpflege. Deutsche Quellenstücke aus der ersten Hälfte des 19. Jahrhunderts. Stuttgart 1960, S. 266. Im Bereich der weltlichen Krankenpflege wurde das Thema erst ab der Wende zum 20. Jahrhundert diskutiert. Die Fragestellung ging hier überwiegend von gewerkschaftlich organisierten Pflegern aus, die sich um ihre berufliche Zukunft in der weiblich dominierten Krankenpflege sorgten. Vgl.: Hähner-Rombach (2008), S. 479-530.

gemessener Entfernung von ihrer Umgebung hält und eine feste Schranke um sie aufrichtet."[55]

Offenbar hielten die Herausgeber eine solche Ermahnung der in der Krankenpflege noch unerfahrenen freiwilligen Kräfte für nötig.

Zusammenfassung

Die Konstruktion der Geschlechter und ihre Rollenbilder stellen sich vor dem Hintergrund der Reichseinigungskriege als ein komplexes Beziehungsgeflecht dar, welches sich monokausalen Deutungsmustern entzieht. Zumindest für den Bereich der konfessionellen Kriegskrankenpflege kann festgestellt werden, dass Frauen die ihnen auch in den Söldnerheeren der frühen Neuzeit zukommenden Aufgaben in der Krankenpflege und Versorgung, nun aber unter anderen Voraussetzungen erfüllten, dass ihnen daraus jedoch kein größerer gesellschaftlicher Handlungsspielraum erwuchs. Mit der Festlegung auf weiblich konnotierte Tätigkeiten und Pflichten verfestigten sich im Gegenteil die geschlechtsspezifischen Rollenmuster innerhalb des Nationalstaates, die die Frau zu passivem Gehorsam in haushaltsähnlichen Tätigkeiten verpflichteten.

Das Militär wurde von den männlichen Protagonisten vor allem 1864 und 1866 noch als frauenfreier Raum verteidigt, indem den auf eigene Initiative angereisten Schwestern von den Militärbehörden nur widerwillig Aufgaben zugewiesen wurden. Mit der organisatorischen Einbeziehung in das Ende des 19. Jahrhunderts installierte Mobilmachungssystem wurden die konfessionellen Schweternschaften instrumentalisiert und ihre Ressourcen nutzbar gemacht, ohne ihnen dauerhaft Einfluss- und Partizipationsmöglichkeiten einzuräumen. Die hohe gesellschaftliche Wertschätzung der freiwilligen Kriegskrankenpflege ist daher durchaus als eine allzu wohlfeile Phrase zu verstehen, bei der männliche Machtansprüche nicht tangiert wurden. Dies macht auch das abschließende Zitat eines zeitgenössischen Militärarztes noch einmal deutlich:

> „Richtig geordnet ist die freiwillige Pflege im Kriege die segensreichste Errungenschaft der Neuzeit. Vorausgesetzt wird dabei, dass sie nicht das Streben hat, die Rolle der Militärheilpflege, sondern einer stets bereiten, aufopferungsvollen, in der Barmherzigkeit freudigen Dienerin zu spielen."[56]

---

[55] Körting, Georg: Unterrichtsbuch für die weibliche freiwillige Krankenpflege. Berlin 1913, S. 1 f.
[56] Fischer (1882), S. 447.

Annett Büttner M.A.
Fliedner-Kulturstiftung Kaiserswerth
Zeppenheimer Weg 20
40489 Düsseldorf
buettner@fliedner-kulturstiftung.de

„Durch die Kraft der Menschlichkeit das Schicksal der Verwundeten und Erkrankten zu lindern". Die Frauenhilfsvereine des Roten Kreuzes in Österreich.

Daniela Angetter

Einleitung

24. Juni 1859: Die Entscheidungsschlacht im italienischen Krieg zwischen Frankreich und dem Königreich Sardinien auf der einen und Österreich auf der anderen Seite ist geschlagen.

> „Der anbrechende Morgen [...] enthüllte ein schreckliches Bild. In dem Morast, in den der nächtlich niederströmende Regen das Gelände verwandelt hatte, lagen neben und über toten Menschen- und Pferdeleibern die Verwundeten, hilflos der wachsenden Sonnenglut preisgegeben, die Wunden mit Schlamm bedeckt."[1]
> „Die Dörfer sind verlassen. Überall zeigten sich Spuren von Verwüstungen, die durch Gewehrschüsse, Stückkugeln, Granaten und Haubitzgeschosse angerichtet sind. Das Gefüge der Mauern ist zerbrochen und durchlöchert von Kugeln, die große Breschen gerissen haben. Die Häuser sind zerstört, rissig, zerfallen."[2]

Auf dem Schlachtfeld blieben insgesamt über 6.000 Tote und 40.000 verwundete Soldaten der habsburgischen sowie der französisch-piemontesischen Armee liegen. Die vorhandenen medizinischen Versorgungseinheiten waren absolut überfordert. Transporte konnten aus Mangel an geeigneten Fuhrwerken nicht organisiert durchgeführt werden und Verbandmaterial wurde von vorn herein nicht auf das Schlachtfeld mitgeführt. Die Aufnahmekapazität der wenigen errichteten Feldspitäler war völlig unzureichend. Der Korpsverbandsplatz, auf dem die ersten chirurgischen Eingriffe vorgenommen werden konnten, war rund eine Stunde vom Gefechtsfeld entfernt. Wer von den zahlreichen Verwundeten noch irgendwie gehen konnte, schleppte sich nach Castiglione in der Hoffnung, dort medizinische Hilfe zu finden – und fand sie in der Figur eines Mannes, Henri Dunant (1828-1910), unterstützt von zahlreichen unbekannten freiwilligen Helferinnen und Helfern aus der unmittelbaren Umgebung.

Der damals 31jährige Schweizer Geschäftsmann Henri Dunant wollte zu jener Zeit in der Schweizer Kolonie Sétif in Algerien eine von ihm gebaute Getreidemühle in Betrieb nehmen. Weil ihm hierfür die nötige Konzession fehlte

---

[1] Zitiert nach: Unser Heer, 300 Jahre österreichisches Soldatentum in Krieg und Frieden. Wien u. a. 1963, S. 248.
[2] Dunant, J. Henry: Eine Erinnerung an Solferino, Wien 1997, S. 28.

und diese Napoleon III. ausstellen musste, reiste Dunant dem französischen Kaiser auf das Schlachtfeld von Solferino nach, wo er am Abend nach der Schlacht eintraf. Erschüttert schilderte er seine ersten Eindrücke:

> „[...] Auf den steinernen Fliesen der Spitäler und Kirchen von Castiglione liegen Seite an Seite Kranke aller Nationen: Franzosen, Araber, Deutsche und Slawen. Man legt sie einstweilen dort nieder wo Platz ist, und sie haben nicht mehr die Kraft sich zu bewegen und können sich auf dem engen Raum nicht rühren. [...] Sie haben schwere Mühen ausgestanden, sie haben Nächte ohne Schlaf verbracht, dennoch können sie keine Ruhe finden. Verzweifelt flehen sie nach einem Arzt, sie werfen sich in Zuckungen hin und her bis schließlich der Starrkrampf eintritt, oder der Tod sie erlöst. Da sind Soldaten, welche glauben, daß das kalte Wasser, das man auf ihre Wunden gießt Würmer erzeugt, aus dieser lächerlichen Angst heraus wollen sie ihre Verbände nicht mehr anfeuchten lassen. Anderen, die man bereits in Feldlazaretten verbunden hat, wird der Verband während ihres erzwungenen Aufenthaltes in Castiglione nicht mehr erneuert. Mit Rücksicht auf die Stöße während des Transports hat man die Binden sehr scharf angezogen. Da sie nun weder erneuert noch gelockert werden, ist dies für die Unglücklichen eine wahre Qual. Ihre Gesichter sind schwarz vor Fliegen, welche sich auf den Wunden sammeln. [...] Da sind einige, bei denen Mantel, Hemd, Fleisch und Blut eine unbeschreiblich schauervolle Mischung bilden, in die sich die Würmer eingefressen haben. [...] Dort liegt ein völlig entstellter Soldat, dessen Zunge übermäßig lang aus dem zerrissenen und zerschmetterten Kiefer heraushängt. [...] Ich benetze seine vertrockneten Lippen und seine verdorrte Zunge. Dann nehme ich eine Handvoll Scharpie, tauche sie in einen Kübel, den man mir nachträgt und drücke das Wasser aus diesem Schwamm in die unförmige Öffnung, die die Stelle des Mundes vertritt. [...]."[3]

Aus dieser Situation heraus organisierte Dunant notdürftig mit improvisierten Mitteln an Ort und Stelle eine Hilfsaktion. Er besorgte Verbandmaterial und Lebensmittel und obwohl bereits jedes Haus in der Umgebung eine private Pflegestätte geworden war, gelang es ihm noch, zahlreiche Frauen, teils sogar blutjunge Mädchen, aus dem Volk zu rekrutieren und für die Versorgung der verletzten Soldaten einzusetzen. Diese Mädchen und Frauen reinigten die verschmutzen Körper, verbanden Wunden und versorgten die Verletzten notdürftigst mit Wasser und spärlich vorhandenen Nahrungsmitteln.

Natürlich war es historisch gesehen nicht das erste Mal, dass sich Frauen und Mädchen in Kriegszeiten in der Verwundetenversorgung verdient gemacht

---

[3] Ebendort, S. 41-42.

hatten.[4] Erwähnt werden sollen in diesem Zusammenhang einerseits die Gründung der ersten privaten Pflegevereine nach der Völkerschlacht bei Leipzig 1813, wo Frauen nach der ärztlichen Versorgung die Betreuung der Verwundeten während der Genesungszeit übernahmen[5], andererseits das Wirken der britischen Krankenpflegerin Florence Nightingale (1820-1910) im Krimkrieg (1854-1856). Florence Nightingale bewirkte große Fortschritte in der Verwundetenversorgung, indem sie in erster Linie die hygienischen Maßnahmen in den Sanitätseinrichtungen zu verbessern versuchte. Mit Geld, das sie teils selbst gesammelt hatte, teils durch eine Sammlung der ,Times' erhielt, kaufte sie Kleidung für die verwundeten Soldaten, ließ Wasserleitungen und Kanalisationen errichten, sorgte für zweckmäßige Wasch- und Kochgelegenheiten, organisierte Medikamente, Verbandstoffe, Tragen und anderes Sanitätsmaterial. Sie erkannte ebenso, dass die Betreuung der Rekonvaleszenten von entscheidender Bedeutung für deren Heilungsprozess war. Daher richtete sie hygienisch einwandfreie Aufenthaltsräume ein und gab den Soldaten Gelegenheit zu Spiel, Sport und Unterhaltung. Darüber hinaus organisierte sie die Heimreise der Rekonvaleszenten. Ihre Tätigkeit im Krimkrieg war der Anfang des Einsatzes von Frauen als Pflegerinnen im Militärsanitätsdienst. An Stelle der Trossweiber und Dirnen, die bis dahin vor allem als Marketenderinnen Soldaten auf ihren Feldzügen und im Frontleben begleitet hatten, verrichteten nun freiwillige Krankenschwestern und Ordensleute, allen voran Angehörige des Malteser- und des Deutschen Ritterordens, den Sanitätsdienst auf den Schlachtfeldern. Diese beiden Orden stellten fortan sogar eigene Verwundetentransportkolonnen auf.[6]

---

[4] Bereits im 18. Jahrhundert wurden in Österreich geistliche Ordensschwestern mit der Pflege von kranken Personen in Spitälern (auch in weltlichen) betraut. Diese Pflegerinnen bzw. ihre weltlichen Kolleginnen, die so genannten Wärterinnen, waren vor allem mit der körperlichen Pflege, der Verköstigung, dem Beobachten und der psychischen Betreuung der Patienten beauftragt. Einfache ärztliche Anweisungen konnten sie durchführen, eine staatlich geregelte Ausbildung gab es nicht. Daher wurden die Kenntnisse und das Wissen angelernt oder autodidaktisch erworben. Zu den Aufgaben des weiblichen Pflegepersonals zählten ebenso Reinigungsdienste.
[5] Grundhewer, Herbert: Von der freiwilligen Kriegskrankenpflege bis zur Einbindung des Roten Kreuzes in das Heeressanitätswesen. In: Bleker, Johanna; Schmiedebach, Heinz-Peter (Hg.): Medizin und Krieg. Vom Dilemma der Heilberufe 1865–1985. Frankfurt am Main 1987, S. 29-45, bes. S. 30.
[6] Angetter, Daniela Claudia: Krieg als Vater der Medizin, Kriege und ihre Auswirkungen auf den medizinischen Fortschritt anhand der 2000-jährigen Geschichte Österreichs. Wien 2004, S. 43.

Als tatsächlicher Beginn von organisierten und in größeren Rahmen angelegten Hilfeleistungen von Freiwilligen, darunter jede Menge Frauen, muss in Österreich jedoch das Jahr 1859 bezeichnet werden.

Die Frauenhilfsvereine des Roten Kreuzes in Österreich

Entstehung

Rund zwei Monate vor der Schlacht von Solferino im Juni 1859 gründete Baron Suttner den 1. Patriotischen Hilfsverein zu Wien. Dieser Verein sollte eine Verbesserung der Unterstützung für Kriegsopfer durch organisierte freiwillige Hilfeleistungen gewähren. Dieser 1. Patriotische Hilfsverein war allerdings rein auf Hilfsmaßnahmen während der kriegerischen Auseinandersetzungen zwischen der Österreichisch-Ungarischen Monarchie auf der einen Seite sowie Frankreich und dem Königreich Sardinien auf der anderen Seite beschränkt und wurde nach Beendigung des Krieges sofort wieder aufgelöst. Im Jahre 1864 wurde ein 2. Patriotischer Hilfsverein zu Wien sowie ähnliche Vereine in den Hauptstädten der Kronländer anlässlich des Deutsch-Dänischen Krieges gegründet, 1866 der 3. Patriotische Hilfsverein zu Wien auf Grund der Schlacht bei Königgrätz am 3. Juli 1866. Aufgabe dieses 3. Patriotischen Hilfsvereins war es, den Soldaten der habsburgischen Armee Bedarfsgüter auf das Schlachtfeld nachzuschicken. Da Österreich-Ungarn allerdings noch nicht dem Genfer Abkommen beigetreten war, wurden diese Hilfsmaßnahmen untersagt. In Folge dessen konzentrierte sich der Verein auf Tätigkeiten im eigenen Reichsgebiet und unterstützte in der Verwundetenversorgung und in der Krankenpflege. Dieser Verein blieb nach Beendigung des Krieges bestehen.[7] Am 21. Juli 1866 trat Österreich der Genfer Konvention bei, nur ein Jahr später 1867 erfolgte die Umwandlung des 3. Patriotischen Hilfsvereins in einen ständigen Verein zur Verbesserung der Heeressanität, namentlich als ‚Österreichischer Patriotischer Hilfsverein für verwundete Krieger, Militärwitwen und -waisen'.[8]

Parallel zu diesen Patriotischen Hilfsvereinen wurden die ersten österreichischen Patriotischen Frauenhilfsvereine gegründet, 1866 beispielsweise jener in Krain und Salzburg, 1879 jener in Tirol und in Mähren oder zu Beginn des Jahres 1880 der Patriotische Frauenhilfsverein für Oberösterreich. Schirmherrinnen

---

[7] Czech, Gerald: Die Geschichte des Österreichischen Roten Kreuzes. Landesverband Niederösterreich, 2009, Internetausgabe Zugriff 13. 9. 2010, S. 8.
[8] www.roteskreuz.at, Zugriff 10. 8. 2010.

dieser Patriotischen Frauenhilfsvereine waren zumeist adelige Damen, als oberste Patronin fungierte zunächst die Gemahlin Kaiser Franz Joseph I., Kaiserin Elisabeth (1837-1898).[9] Nach deren Tod übernahm im Jahre 1900 Erzherzogin Marie Valerie (1868-1924) diese Aufgabe. Ureigenstes Ziel dieser Frauenhilfsvereine war es, durch Schulungen in Erster Hilfe und Krankenpflege die militärischen Sanitätsdienste durch qualifizierte Helferinnen in Kriegszeiten zu unterstützen.

„Die sämmtlichen patriotischen Hilfsvereine erkennen es als gemeinsame Aufgabe, die pflichtmässige Fürsorge des Staates für die Verwundeten und im Felde erkrankten Krieger zu ergänzen, die Pflege der Verwundeten und Kranken zu verbessern und überhaupt bestrebt zu sein: alle Kranken-Einrichtungen schon im Frieden vorzubereiten, um im Falle einer Mobilisirung sofort eine kraftvolle wohlorganisirte Thätigkeit beginnen zu können; ferner das Los der hilfsbedürftigen Invaliden, der Militär-Witwen und Waisen, dann der hilfsbedürftigen Familien der Mobilisirten nach Zulässigkeit der Mittel zu verbessern und bei aussergewöhnlichen Nothständen und Unglücksfällen im Frieden durch Einleitung von Sammlungen eine organisirte Hilfe zu schaffen."[10]

Darüber hinaus sollten die Mitglieder der Frauenhilfsvereine Verbandspäcken zusammenstellen, Nachschubmaterial wie Kleidung, Nahrungsmittel und Verbandmaterial bereitstellen und die Pflegedienste in den Vereinsspitälern übernehmen.[11] Problematisch erwies sich, dass in der Anfangsphase all diese Zweigvereine unabhängig voneinander agierten und sich sogar in der Formulierung ihrer Ziele und in den Statuten teilweise widersprachen. Dies musste zwangsläufig dazu führen, dass beispielsweise die Hilfsaktionen während der Okkupation von Bosnien und der Herzegowina im Jahre 1878 völlig unkoordiniert und chaotisch abliefen. Auf Grund dieser Erfahrungen begann man im Kriegsministerium über mögliche Wege zur Vereinheitlichung dieser Zweigvereine nachzudenken.[12]

1880 wurde die österreichische Gesellschaft vom Rothen Kreuze, der Vorläufer des heutigen Österreichischen Roten Kreuzes gegründet. Diese inkludierte

---

[9] Das Rote Kreuz. Zentral-Organ für alle Wohlfahrts- und Wohltätigkeitsbestrebungen. Offizielle Zeitschrift des Patriotischen Landes- und Frauenhilfsvereines vom Roten Kreuze für Mähren, des Vereines Kaiser Franz Josef-Mädchen-Blindenheim in Brünn 19 (1905), Heft 1, S. 2.

[10] Heller, Hermann: Der patriotische Frauen-Hilfsverein vom Roten Kreuze für Mähren während seines 20-jährigen Bestandes 1879-1899. Brünn 1900, S. 5.

[11] Ebendort, S. 7.

[12] Czech (2010) [wie Anm. 7], S. 8.

auch alle österreichischen Landes- und Frauenhilfsvereine unter ihrem Namen.[13]
Damit war eine einheitliche Organisation und Leitung der freiwilligen Sanitäts-
hilfe möglich geworden.

Zur österreichischen Gesellschaft vom Rothen Kreuze gehörten als Zentralverein der österreichische Patriotische Hilfsverein in Wien, darüber hinaus in
jedem Kronland ein „Landesverein vom rothen Kreuze" für männliche Mitglieder und ein „Frauen-Hilfsverein vom rothen Kreuze", denen wiederum Zweigvereine in den einzelnen Städten unterstanden. In der Bukowina, in Mähren,
Schlesien, Kärnten, der Steiermark, Tirol und in Galizien waren der Landes- und
der Frauenhilfsverein vereint. In Ungarn bestand der „ungarische Landes-Frauen-
Hilfsverein" mit Filialen in den Komitaten und Städten.[14] In all diesen Frauenhilfsvereinen konnten allerdings sehr wohl auch Männer als Mitglieder aufgenommen werden.

Als vorrangiges Ziel dieser Hilfsvereine musste gelten, die freiwillige Sanitätspflege so zu konzipieren und zu adaptieren, dass ein reibungsloses Zusammenwirken mit dem Militärsanitätswesen erfolgte. Daher wurden gegen Ende
des 19. Jahrhunderts folgende Vorschriften entworfen, um diese Zusammenarbeit langfristig zu gewährleisten:

„Freiwillige Sanitätspflege
355. Allgemeines. Die Kriegführung der Gegenwart stellt so hohe Anforderungen
an die Militär-Sanitätspflege, dass deren Unterstützung durch die Bevölkerung von
größter Wichtigkeit geworden ist.
Wenn diese Unterstützung wirklichen Nutzen gewähren soll, so muss sie sich an
die militärischen Sanitätseinrichtungen möglichst anschließen. Besonders die Unterstützung der Feld-Sanitätsanstalten auf dem Kriegsschauplatze muss eine militärische Organisation erhalten. Sie kann daher nur von Vereinen und Corporationen ausgeübt werden, welche eine verlässliche Organisation besitzen und sich der
Militärischen Befehlgebung vollständig unterordnen.
Aber auch die freiwillige Sanitätspflege außerhalb des Kriegsschauplatzes muss,
um Ersprießliches zu leisten, entsprechend organisiert und einheitlich geleitet
werden. Auch hier empfiehlt sich die Bildung von Vereinen, welche sich für ihre
Thätigkeit schon im Frieden vorbereiten und ihre Maßnahmen im Einklange mit
den Verfügungen der Armeeleitung treffen müssen.
Nach der jetzigen Entwicklung der freiwilligen Sanitätspflege werden sich an diesem Dienste im Krieg betheiligen:

---

[13] Das Rote Kreuz. Offizielles Organ der unter allerhöchsten Protektorate stehenden
Österreichischen Gesellschaft vom Roten Kreuze (14) 1908, Heft 1, S. 8.
[14] Glückmann, Carl: Das Heerwesen der österreichisch-ungarischen Monarchie. 7. Auflage, Wien 1901, o. S.

α) der deutsche Ritterorden;
β) der souveräne Malteser-Ritterorden (Großpriorat von Böhmen);
γ) die Gesellschaft (der Verein) vom Rothen Kreuze;
δ) sonstige Vereine, Corporationen und Einzelpersonen."[15]

Eindeutig hervor geht aus diesem Schreiben, dass die Befehlsgewalt dem Militär-sanitätswesen oblag und vom Roten Kreuz sowie den anderen unterstützenden Vereinen eine Unterordnung verlangt wurde. Wesentlich war, dass die zivilen Einrichtungen mit dem gleichen Sanitätsmaterial und der gleichen Gerätschaft ausgestattet waren, welches das Heer verwendete. Auch die Schulung des Perso-nals erfolgte zunächst durch Militärärzte. Somit war zumindest organisatorisch alles getan, um ein reibungsloses Zusammenwirken und Zusammenarbeiten zu ermöglichen.

Ausbildung

In der heutigen Zeit wird der Krankenpflegeberuf vielfach von Frauen ausgeübt. Das war in der Geschichte längst nicht immer so. Erst gegen Ende des 18. Jahr-hunderts gab es eine Anordnung, die den Einsatz von Frauen in der Spitalspflege verlangte:

„Man hat wahrgenommen, daß das weibliche Geschlecht, theils weil es mehr aus Reinlichkeit aufgelegt und mehr nüchtern – theils auch eines größeren Mitleides gegen die Kranken empfänglich sei, bey Bedienung der Kranken einen entschiede-nen Vorzug verdiene, der noch dadurch begreiflicher wird, daß ein Weib mit der mäßigen Belohnung, welche von dem Spitale den Krankenwärtern abgereicht, weit leichter, als ein Mann auslangen [...] könne. Daher wird der Spitals Verwalt- und Kontrollirung hiemit aufgetragen von nun an darauf bedacht zu seyn: dass künftig selbst zur Bedienung kranker Männer auf den gemeinsamen Krankensä-len, mehr Wärterinnen, als Wärter aufgenommen werden [...]".[16]

Dass dieses Schreiben noch keineswegs einen Erfolg für Frauen als Krankenpfle-gerinnen darstellt, sondern eher als Diskriminierung gewertet werden muss, ver-steht sich von selbst, sagt es doch aus, dass Frauen nur besser geeignet sind, weil sie mit weniger Geld zufrieden gestellt werden können, beziehungsweise als die besseren Reinigungskräfte gelten. Als einzig wirklich positive Beurteilung wird

---

[15] Ebendort, o. S.
[16] Niederösterreichisches Landesarchiv St. Pölten, Anordnung aus dem Jahr 1796 über die künftige Aufnahme von Frauen als Spitalspflegerinnen.

ihr Einfühlungsvermögen angeführt. Dazu kam noch seitens der Obrigkeit der
Aspekt, dass sich Frauen strenger an ärztliche Anweisungen hielten. Erst gegen
Ende des 19. Jahrhunderts besserte sich die Stellung der Frau in der Krankenpflege ganz allmählich, sicher nicht zuletzt auch durch den erhöhten Bedarf, der
neben den Berufsschwestern den Einsatz von freiwilligen Helferinnen nötig
machte.

Unmittelbar nach der Gründung der ersten Frauenhilfsvereine war man
bestrebt, die geforderten Ziele zu erreichen und begann daher mit der Ausbildung von Frauen zu Krankenpflegerinnen, zunächst organisatorisch und territorial völlig uneinheitlich.

So stellte der Patriotische Frauenhilfsverein für Oberösterreich bereits 1885
den ersten Kader ausgebildeter Krankenpflegerinnen für die Österreichische Gesellschaft vom Roten Kreuz zur Verfügung.

Am 23. Juni sowie am 21. Juli 1908 erfolgten Übereinkommen zwischen
dem Kärntner Landesausschuss und dem Landes- und Frauenhilfsverein vom
Roten Kreuz für Kärnten bezüglich Errichtung und Erhaltung einer Pflegerin-
nenschule und eines Pflegerinnenheimes. Folgendes wurde festgesetzt:

„[...] Die Leitung der Schule bleibt der Direktion der Landeswohltätigkeitsanstalten überlassen. Die Kosten trägt der Landes- und Frauenhilfsverein vom Roten
Kreuz (Unterkunft, Ausbildung, Verpflegung der Schüler). Die Schülerinnen erhalten eine theoretische und praktische Ausbildung und haben während der Ausbildung weder auf Verpflegung noch sonst irgendeine Entschädigung oder Zah-
lung seitens der Krankenanstalt Anspruch, jedoch bei aushilfsweiser Dienstleis-
tung in der Krankenanstalt erhalten sie die Verpflegung in der Anstalt. Der Lan-
des- und Frauenhilfsverein vom Roten Kreuz übernimmt die Verpflichtung, die
Landeswohltätigkeitsanstalten mit Pflegerinnen zu versorgen. Durch den definitiven Eintritt in das Pflegerinnenheim verpflichten sich die Schülerinnen in Anbe-
tracht ihrer Ausbildung auf Kosten des Landes- und Frauenhilfsvereins mindestens
das Probejahr im Pflegerinnenheim zu vollenden, sich während desselben in den
Landesanstalten und in der Privatkrankenpflege im Auftrag und zu Gunsten des
Landes- und Frauenhilfsvereines berufsmäßig verwenden zu lassen und im Kriegsfalle sich der Bundesleitung der Österreichischen Gesellschaft vom Roten Kreuz
zur Verfügung zu stellen".[17]

Die Eröffnung dieses „Kaiser Franz-Josef-Pflegerinnenheims" des Landes- und
Frauenhilfsvereins von Kärnten fand am 1. Oktober 1908 statt. Zunächst bestan-
den 15 Schülerinnen das Auswahlverfahren zur Ausbildung. Die Bewerberinnen

---

[17] www.verwaltungsakademie.ktn.gv.at, Zugriff 3. 9. 2010

mussten im Alter von 20 und 35 Jahren sowie unbescholten und geistig und körperlich geeignet sein[18] – abgesehen vom Alter gelten die drei angeführten Kriterien auch noch heute für die Aufnahme von Mitarbeiterinnen und Mitarbeitern
des Roten Kreuzes in Österreich. Neben der fachspezifischen theoretischen und
praktischen Ausbildung am Krankenbett, erhielten die Schülerinnen Unterricht
in Kochen und Haushaltsführung, um private Familien, die Pflegedienste in Anspruch nahmen, auch darin unterstützen zu können.

Am 2. Jänner 1909 richtete das Österreichische Rote Kreuz folgendes
Schreiben an die niederösterreichische Stadthalterei:

> „[...] Demgemäß ist der Österreichische Patriotische Hilfsverein, zugleich Landes-
> und Frauenhilfsverein vom Roten Kreuze für Niederösterreich bemüht, ausser
> den ihm bereits zur Verfügung stehenden Pflegeschwestern der geistlichen Kon-
> gregationen noch gut ausgebildete „weltliche Pflegerinnen" sich für einen eventu-
> ellen Kriegsfall zu verpflichten und überdies für eine grössere Anzahl von Hilfs-
> pflegerinnen vorzusorgen".[19]

Daran knüpfte sich die Notwendigkeit der Abhaltung von Ausbildungskursen.
Aber erst vier Jahre später, am 10. März 1913, forderte das k.k. Ministerium des
Innern den Landespräsidenten von Niederösterreich in einem Schreiben auf,
Maßnahmen zur Ausbildung von Berufs- und Hilfskrankenpflegerinnen zu treffen. Die endgültige „Verordnung des Ministerium des Innern [...], betreffend die
berufsmäßige Krankenpflege" erfolgte dann am 25. Juni 1914.[20] Sie basierte auf
dem Reichssanitätergesetz von 1870, das das gesamte Sanitätswesen regelte, wobei damals die Krankenpflege nicht extra erwähnt worden war. Festgelegt wurde
nun eine zweijährige Ausbildungszeit für Krankenpflegerinnen, davon ein Lehr-
jahr und ein Probejahr zur Wiederholung des erlernten Stoffes. Die Ausbildung
wurde mit einer Prüfung abgeschlossen, wobei der Kommission neben dem Lan-
dessanitätsreferenten und seinem Stellvertreter, dem leitenden Arzt der Krankenanstalt und/oder dem ärztlichen Schulleiter, auch ein Vertreter der Österreichischen Gesellschaft vom Roten Kreuz angehörte. Die Prüfungskommission
entschied mit Stimmenmehrheit über das Bestehen der Kandidatin, die nach er-
folgreichem Abschluss den Titel „Diplomierte Krankenschwester" tragen durfte.

---

[18] Ebendort.
[19] Zitiert nach Salm-Reifferscheidt, Franziska: Frauen in der Kriegskrankenpflege im
Ersten Weltkrieg am Beispiel der Rotkreuzschwester Marianne Jarka. Phil. Diplomar-
beit Universität Wien 2010, S. 9-10.
[20] 34. Generalbericht der unter allerhöchstem Protektorate stehenden Österreichischen
Gesellschaft vom Roten Kreuze, Wien, 1912/1913, S. 35.

Die Voraussetzungen für die Aufnahme zur Ausbildung waren ebenfalls in der Verordnung von 1914 geregelt. Die Bewerberinnen mussten österreichische Staatsbürger sein, das 18. Lebensjahr vollendet haben oder eine Zustimmungserklärung des Vaters erbringen, unbescholten sein, eine abgeschlossene Schulbildung nachweisen und geistig und körperlich geeignet sein. Die Obsorge für ein unmündiges Kind und die Führung eines eigenen Haushaltes waren verboten.[21]

Die Ausbildung der freiwilligen Rot-Kreuz-Schwestern erfolgte primär in der Krankenpflegeschule des Rudolfinerhauses in Wien. Diese heute noch anerkannte und bedeutende Ausbildungsstätte für Krankenschwestern und –pfleger schloss mit dem Roten Kreuz einen eigenen Ausbildungsvertrag ab.[22]

Auf Grund der angespannten politischen Situation und der drohenden Gefahr eines Krieges wurde 1913 zusätzlich eine Krankenpflegeschule des Roten Kreuzes gegründet. Die Ausbildung in diesem so genannten Rotkreuz-Schwesternheim sollte zwei Jahre dauern und wurde aus privaten Geldern und Mitteln der Österreichischen Gesellschaft vom Roten Kreuz finanziert. Die Bewerberinnen stammten aus gehobener Gesellschaftsschicht, wurden „nach intellektuellen und physischen Qualitäten – denn auch diese spielen beim Krankenberufe eine bedeutsame Rolle"[23] – ausgewählt und mussten „den Durchschnitt bei weitem überragen"[24]. Zahlreich frequentiert war diese Ausbildungsstätte daher allerdings nicht. Auch die Dauer der geforderten Ausbildungszeit wurde nicht kontinuierlich eingehalten. Denkbar ist natürlich, dass man zu Friedenszeiten auf die zweijährige Ausbildungszeit Wert legte, im späteren Verlauf des Ersten Weltkriegs – wo dieses System und die freiwilligen Schwestern ihre Bewährungsprobe bestehen mussten – die Ausbildungszeiten verkürzt wurden, da der Mangel an Pflegepersonal und Rotkreuz-Schwestern stetig spürbarer wurde. Dies lag nicht zuletzt auch daran, dass sich das Rote Kreuz eine Vormacht-, um nicht zu sagen Monopolstellung, in der Ausbildung herausnahm. Grundsätzlich muss erwähnt werden, dass es bei Ausbruch des Ersten Weltkriegs natürlich noch keine staatlich diplomierten Krankenpflegerinnen geben konnte, weil die oben er-

---

[21] Vgl.: Salm-Reifferscheidt (2010) [wie Anm. 19], S. 20-21 und Reichsgesetzblatt für die im Reichsrathe vertretenen Königreiche und Länder, Nr. 139, Verordnung des Ministers des Innern vom 25. Juli 1914 betreffend die berufsmäßige Krankenpflege, S. 741-747, hier: S. 743.

[22] Walter, Ilsemarie: Zur beruflichen Pflege in Österreich 1784-1914. Wärterinnen und Wärter in öffentlichen Krankenhäusern. In: Walter, Ilsemarie, Seidl, Elisabeth, Kozon, Vlastimil (Hg.): Wider die Geschichtslosigkeit der Pflege. Wien 2004, S. 25-45, hier: S. 26.

[23] Vgl.: Salm-Reifferscheidt (2010) [wie Anm. 19], S. 31.

[24] Ebendort, S. 31.

wähnte Verordnung erst kurz zuvor erlassen wurde. Dennoch gab es bereits gut ausgebildete „Berufsschwestern", die von freiwilligen Hilfsschwestern – meist Vertreterinnen aus dem Bereich des Roten Kreuzes – unterstützt wurden. Diese als Kriegskrankenschwestern eingesetzten Kräfte stammten zum Unterschied der „Berufskrankenschwestern" aus jeder Gesellschaftsschicht. Zur Rekrutierung dieses Personals warb man gezielt in Frauenzeitschriften. Selbstverständlich mussten sich alle Freiwilligen, die sich auf solche Inserate hin meldeten, vor ihrem definitiven Einsatz einer professionellen Ausbildung unterziehen. Dies wurde insbesondere seitens der Ärzte, mit welchen die freiwilligen Kriegskrankenschwestern zusammenarbeiten mussten, gefordert. Der Patriotische Frauenhilfsverein vom Roten Kreuz, zugleich Landes- und Frauenhilfsverein vom Rothen Kreuze für Niederösterreich, bot aber nicht nur diese verpflichtenden Krankenpflegekurse an, sondern überwachte auch die Qualität der Ausbildung in Theorie und Praxis, wobei es über die Dauer dieser Ausbildung keine einheitlichen Aussagen gibt. Sie lag im Bereich zwischen sechs Wochen und sechs Monaten – offensichtlich davon abhängig wie dringend man diese Hilfskrankenschwestern an der Front bzw. auch im Hinterland benötigte. [25]

Die Regelung für das Kriegskrankenpflegerinnenwesen in den Rotkreuz-Anstalten wurde ebenfalls den Frauenhilfsvereinen vom Roten Kreuz übertragen. Auch wenn Wien nun als zentrale Ausbildungsstätte galt, ließ der drohende Ausbruch des Ersten Weltkriegs die Landes- und Frauenhilfsvereine wieder im Alleingang agieren und auf eigene Initiative die Ausbildung von Pflegerinnen forcieren.

So organisierte beispielsweise der Landes- und Frauenhilfsverein vom Roten Kreuz für das Herzogtum Krain eigenständig die Ausbildung von Hilfspflegerinnen vor dem Ausbruch des Ersten Weltkriegs. Demzufolge standen bei Kriegsausbruch zwar eine große Anzahl an Hilfspflegerinnen zur Verfügung, Schwierigkeiten bereitete anfänglich aber die große Ausdehnung des Kriegsgebiets sowie die mangelnde praktische Erfahrung dieser erst frisch eingesetzten Kräfte, sodass es zeitweise dauerte, bis entsprechende Hilfsmaßnahmen getroffen werden konnten. Doch der Landes- und Frauenhilfsverein versuchte sich rasch an die Gegebenheiten anzupassen und insbesondere den gesteigerten Bedarf an Krankenanstalten und Spitalsbetten zu decken.[26]

---

[25] Ebendort, S. 32, 34.
[26] Del Cott, Gustav: Landes- und Frauenhilfsverein vom Roten Kreuze für das Herzogtum Krain, in: Kalender der Österreichischen Gesellschaft vom Roten Kreuze. Wien 1917, S. 105.

Der Landes- und Frauenhilfsverein vom Roten Kreuze für die gefürstete Grafschaft Tirol bildete seine Pflegerinnen und auch Pfleger ebenfalls in eigenen Kursen aus und stellte die fertigen Kursteilnehmer nach Bedarf den Militärspitälern zur Verfügung. Dies bewährte sich derart, dass die Militärbehörde daraufhin anordnete, dass sämtliche militärische Sanitätsanstalten Tirols ihr Pflegepersonal vom Landesverein des Roten Kreuzes rekrutieren mussten.[27]

Tätigkeit

Die Tätigkeit der Frauenhilfsvereine des Roten Kreuzes in Österreich war primär auf unterstützende Sanitätsdienstleistungen in einem Kriegsfall ausgerichtet und teilte sich in Maßnahmen auf dem unmittelbaren Kriegsschauplatz und in Maßnahmen außerhalb des Kriegsschauplatzes im Hinterland. Im Kriegsfall wurde in erster Linie Transportkapazität direkt im Frontbereich zur Verfügung gestellt, um die Verletzten möglichst rasch vom Schlachtfeld zu bergen und ihnen erste medizinische Hilfeleistungen zukommen zu lassen. Darüber hinaus wurden ähnlich den Heereseinrichtungen drei Feldspitäler[28] für je 200 Verwundete mit entsprechender Infrastruktur errichtet sowie drei mobile Vereinsdepots, um den Nachschub von Sanitätsmaterial sicherzustellen.

Im Hinterland wurden Vereins-Reservespitäler und Rekonvaleszentenhäuser geschaffen, ebenso Kranken-Haltstationen zur Verköstigung und Nächtigungen der Verwundeten auf ihrem Weg in rückwärtige Sanitätseinrichtungen oder in häusliche Pflege sowie zur Aufnahme untransportabel Gewordener. Von der Bundesleitung des Österreichischen Rothen Kreuzes wurde gemeinsam mit dem Frauen-Hilfsverein in Triest eine Seeambulanz ausgerüstet. Unterstützung im Hinterland erfolgte insbesondere im Krankentransportwesen. So wurden Lokal-Transportkolonnen zur Beförderung von verwundeten Soldaten von Bahnhöfen in die Spitäler und ungekehrt betrieben.

Weiters wurden ein Vereins-Reservedepot zur Sammlung der Spenden, ein Auskunftsbüro für Anverwandte bezüglich Aufenthalt und Zustand von erkrankten, verletzten bzw. kriegsgefangenen Soldaten und Hilfeleistung bei der Suche nach vermissten Personen installiert. Letztlich zählte noch die Erkundung

---

[27] Landeshilfsverein vom Roten Kreuze für die gefürstete Grafschaft Tirol. In: Kalender der Österreichischen Gesellschaft vom Roten Kreuze, Wien 1917, S. 121.
[28] Zwei in Österreich und einer in Ungarn.

von Möglichkeiten, Erkrankte und Verwundete in Privatpflege zu übergeben zu den Aufgabenbereichen.[29]

Vergleicht man die Aktionen der Frauenhilfsvereine in unserem Nachbarland, muss man feststellen, dass in Deutschland im Rahmen der Frauenhilfsvereine die Tätigkeit in Friedenszeiten ganz wesentlich in den Vordergrund trat. Dazu zählten vor allem Aufgaben in der Wohlfahrtspflege, bei allgemeinen Notständen und in der Armenkrankenpflege. Im Unterschied dazu kannten die österreichischen Frauenhilfsvereine eine eigentliche Friedenstätigkeit nicht. Ihre Aufgabenbereiche in Friedenszeiten waren gezielt darauf ausgerichtet, Vorbereitungen für einen Einsatz im Krieg zu treffen.

Dennoch lassen sich auch hier und da in Österreich-Ungarn gewisse Ansätze einer reinen Friedenstätigkeit der Landes- und Frauenhilfsvereine in diversen Kronländern nach deutschem Vorbild erkennen, wobei es hier in erster Linie um Geldspenden ging. So kann etwa die Förderung von Projekten zur Errichtung von Pflegerinnenheimen oder Leistungen im Rahmen der Ausbildung von Pflegerinnen gezählt werden. Als Beispiel hierfür soll der finanzielle Zuschuss für den Ausbau des Pflegerinnenheimes der Schwestern der Kongregation des III. Ordens vom hl. Franziskus von Assisi erwähnt werden, den der Patriotische Landes- und Frauenhilfsverein vom Roten Kreuz für Mähren 1905 gewährte.[30] Ein anderes Beispiel wären die 1882 eingeleiteten Hilfsmaßnahmen des Patriotischen Frauenhilfsvereins von Mähren nach den Überschwemmungskatastrophen in Tirol und Kärnten. Hier stellte der Frauenverein Gelder und warme Kleidung für die geschädigten Betroffenen zur Verfügung.[31] Die ganz große Bewährungsprobe für die Landes- und Frauenhilfsvereine erfolgte jedoch im Ersten Weltkrieg.

Frauenhilfsvereine des Roten Kreuzes im Ersten Weltkrieg

Der Erste Weltkrieg gilt als einer der markantesten Wendepunkte in der Geschichte der Menschheit. Zum ersten Mal gab es Millionenheere und Massenvernichtung und zum ersten Mal war auch die Zivilbevölkerung von einem Krieg weit mehr betroffen als je in der Geschichte zuvor. Zum einen kosteten Artillerieeinschläge im verbauten Gelände unzähligen Nichtsoldaten das Leben, zum

---

[29] Glückmann (1901) [wie Anm. 14], o. S.
[30] Das Rote Kreuz. Zentral-Organ für alle Wohlfahrts- und Wohltätigkeitsbestrebungen (19) 1905, Heft 1, S. 2. siehe Fußnote 13
[31] Heller (1900) [wie Anm. 10], S. 17.

anderen standen erstmals Frauen als Arbeiterinnen in Munitionsfabriken und als Krankenschwestern auch in vorderster Front in Verwendung. Der bisher unbekannte Einsatz von Massenheeren dieser Größenordnung und die vernichtende Wirkung moderner Kriegswaffen verlangten dem Sanitätsdienst unvorstellbare Leistungen ab. Darüber hinaus musste sich der Sanitätsdienst rasch auf die Wirkung von Massenvernichtungsmitteln, wie beispielsweise chemische Waffen, einstellen. Als im Jahre 1914 der Erste Weltkrieg ausbrach, funktionierte in der Sanitätsversorgung nichts so, wie man es sich in den Ministerien vorgestellt hatte. Die Zustände auf den Verbandsplätzen waren katastrophal, Dreck und Läuse zur alltäglichen Gewohnheit geworden. Es gab zunächst kaum medizinische Vorsorgen gegen Erfrierungen, Blessuren und Schussverletzungen. Wegen der extremen Kälte im Hochgebirge und am russischen Kriegsschauplatz erfroren zahlreiche Verwundete und Kranke, während sie im Feld liegend auf ihren Abtransport warteten. Bald mussten Zivilspitäler im Hinterland ausschließlich für die Versorgung von Soldaten genutzt werden, darüber hinaus Marodenhäuser, Kuranstalten und medizinische Ausbildungsstätten. Auch konnte der Militärsanitätsdienst die Verwundeten und Kranken nicht mehr aus eigener Kraft und Kapazität versorgen und musste auf die Unterstützung von zivilen Organisationen zurückgreifen. Neben den Feldspitälern des Heeres übernahmen die Feldspitäler des Roten Kreuzes, des Ungarischen Vereines des Roten Kreuzes, des Deutschen Ritterordens sowie des Malteserordens die Betreuung von verletzten Soldaten und Zivilpersonen.

Von 1914 bis 1918 umfasste das Österreichische Rote Kreuz neun gemeinsame Landes- und Frauenhilfsvereine, sieben Landeshilfsvereine und sechs Frauenhilfsvereine mit insgesamt 755 Zweigstellen. Im Dezember 1915 zählte das Österreichische Rote Kreuz 248.405 Mitglieder, ein Jahr später bereits 459.702. Davon entfielen beispielsweise auf den Landes- und Frauenhilfsverein Böhmen 108.104 Mitglieder, auf den Patriotischen Hilfsverein Niederösterreich 101.990 Mitglieder, auf den Landes- und Frauenhilfsverein von Görz und Gradisca geographisch und einwohnerzahlenmäßig bedingt nur 1.271 Mitglieder. Generell gesehen entfiel zu dieser Zeit auf 68 Bewohner der Monarchie ein Mitglied des Roten Kreuzes.[32] 1917 sank die Anzahl der Mitglieder jedoch wieder und betrug Ende des Jahres 428.997 Personen. 1918 wurden kriegsbedingt keine genauen Zahlen eruiert.[33] Mit einem weiteren Rückgang musste man natürlich rechnen.

---

[32] Angetter (2004) [wie Anm. 6], S. 118.
[33] Generalbericht der österreichischen Gesellschaft vom Roten Kreuze, ihrer Stamm- und Zweigvereine 1914-1917. Wien 1918, S. 232.

Mit Entschließung vom 31. Juli 1914 wurde Rudolf Graf Abensperg-Traun (1872-1954) zum k.k. Kommissär für das Hilfsvereinswesen der im Reichsrat vertretenen Königreiche und Länder bestellt und unterstützte als solcher den Generalinspektor der freiwilligen Sanitätspflege, Erzherzog Franz Salvator (1866-1939). Rudolf Graf Abensperg-Traun erließ am 5. August 1914 einen Appell an die Bevölkerung zur Mitarbeit in verschiedenen Bereichen. Insbesondere wurden Mitarbeiterinnen für die Betreuung und Pflege erkrankter und verwundeter Soldaten gesucht, weiters Personen, die Geld- und andere Spenden sowie Lebensmittel koordinieren und Freiwillige, die sich bereit erklärten, Pflegebedürftige aufzunehmen und zu betreuen.[34]

Bereits wenige Tage nach der Mobilisierung der k.u.k. Armee im Jahre 1914 griff man jedoch nicht nur auf die personelle, sondern auch auf die materielle sanitätsdienstliche Unterstützung durch zivile Hilfsorganisationen zurück.

„Das Rote Kreuz stellte folgende Einrichtungen zur Verfügung:
2 Feldspitäler,
5 mobile Epidemiespitäler,
14 freiwillige Sanitätsabteilungen,
44 Feldhilfs- und Labestationen,
12 Eisenbahnsanitätszüge,
19 Eisenbahnhilfs- und Labestationen,
3, später 6 Seespitalschiffe,
15 Sanitätsfelddepots,
1 bakteriologisches Eisenbahnlaboratorium,
Blessiertentransportkolonnen,
Reservespitäler und Rekonvaleszentenhäuser im Landesinneren,
Ortsfeste Krankenhaltstationen,
Lokaltransportkolonnen für die Beförderung von Verwundeten von den Bahnhöfen zu den Spitälern,
Depots zur Sammlung von freiwilligen Gaben und Geschenken und
1 zentrales Nachweisbüro mit mehreren Auskunftsbüros, welche Informationen über Aufenthalt und Befinden verwundeter, erkrankter, vermisster oder kriegsgefangener Soldaten erhielten und weiter gaben."[35]

Als eine der Hauptaufgaben des Roten Kreuzes erwies sich jedoch die Bereitstellung sämtlicher Hilfsmittel für die Verpflegung und Versorgung der verwundeten und erkrankten Soldaten sowie das Heranschaffen zahlreicher therapeuti-

---

[34] Hickmann, Emil (Hg.): Materialiensammlung zur Geschichte des Österreichischen Roten Kreuzes 1859-1965. Wien 1965, S. 71-72.
[35] Gedenkschrift, Hg. anlässlich des fünfzigjährigen Bestandes der Österreichischen Gesellschaft vom Roten Kreuz 1880-1930. Wien 1930, S. 6.

scher Behelfe. Ferner gelang es dem Roten Kreuz, Apparate und Instrumente für den Feldsanitätsdienst zu organisieren, welche seitens der k.u.k. Armee überhaupt nicht oder in zu geringem Ausmaße zur Verfügung gestellt werden konnten.

Weiters kamen ein von der Österreichischen Gesellschaft vom Roten Kreuz entwickeltes Feldchirurgenautomobil mit Operationsbeiwagen und 31 Wasserbettstationen zur Behandlung von Schwerverletzten zum Einsatz. Für alle Kriegsschauplätze stellte das Rote Kreuz bakteriologische Feldlaboratorien, Feldbadegarnituren, Desinfektionskisten, Feldchirurgenkraftwägen, fahrbare Eismaschinen und Feldzahnambulatorien bereit.[36]

Als Transportmittel für Sanitätsmaterial wurden der Feldmedikamentenkoffer sowie der Feldverbandrucksack eingeführt. Ersterer beinhaltete pharmazeutische Präparate, letzterer Verbandstoffe und alle zur Anlegung eines Verbandes notwendigen Hilfsmittel, wie Verbandbesteck, Anämisierungsbinden, Nähbesteck, Sicherheitsnadeln, Stütz- und Lagerungsschienen und eine Auswahl an schmerzstillenden Medikamenten.[37]

Im Jahre 1916 wurde auch die Diätkost im Feld eingeführt, allerdings nur für kurze Zeit, denn bereits ein Jahr später waren auf Grund der Kriegs- und der damit verbundenen schwierigen finanziellen Situation die Möglichkeiten hierfür nicht mehr gegeben.[38]

Insbesondere für die Armee an der Südwestfront stellte das Rote Kreuz Sanitäts- und Labekisten bereit, die von Tragtieren befördert und somit auch ins Hochgebirge transferiert werden konnten. Diese beinhalteten Verbandmaterial, Medikamente in Ampullen- und Tablettenform und Labemittel.

Der Landes- und Frauenhilfsverein vom Roten Kreuze für Triest und die Markgrafschaft Istrien stellte unter anderem zusätzlich drei Röntgenapparate in Verwendung.[39]

Unterstützt wurden die Landes- und Zweigvereine von der Bundesleitung in Wien, in dem diese sämtliche Sanitätsmaterialien und Heilbehelfe aus dem Hauptdepot in Wien zur Verfügung stellte, die die einzelnen Rotkreuzvereine

---

[36] Vilt, Walter: Die Entwicklung der österreichischen Gesellschaft vom Roten Kreuz von den Anfängen bis in die Gegenwart. Phil. Dissertation Universität Wien 1981, S. 152-153.

[37] Generalbericht 1914-1917, (1918) [wie Anm. 33], S. 15.

[38] Ebendort, S. 14.

[39] Landes- und Frauenhilfsverein vom Roten Kreuze für Triest und die Markgrafschaft Istrien. Wien 1917, S. 122.

selbst nur unter schwierigen Bedingungen und Konditionen oder selbstständig gar nicht besorgen konnten.[40]

Bald nach Ausbruch des Krieges waren die Unzulänglichkeiten im militärischen Verwundetentransport allzu deutlich spürbar. Dies veranlasste das Rote Kreuz im Hinterland Staatsbahnkrankenzüge für den Verwundetentransport zu adaptieren und mit den nötigen Bedarfsmitteln und dem entsprechenden Personal auszustatten. Diese Krankenzüge standen bis zum Ende des Jahres 1915 unter der Leitung des Roten Kreuzes, dann wurden sie in die k.u.k. Zentraltransportleitung integriert, wobei das Rote Kreuz die ihm gehörigen Einrichtungsgegenstände zur Verwendung überließ. Vom Oktober 1914 bis Ende des Jahres 1915 wurden 1.975 Offiziere und 218.037 Mannschafts- und Zivilpersonen in den Staatsbahnkrankenzügen des Roten Kreuzes transportiert, wobei nur 46 während der Fahrt verstarben.

Um verwundete und erkrankte Personen auch abseits der Bahnlinien während ihres Transportes zu versorgen, errichtete die Österreichische Gesellschaft vom Roten Kreuz Feldhilfs- und Labestationen. Diese mobilen Einrichtungen konnten unmittelbar im Frontbereich eingesetzt werden und versorgten Patienten, Marode, Flüchtlinge und Marschformationen mit Nahrung, frischer Wäsche und Medikamenten. Im Bedarfsfall legten sie auch Verbände an. Von den bis 1917 errichteten 44 Stationen wurden teilweise bis zu 6.000 Mann täglich versorgt. Weiters stellte das Rote Kreuz im Ersten Weltkrieg Eisenbahnhilfs- und Labetrains sowie Bahnhof-Hilfsstationen zur Verfügung. Erstere entlasteten überfüllte Sanitätszüge, letztere wurden an Eisenbahnknotenpunkten errichtet und statteten vorbeifahrende Krankenzüge mit Sanitätsmaterial und Nahrungsmitteln aus, labten Verwundete und Kranke und leisteten sanitätsdienstliche Hilfe.

Einen wesentlichen Beitrag zur Verwundetenbetreuung leistete das bereits erwähnte im Wiener Prater angesiedelte Materialhauptdepot des Roten Kreuzes. Von dort wurden Spitalsgeräte, Medikamente und andere pharmazeutische Artikel, Verbandmaterial, Nahrungs- und Genussmittel an die übrigen Einrichtungen verteilt.[41]

Das Rote Kreuz spielte auch eine wichtige Rolle in der Behandlung und Betreuung von Invaliden. Bei schwer Kriegsversehrten versuchte man abgetrennte Gliedmaßen durch Prothesen zu ersetzen. Spitäler, die solche Operationen durchführten, gab es vor allem in der benachbarten Schweiz. Dort lernten Soldaten aller Nationen nach Operationen sich mit Holzbeinen fortzubewegen

---

[40] Vilt (1981) [wie Anm. 36], S. 136.
[41] Vilt (1981) [wie Anm. 36], S. 152-170.

und Holzarme oder andere künstliche Gliedmaßen bei beruflichen Tätigkeiten
einzusetzen. Die Betreuung der Patienten erfolgte durch Ärzte und Schwestern
des Roten Kreuzes.[42] Darüber hinaus trachtete man seitens der Behörden Kriegs-
invalide in den staatlichen Dienst einzubeziehen, da sich im Verlaufe des Ersten
Weltkriegs der Staat seiner moralischen Verpflichtung immer mehr bewusst
wurde, denjenigen, die in seinen Diensten zu Schaden kamen, die Existenz zu
sichern.[43] Ebenso wurden Weihnachtsbescherungen in den Spitälern sowie für
die im Fronteinsatz befindlichen Soldaten organisiert.[44]

Um all diese Aufgaben, die gemäß Mobilisierungsplan schon vor dem Ersten Weltkrieg festgelegt worden waren, erfüllen zu können, hatten sowohl die Österreichische Gesellschaft vom Roten Kreuz als auch die einzelnen Landesvereine
so genannte Kriegsfonds angelegt. Nichts desto weniger wären zahlreiche Leistungen ohne die Spendenfreudigkeit der Bevölkerung nicht möglich gewesen.

Entsprechend der eigentlichen Aufgaben der Landes- und Frauenhilfsvereine agierten Mitarbeiter des Roten Kreuzes, darunter vor allem zahlreiche
Krankenschwestern und freiwillige Pflegerinnen, in Sanitätsanstalten im Hinterland aber auch an vorderster Front. In den Kronländern standen 1914 191 Krankenanstalten (dazu zählten Krankenhaltstationen, Vereinsreservespitäler, Ver-
eins-Marodenhäuser, Vereins-Rekonvaleszentenhäuser und Bettenwidmungen in
Zivilheilanstalten) mit 16.708 Betten, 1915 874 Anstalten mit 94.867 Betten, 1916
608 Anstalten mit 63.605 Betten zur Verfügung. In 876 Sanitätsanstalten mit insgesamt 94.867 Krankenbetten wurden 1,316.421 Patienten behandelt, verpflegt
und verköstigt. 8,480.434 Erkrankte und Verwundete wurden mit Transportein-
richtungen des Roten Kreuzes befördert, 37,094.162 Mann unterwegs gelabt.[45]
Für seine humanitäre Hilfeleistung während des Ersten Weltkriegs erhielt das
Internationale Komitee vom Roten Kreuz 1917 den Friedens-Nobelpreis.[46]

Der Einsatz der Mitglieder der Landes- und Frauenhilfsvereine an der
Front erforderte nicht nur ein hohes Maß an Können, sondern vor allem auch an
Mut, Freiwilligkeit und Opferbereitschaft. Bezüglich der finanziellen Abgeltung
erhielten Rotkreuz-Hilfspflegerinnen während der ersten beiden Kriegsjahre ü-

[42] Exponate, Museum 1915-1918 Kötschach-Mauthen, Kärnten.
[43] Fornwagner, Christian: Leid Lindern, Die Kriegsopferversorgung und -fürsorge im
Bundesland Tirol seit dem Ersten Weltkrieg (1914-1993). Innsbruck 1993, S. 141.
[44] Landes- und Frauenhilfsverein vom Roten Kreuze für das Herzogtum Kärnten, in:
Kalender der Österreichischen Gesellschaft vom Roten Kreuze. Wien 1917, S. 103
[45] Angetter (2004) [wie Anm. 6], S. 122.
[46] Gottfried Bossanyi u. a.: Eine Idee erobert die Welt, Materialien zur politischen Bildung, Hg. vom Österreichischen Jugendrotkreuz. Wien 1980, S. 17.

berhaupt kein Gehalt, später 50 Kronen monatlich. Auch Berufspflegerinnen bekamen nur nach einer nachweislich zweijährigen Tätigkeit in einer etablierten Krankenanstalt 85 Kronen monatlich, sowie Kost und Logie.[47]

Neben der Tätigkeit des Roten Kreuzes sollen zumindest in gebotener Kürze auch die übrigen Organisationen, die in der freiwilligen Sanitätspflege wichtige Dienste geleistet haben, erwähnt werden. Dazu zählen wie schon vorab genannt der Deutsche Ritterorden, der Souveräne Malteser Ritterorden sowie andere Vereine und Einzelpersonen.

Der Deutsche Ritterorden stellte für die Verwundeten- und Krankenbetreuung vier Verwundetenspitäler für je 200 Patienten, ein komplettes Reservespital und für jede Infanteriedivisions-Sanitätsanstalt eine Feldsanitätskolonne mit acht Wagen und dem dazugehörigen Personal bereit. Der Souveräne Malteser Ritterorden stellte bis zu zwölf Spitalszüge mit kompletter Ausrüstung und fünf Chirurgengruppen zur Verfügung. Sonstige Vereine und Einzelpersonen agierten in verschiedenen Sanitätseinrichtungen und Militärrekonvaleszentenheimen.[48]

Die Realität des Krieges

Dass die Realität oft anders aussah und dass Hilfeleistung nicht immer uneingeschränkt geachtet wurde, beweist das Beispiel des Landeshilfsvereins vom Roten Kreuz für die gefürstete Grafschaft Görz und Gradisca. Dieser Landeshilfsverein adaptierte kurz nach der ersten Mobilisierung 1914 das Priesterseminargebäude als Spital mit einer anfänglichen Kapazität von 230 Spitalsbetten. Der erste Verwundetenzuschub erfolgte Anfang September. Nachdem das dortige Truppenspital aufgelöst worden war und die Kranken und Verwundeten in das neue Görzer Vereinsspital übernommen waren, war die Vollbelegung rasch erreicht. Nach dem Kriegseintritt Italiens verlagerte sich das Görzer Vereinsspital aus der ursprünglichen Krankenanstalt im Hinterland in das der Isonzofront am nächsten gelegene mit allen infrastrukturellen Erfordernissen ausgestattete Spital. Ende September 1915 wurde das Gebäude – offenbar absichtlich – so schwer unter Beschuss genommen, dass eine Evakuierung der verwundeten und kranken Soldaten notwendig wurde. Das Spital erhielt in dem Knabenseminar einen neuen Platz und erreichte dort eine Bettenkapazität von 500. Doch akuter Personal-

---

[47] Generalbericht der österreichischen Gesellschaft vom Roten Kreuze für die Zeit vom 1. März 1914 bis zum 31. Dezember 1917. Wien 1919, S. 147.

[48] Brosch-Fohraheim, Lothar: Heerwesen III. Teil, Geschichte des österreichischen Heerwesens und die historische Entwicklung in der österreichischen Armee. Wiener-Neustadt 1970, S. 77-79.

mangel und Probleme in der Lebensmittelbeschaffung und -versorgung veran-
lassten bereits Mitte November 1915 die Übernahme des Spitals in die militärische Verwaltung. Das neue Gebäude wurde abermals durch feindliches Kanonen-
feuer derart beschädigt, dass eine komplette Schließung des Spitalsbetriebs im
Dezember 1915 zwingend notwendig wurde.[49]

Auch in Tirol gab es in Folge des Eintritts Italiens in den Ersten Weltkrieg
Probleme mit bestehenden Sanitätseinrichtungen, vor allem im Gebiet von Ro-
vereto, wo das Vereinsspital seinen Betrieb einstellen musste. Nichtsdestotrotz
gilt aber gerade der Landes- und Frauenhilfsverein vom Roten Kreuze für die
gefürstete Grafschaft Tirol als erwähnenswertes Beispiel für eine gut durchdachte
Organisation und eine funktionierende Zusammenarbeit zwischen dem militärischen und dem zivilen Bereich. Im Vorfeld des Ersten Weltkriegs errichtete der
Tiroler Landes- und Frauenhilfsverein ein Militärspital, das wenige Wochen nach
Kriegsbeginn in den Räumen der Lehrerbildungsanstalt in Innsbruck vollständig
eingerichtet seinen Betrieb aufnehmen konnte. Desgleichen verwaltete der Verein die im Schloss Mentelberg bei Innsbruck untergebrachte Lungenheilstätte
und das Spital in Schwaz, das als Basis für die klinische Ausbildung von Pflegerinnen diente. Der Zweigverein in Bozen betrieb ebenfalls ein Vereinsspital. Zusätzlich stellte der Landes- und Frauenhilfsverein im Herbst 1914 zwei freiwillige
Sanitätsabteilungen mit Personal zur Unterstützung der Militärsanitätspflege für
den nördlichen Kriegsschauplatz sowie zwei mobile Sanitätsanstalten mit Instrumenten und Verbandmaterialien zur Verfügung. Im Frühjahr 1915 wurde
eine mobile Hilfs- und Labestation mit den dazugehörigen Verbandstoffen,
Heilmitteln und Werkzeugen aufgestellt. Krankenhaltstationen an wichtigen
Eisenbahnknotenpunkten wurden bereits im Frieden eingerichtet. Zahlreiche
Arbeitsstunden steckte der Verein in die Suche nach privaten Pflegemöglichkei-
ten. Die Tiroler Bevölkerung stellte rund 10.000 Betten, teils unentgeltlich, teils
gegen ein geringes Taggeld bereit, doch wurde seitens der Militärverwaltung nur
in geringem Ausmaß von dieser Möglichkeit Gebrauch gemacht. Eine eher un-
erwartete Maßnahme war, dass angesehenen Damen aus den Reihen der Mitglieder des Landesvereins die Aufsicht über Küche, Wartepersonal und Spendengel-
der in den einzelnen Militärspitälern überantwortet wurde.[50]

---

[49] Tischler, Moritz: Landeshilfsverein vom Roten Kreuze für die gefürstete Grafschaft
Görz und Gradiska. In: Kalender der Österreichischen Gesellschaft vom Roten Kreuze.
Wien 1917, S. 102.
[50] Landeshilfsverein vom Roten Kreuze für die gefürstete Grafschaft Tirol (1917) [wie
Anm. 27], S. 120-121.

Im Rahmen des Roten Kreuzes, aber natürlich auch des Souveränen Malteser Ritterordens und anderer freiwilliger Hilfsorganisationen, versahen also unzählige Frauen und Mädchen Sanitätspflegedienste auch an vorderster Front. Sie wurden zu einem wichtigen Teil des Militärsanitätsdienstes, ihrem Einsatzwillen verdankten tausende Soldaten ihr Überleben im Krieg.[51]

Unterstützt wurden die militärsanitätsdienstlichen Einrichtungen sowie die Spitalseinrichtungen des Roten Kreuzes und diverser Ordensgemeinschaften von zivilen Spitälern, zivilen Kur- und Heilanstalten und den Universitätskliniken. Der Einbau des freiwilligen Rettungswesens – in ähnlicher Art, wie wir den Rettungsdienst heute kennen – in den Militärsanitätsdienst funktionierte ebenfalls vorbildlich.[52]

Nach der Beendigung des Ersten Weltkriegs und dem Zusammenbruch der Österreichisch-Ungarischen Monarchie im Jahre 1918 kam es zu einer strukturellen Änderung beim Österreichischen Roten Kreuz. Die vormals Österreichische Gesellschaft vom Rothen Kreuze wurde nach den neuen Grenzziehungen in mehrere nationale Rotkreuz-Gesellschaften umgegliedert, deren Vermögensaufteilung Jahre dauerte.[53] Der Friedensvertrag von Saint-Germain 1919 verbot Österreich künftig jegliche Kriegsvorbereitung. Damit war die ursächliche Aufgabe der Frauenhilfsvereine, nämlich die Ausbildung und Bereitstellung von Krankenpflegerinnen im Kriegsfall, unnötig geworden. Das Rote Kreuz musste andere Aufgabengebiete übernehmen. Grundsätzlich war die Österreichische Gesellschaft vom Roten Kreuz bestrebt, die bereits ausgearbeiteten Richtlinien für die Durchführung des zivilen Rettungs- und Krankentransportdienstes in enger Zusammenarbeit mit der Feuerwehr aufrecht zu erhalten. Dies bewirkte, dass der Rettungsdienst in der Zwischenkriegszeit stetig ausgebaut wurde und bis heute zu einer der wichtigsten Aufgaben des Roten Kreuzes zählt. Dazu kamen noch Aufgaben in der Gesundheits- und Wohlfahrtspflege sowie bei öffentlichen Notständen im In- und Ausland, also diejenigen Aufgaben, die wir heute als Katastrophenhilfe bezeichnen.[54]

---

[51] Gasch, Mary: Im Dienste des Nächsten. Wien 1979, S. 10.
[52] Brosch-Fohraheim (1970) [wie Anm. 48], S. 77-79.
[53] Vilt (1981) [wie Anm. 36], S. 190-196.
[54] Ebendort, S. 199-200.

Schlusswort

„Eine Idee erobert die Welt"[55] – es gibt kaum einen Ausspruch, der treffender zur Entstehung und Entwicklung des Roten Kreuzes passt. Die Idee geboren auf dem Schlachtfeld von Solferino, aus der Taufe gehoben mit der Ersten Genfer Konvention und heute mit 186 anerkannten Rotkreuz- und Rothalbmondgesellschaften in fast allen Staaten der Welt vertreten, ist diese Organisation aus der Katastrophenhilfe nicht mehr wegzudenken. Doch wie so oft zeigt es sich auch hier, dass aller Anfang schwierig ist und eine Reihe bürokratischer und organisatorischer Hürden überwunden werden musste, um ein funktionierendes und anerkanntes System zu schaffen. So war auch der Beginn der Frauenhilfsvereine in Österreich alles andere als einfach. Insbesondere die Vielzahl der Zweigvereine in den einzelnen Kronländern machte ein konstruktives Zusammenarbeiten oft nicht möglich und führte vielfach zu unkoordinierten und chaotisch anmutenden Aktionen im Einsatz. Mit Sicherheit war es für die Frauenvereine problematisch, sich der militärischen Befehlsgewalt unterzuordnen. Freiwilligkeit auf der einen Seite, ein striktes Kommando auf der anderen ist in den Köpfen vieler Idealisten – und als solche muss man wohl die Mehrheit der Mitglieder der Frauenhilfsvereine bezeichnen – nicht vereinbar. Aber nur organisierte Einheiten und Strukturen führen im Ernst- und Einsatzfall zum Erfolg. Und genau dies zeigte sich, als die Frauenhilfsvereine im Ersten Weltkrieg ihre ganz große Bewährungsprobe bestehen mussten. Strenges Auswahlverfahren, Ausbildungsvorschriften und klare Richtlinien in der Verwendung waren der Weg zum Erfolg. Gerade dort, wo die Frontkämpfe am härtesten wüteten, konnten die kriegsbedingten Hilfskrankenschwestern gemeinsam mit ihren beruflichen Kolleginnen durch rasche sanitätsdienstliche Maßnahmen, schonende Krankentransporte oder Pflegedienste zahlreichen verwundeten oder erkrankten Soldaten das Leben retten.

Mit Beendigung des Ersten Weltkriegs musste die Tätigkeit der Frauenhilfsvereine in ihrer ursprünglichen Form eingestellt werden. Die künftigen Aufgaben der Rot-Kreuz-Bewegung in Österreich umfassten und umfassen Rettungs- und Krankentransport-Dienst, Gesundheit- und Soziale Dienste, Blutspendedienst, Katastrophenhilfe und Entwicklungszusammenarbeit, Suchdienst sowie Aus- und Fortbildung. Heute leisten rund 5.500 hauptberufliche und 48.500 freiwillige Mitarbeiterinnen und Mitarbeiter[56] im Rahmen des Österreichischen

---

[55] Dies ist der Titel des mehrfach aufgelegten Lehrerheftes (Material zur politischen Bildung) Bossanyi u. a. (1980) [wie Anm. 46].
[56] Archiv des Österreichischen Roten Kreuzes, Wien.

Roten Kreuzes Dienst für Menschen in Not nach einheitlichen Grundsätzen im Zeichen der Menschlichkeit.

Mag. Dr. Daniela Angetter
Österreichische Akademie der Wissenschaften
Zentrum für Neuzeit- und Zeitgeschichtsforschung
Institut Österreichisches Biographisches Lexikon und biographische Dokumentation
Kegelgasse 27/2
1030 Wien
daniela.angetter@oeaw.ac.at

Solferino.
Zur literarischen Rezeption der Schlacht im 19. Jahrhundert
Karin Tebben

Jedes große historische Ereignis findet seinen Niederschlag in der schönen Literatur, so auch die grausame Schlacht von Solferino. Die normativen Gattungsgrenzen werden auch hier eingehalten. Die Lyrik – verstanden als Selbstaussprache eines entgrenzten und enthusiasmierten Ichs – tut subjektives Empfinden kund, ist also hinsichtlich der Kriegsthematik im weitesten Sinne Erlebnis- oder Bekenntnislyrik. Die Romane haben den Anspruch, in der narrativen Ausbalancierung von Fakten und Fiktion eben nicht „zu zeigen, wie die wirklichen Dinge sind, sondern zu zeigen, wie die Dinge wirklich sind" (Bertolt Brecht). Angesichts der bescheidenen Ausbeute, die eine intensive Suche nach literarischen Erzeugnissen des 19. Jahrhunderts über die Schlacht von Solferino zutage fördert, stellt sich bald Ernüchterung ein: Solferino ist kaum Gegenstand der literarischen Rezeption. Es existieren einige Gedichte und ein Roman, Bertha von Suttners *Die Waffen nieder!* Zwei weitere Romane sind verschollen bzw. nicht auffindbar. Darüber hinaus haben sich zwei Autoren autobiographisch Solferino gewidmet, Henri Dunant, der die Schlacht als Tourist beobachtete, und Albert Guzman, der sie als Soldat erlebte.

Diese wenigen Erzeugnisse haben für das 19. Jahrhundert konträre Bedeutungsebenen in der Bearbeitung des Kriegsgeschehens, sind – und das der deutlich überwiegende Teil – entweder Ausdruck kriegsbegeisterter nationaler Gesinnung oder – im Falle von Suttners – des Pazifismus. Das, was mit der Schlacht von Solferino im kulturellen Gedächtnis bewahrt wird – die „Erfindung der Menschlichkeit im Krieg" –, scheint weder für die Lyriker noch für von Suttner und Guzman interessant, lediglich Dunant ist es ein Anliegen.

Solferino I: Lyrik im Dienste des Patriotismus

Neben der engagierten Literatur des Vormärz entsteht im zweiten Drittel des 19. Jahrhunderts eine Lyrik, die frei von sozialkritischem bzw. politischem Interesse „apologetisch-konservative Töne" anschlägt.[1] Durch technische Neuerungen –

---

[1] Völker, Ludwig: Bürgerlicher Realismus. In: Hinderer, Walter (Hg.): Geschichte der deutschen Lyrik vom Mittelalter bis zur Gegenwart. Würzburg 2001, S. 340-370, hier S. 340.

beispielsweise die Erfindung der Setzmaschine und des Rotationsdrucks – wird sie zum Massenartikel und erreicht ein breites Publikum, das keine hohen Ansprüche an die künstlerische Qualität der Werke stellt. Zum Teil hohe Auflagen in kurzer Zeit sind *eine* Folge, die *andere*, dass dem Dichter die Rolle des repräsentativen Mitglieds und Sprechers der bürgerlichen Gesellschaft zuwächst: „Begleitet wurde diese Annäherung des Dichters an den Bürger und seine Integration in die bürgerliche Gesellschaft von einer breiten Senkung des Niveaus und einer zunehmenden *Popularisierung und Trivialisierung*, die sich bis in die Kunsttheorie und Ästhetik erstreckt."[2] Insoweit ist ein Funktionsverlust zu konstatieren, der die Themenkreise auf zwei Grundtypen reduziert, „das heroische Gedicht einerseits, wie es sich in der Revolutions- und Kriegslyrik, aber auch in der historischen Ballade präsentierte, und das sentimentale Gedicht andererseits, greifbar in der Natur-, Stimmungs- und (vor allem) Liebeslyrik".[3]

Auch die beiden Solferino-Gedichte zeugen nicht von Kunstverständnis. Als Ausdruck eines „affirmative(n) Reichspatriotismus"[4] dienen sie lediglich der konfliktfreien Unterhaltung. Zwei Spezifika werden sichtbar: Erstens sind sie episch angelegt, das heißt, sie erzählen balladenhaft Geschichten, häufig in ausschweifender Breite. Zweitens enthalten sie sich trotz der erlittenen Niederlage jeglicher Kritik am Krieg. Beide Gedichte mit dem Titel „Solferino" sind von österreichischen Adeligen als Reflex auf die Schlacht verfasst worden, an der sie aber nicht selbst teilgenommen haben.

Das erste Gedicht stammt aus der Feder Anastasius Grüns, der schon als Dichter des Jungen Deutschland bekannt geworden war. Die Veröffentlichung seiner politischen Gedichte führte zu einer Untersuchung, die sein Pseudonym 1838 aufdeckte. Vom Fürsten Metternich vor die Entscheidung gestellt, nicht mehr zu publizieren oder auszuwandern, wählte er die erste Alternative (blieb aber in oppositioneller liberaler Haltung), was bei den deutschen Dichtern des Vormärz heftige Kritik auslöste. 1860 musste Kaiser Franz Joseph I. dem nach politischer Mitbestimmung strebenden Großbürgertum Zugeständnisse machen, damit die finanzstarken Kreise seine bankrotte Finanz-Politik unterstützten. So hatte ab 1861 von Auersperg einen Sitz im Herrenhaus inne, wo er wie alle Liberalen den Erlass einer parlamentarischen Verfassung forderte. In Folge wurde der

---

[2] Ebendort, S. 341.
[3] Sprengel, Peter: Geschichte der deutschen Literatur Bd. 9/1: Geschichte der deutschsprachigen Literatur 1870-1900. München 1998, S. 534f.
[4] Dann, Otto: Nation und Nationalismus in Deutschland. 1770-1990. München 1990, S. 175.

Reichstag mitbestimmend für die Reichsgesetzgebung. Dieser biographisch-historische Hintergrund ist insofern relevant, als von Auerspergs politische Haltung gegenüber dem Kaiser in „Solferino" zum Ausdruck kommt.

Abb. 1: Anastasius Grün, (Pseudonym für Anton Alexander Graf von Auersperg),
* 11. April 1806 in Laibach; † 12. November 1876 Graz.
Stich von Karl Mayer nach einem Gemälde von T. Pelissier, Rom 1835

Das Gedicht ist in der sogenannten Vagantenstrophe verfasst: ein Vers, jambisch reguliert, besteht aus vier Hebungen, diesem folgt ein Vers mit drei Hebungen, d.h. synaphische und asynaphische Versbindungen alternieren. Dieses Versschema wird durch die häufige Verwendung eines Enjambements aufgelockert. In episch-dramatischer Weise wird der Inhalt entfaltet. Es beginnt mit der Exposition: Ein alter Mann, an die Wiederholung historischer Ereignisse gewöhnt, entnimmt einer Zeitung die Niederlage Österreichs, das massenhafte Sterben von Solferino:

> Dort sitzt noch an derselben Statt
> Der alte Trommler wieder;
> Der Hand entfiel das Zeitungsblatt
> Und glitt zu Boden nieder.
>
> »Magenta! – Solferino!« stöhnt
> Im Selbstgespräch er heute,
> Und seiner Stimme Nachhall tönt
> Wie traurig Grabgeläute.

Die Datierung in der 3. Strophe, „und drum 10 Jahre", verweist auf die österreichische Geschichte, die das Schicksal des lyrischen Ichs mit dem seines Volkes verbindet.

Und drum zehn Jahre Tag und Nacht
Getrommelt und geblasen!
Im Drillschritt uns mit Heeresmacht
Zertreten Saat und Rasen!
Und wer nicht bunten Kragen trug
Ein Knecht betreßter Massen!
Verwaist die Werkstatt und der Pflug
Und leergestürzt die Kassen!

1849 hat Kaiser Franz Josef I. den Thron bestiegen – und Radetzky die Schlachten gegen Piemont-Sardinien gewonnen. Dem Militärdienst, im Gedicht erkenn-
bar an den bunten Röcken und Trassen der einzelnen Verbände, sind zehn Jahre
des Arbeitslebens geopfert worden. Nun sind die Kassen des Staates leer, und die
Enttäuschung ist groß. Die Opfer sind umsonst gebracht, die Schlacht unter dem
Befehlshaber Kaiser Franz Josef I. ist verloren. Von einer Einsicht in die Sinnlosigkeit des Krieges ist der alte Trommler aber weit entfernt, die einzige Hoffnung, die Niederlage des Volkes zu überwinden, dieses „Brandmal zu verwischen", ist ein neuer Krieg:

Doch jetzt! auch nicht ein kleinster Sieg,
Die Herzen aufzufrischen!
Ein Krieg, der schreit nach neuem Krieg,
Das Brandmal zu verwischen!

Strophe 6 nährt diese Hoffnung und verbreitet mit der Erinnerung an den Sieg
gegen Napoleon im Jahre 1809 Zuversicht. Die drei Monate später folgende endgültige Niederlage wird verschwiegen. Die Kriegsbegeisterung scheint indessen
eine Generationsfrage zu sein; für die „Jungen", die sich nicht wie die Alten in
Träumereien vergangener Siege, sondern auf dem Schlachtfeld ergehen müssen,
klingt das Hohelied der Schacht „fremd":

Der einstudierte Schwertertanz
So grauenvoll mißraten!
Einst rissen aus des Korsen Kranz
Manch Blatt doch *unsre* Taten!

Sein Finger trommelt auf den Tisch
Den Kriegsmarsch längst verklungen;
Den Alten macht er träumerisch,
Doch fremd klingt er den Jungen.

Während der alte Mann noch in seinen Erinnerungen schwelgt, betritt sein Enkel, niedergedrückt aus der Schlacht von Solferino heimkehrend, die Handlungsebene:

> Jetzt horcht er auf: Was soll das sein?
> Ein Freudenruf und Klagen!
> Da tritt sein jüngster Enkel ein
> In buntem Rock und Kragen;
>
> Das Haupt gesenkt, das Herz so schwer,
> Den Arm in schwarzer Binde:
> »Von Solferino komm ich her,
> Kein dunkler Wort ich finde! «

Der Alte weiß seinen Enkel zu trösten, indem er die Niederlage als Keimzelle künftigen Siegens umdeutet, weil er den Schuldigen benennen kann. Mut und Stärke des Volkes sind geblieben, nur der Kaiser hat versagt:

> Da spielt ums Greisenhaupt ein Licht,
> Das ebnet manche Falte,
> Und milden Blicks zum Enkel spricht
> Und sanften Tons der Alte:
>
> »Aus dunklem Schacht steigt helles Erz,
> Aus schwarzem Grund die Rose;
> Ob echt und recht ein Kriegerherz
> Befrag' ich Unglückslose.
>
> Das war das alte Schlachtroß noch,
> Doch nicht Radetzkys Zügel!
> Voll Mark und Kampflust war's, – jedoch
> Ein andrer saß im Bügel.

Da ein Sieg unter Führung Franz Joseph I. nicht zu erwarten und ein neuer Befehlshaber nicht in Sicht ist, werden die Götter angerufen. Sie mögen den Soldaten zu Diensten zu stehen, statt ein „Feldherrnhaupt" mit Lorbeer zu umkränzen, den Soldaten die Faust umwickeln, um deren Schlagkraft zu stärken – eine lyrisch-kriegerische Anverwandlung parlamentarischer Ideen.

Die nächsten Strophen zeigen im Bezug auf den antiken Empedokles-Mythos die Gesinnung des Dichters. Der griechische Philosoph Empedokles engagierte sich für die Demokratie und wandte sich gegen alle, die nach der Tyrannis strebten. Durch einen Sprung in den Ätna soll er der Legende nach versucht haben, Menschen und Götter zu versöhnen. Wiederum wird hier Kritik an der politisch-militärischen Führung Österreichs formuliert: Die Soldaten, nicht aber deren Führer, sind aufgerufen, den Opfertod für das Vaterland zu sterben, der – mythologisch legitimiert – Voraussetzung ist für einen künftigen Sieg. Das massenhafte Sterben auf dem Schlachtfeld dient einem höheren Ideal, der Freiheit des Volkes:

> Die Götter, die für Lorbeerglanz
> Ein Feldherrnhaupt nicht finden,
> Sie wollen Euch mit vollem Kranz
> Die tapfre Faust umwinden.
>
> Wie jener Römer sprang zum Schlund,
> Dem Götterzorn sich weihend,
> So sankt Ihr auf der Wahlstatt Grund,
> Das Volk daheim befreiend.
>
> Mein Österreich, gar manchen Sohn
> Als Sühne sahst du bluten,
> In Schmerz und Schmach doch fühlst du's schon:
> Das Elend führt zum Guten.
>
> Denn nur aus Unglück kommt dir Heil,
> So will's dein alt Verhängnis;
> Dem Volk erblüht das Segensteil
> Aus seiner Herr'n Bedrängnis;
>
> Der ihr Panier in Staub gelegt,
> Der Sturm, schwellt unsre Fahnen;
> Des Hochgewitters Brausen fegt
> Der Freiheit rein die Bahnen.« – –

Solferino ist diesem Gedicht zufolge eine zwar traurige, jedoch notwendige Episode in der Geschichte der Kriege. Ein neuer Messias im Feldherrengewand wird kommen und das Volk siegreich aus der Schlacht führen:

> Als wieder Kirchweih' und im Kreis
> Die Buden stehn und Schilder,
> Zu jenem alten kauft der Greis
> Die neuen Feldherrnbilder.
>
> In Glas und Rahmen an der Wand
> Bewahrt er treu die Blätter:

»Der Himmel schickt, o Vaterland,
Dir wundersame Retter!«

Abb. 2: Hermann von Gilm zu Rosenegg,
* 1. November 1812 in Innsbruck; † 31. Mai 1864 in Linz

Die von Hermann von Gilm zu Rosenegg, einem Juristen und Dichter, 1859
verfasste Ballade führt den Leser mitten ins Kampfgetümmel. Suppenküche und
Sternenhimmel sorgen für ein romantisches Kolorit, und blutrot ist nur die un-
tergehende Sonne. Das Herz klopft im Leibe – nicht vor Angst, sondern voll
freudiger Erwartung. Zuckende Kanonenblitze und schneeweiß gesichtige Leichen werden zum ästhetischen Ereignis und negieren das Grauen:

Die Sonne hinter Volta
Blutfarbig untergeht,
Und harrend die Brigade
In Marschbereitschaft steht.

Beim ersten Sternenschimmer
Wird eilig abgekocht,
Dann auf und marsch – vor Kampflust
Das Herz im Leibe pocht.

Schon flammen tausend Blitze
Durch's erste Morgengrau,
So netzt schon mancher Leiche
Schneeweiß Gesicht der Tau.

Da wird das lyrische Ich verwundet und alleingelassen. Als französische Frem-
denlegionäre auftauchen, überspielt es in forsch-saloppem Ton die Todesgefahr:

Ich kaure in der Kette
Und feu'r' in aller ei',
Da brennt es in der Seite,
Ich habe meinen Teil.

Der Schweiß tritt auf die Stirne,
Das Atmen fällt mir schwer,
Und nirgends eine Hilfe
Und meine Flasche leer.

Nun tauchen die Franzosen
Auf aus dem Nebel schon,
Das sind die Epauletten
Der Fremdenlegion.

Gewehr in der Balance
Läuft einer auf mich zu,
Ich glaube schon zu hören
Das barsche: Rende-vouz!

Als sich der Feind als Landsmann entpuppt und entgegen seinem soldatischen
Auftrag deutscher Gesinnung gemäß brüderlich handelt, rutscht der Text end-
gültig ins Sentimentale ab:

Doch er kniet vor mich nieder
Und sucht nach meinem Schuß,
Und fragt in deutscher Sprache,
Und gibt mir einen Kuß:

„Hier hast Du meine Flasche,
Für beide reicht sie kaum,"
Und trägt mich, den Gelähmten
Bis zu dem nächsten Baum.

Verbindet meine Wunde
Und sieht mich lange an:
„Daheim sag, was ein deutscher
Dem Deutschen hat getan."

D'rauf läuft er nach den seinen
Die stürmen fort vereint,
Den Dank konnt' er nicht hören,
Den ich ihm nachgeweint.

Die Niederlage wird zu einem Sieg der großdeutsch empfindenden Herzen. Wie im Gedicht Grüns wird der „Zusammenhang von historischem Dispositiv und kollektiver Identität" hergestellt, es geht also um die Nutzung eines „Effekt(s) des Geschichtswissens" in identitätsstiftender Funktion.[5] Die Niederlage von Solferino dient nicht der Selbstvergewisserung einer bereits existierenden Nation, sondern dem Phantasma eines noch zu erwartenden Sieges, mit dem sich die Nation konstituieren kann.

Solferino II: Bertha von Suttners *Die Waffen nieder!*

Im 19. Jahrhundert avanciert der historische Roman zur Lieblingslektüre des gebildeten Lesers.[6] Hans Hilmar Geppert spricht in diesem Zusammenhang von einer dreifachen communis opinio: Erstens dient der historische Roman der dichterischen Verlebendigung der Vergangenheit, zweitens greift er das Allgemein-Menschliche auf und drittens beabsichtigt er, der Gegenwart in der Vergangenheit den Spiegel vorzuhalten,[7] also ein Gleichnis zu entwerfen, „um sich selber ein eigenes Lebensgefühl, seine eigene Zeit, sein Weltbild möglichst treu wiederzugeben."[8] Damit verfolgt die „Geschichtsschreibung im Gewande des Romans"[9] zum einen, auf unterhaltsame Art geschichtliche Kenntnisse zu verbreiten und zum anderen, die „Identifizierung des Lesers mit dem Romanhelden" zu forcieren.[10]

---

[5] Solms, Jan-Arne: An der Kette der Ahnen: Geschichtsreflexion im deutschsprachigen historischen Roman 1870-1880. Berlin, New York 2004, S. 28.

[6] Vgl. hierzu die literatursoziologischen Reflexionen von Eggert, Hartmut: Studien zur Wirkungsgeschichte des deutschen historischen Romans 1850-1875. Frankfurt am Main 1971, 255ff.

[7] Geppert, Hans Hilmar: Der „andere Roman". Theorie und Strukturen einer diskontinuierlichen Gattung. Tübingen 1971, S. 2f.

[8] Feuchtwanger, Lion: Vom Sinn und Unsinn des historischen Romans. In: Centum Opuscula, hrsg. von Wolfgang Berndt. Rudolstadt 1956, S. 510.

[9] Eggert, S. 71.

[10] Eggert, S. 116.

Diese wird in spezifischer Weise vollzogen, hier wird die Grenze von Fiktion und Historie produktiv.[11] Die historischen Fakten werden nach didaktischem Interesse ausgewählt und aus der biographisch-individuellen Perspektive eines handelnden Geschichtsträgers geschildert. Es geht nicht darum, ein objektives Bild der Geschichte zu vermitteln, sondern einen Reflex der objektiven Begebenheiten auf die Psyche des Betroffenen wiederzugeben: „Ich habe mir in allen meinen historischen Arbeiten ein und dasselbe Ziel gesteckt", formuliert Luise Mühlbach ihr Anliegen, „beim deutschen Volk die Kenntnis deutscher Geschichte und das patriotische Bewußtsein zu wecken und zu begeistern für deutsche Ehre, und es vertraut zu machen mit seinen Helden".[12] Ziel ist, was die Autorin zahlreicher historischer Romane so definiert: „Der Gelehrte zeigt das äußere Gesicht der Geschichte, der Schriftsteller zeigt das Herz."[13] Georg Lukács hat dieses Verfahren als „Privatisierung der Geschichte" bezeichnet, das einer Bewusstseinsbildung Vorschub leistete, welches einer verhängnisvollen Politik zuträglich war.

Abb. 3: Bertha von Suttner,
*9. Juni 1843 in Prag als Bertha Gräfin Kinsky von Wchinitz und Tettau; †21. Juni 1914 in Wien

---

[11] Geppert, S. 1.
[12] Zit. nach Tönnesen, Cornelia: Die Vormärz-Autorin Luise Mühlbach. Vom sozialkritischen Frühwerk zum historischen Roman. Neuss, S. 212,
[13] Zit. nach Eggert, S. 72.

Historiker und Literaturwissenschaftler stellen die historische Wahrheit des historischen Romans und seine ästhetische Qualität gleichermaßen infrage.[14] Für die Literaturwissenschaft steht die Autonomie der Dichtung im Vordergrund, d.h. die Romane werden hinsichtlich der Spiegelung geschichtlich verbürgten Wissens geprüft – unter dem Gesichtspunkt ihrer medialen Tauglichkeit: „Es geht um Realismus, insofern der Anspruch, geschichtliche Wirklichkeit widerzuspiegeln, sogar wissenschaftlich einklagbar wird. Und es geht um Autonomie, insofern das notorisch Zwitterhafte der Gattung den Anspruch auf ästhetische Eigengesetzlichkeit kompromittiert und die Zweigleisigkeit der historisch-poetischen Schreibweise einem ständigen, von zwei Seiten ausgehenden Rechtfertigungsdruck ausgeliefert ist.“[15]

Bertha von Suttners *Die Waffen nieder!* entspricht formal den Kriterien des historischen Romans. Nach dem Vorbild realistischer Schriftsteller liefert sie, die spätere Pazifistin und erste Trägerin des Friedensnobelpreises (1905), ein detailgetreues historisches Gerüst, indem sie historische Werke studiert, archivalische Quellen nutzt, Berichte von Kriegskorrespondenten und Militärärzten liest und Erzählungen von Kriegsveteranen und anderen Augenzeugen sammelt.[16] Eigene Erfahrungswerte legt sie ihrem Roman nicht zugrunde; vielmehr geht die Auffassung des Krieges als „Höhepunkt der Unvernunft“[17] auf von Suttners Darwin-Rezeption zurück. Die ermittelten Fakten bettet sie in eine fingierte individuelle Lebensgeschichte ein, entlehnt die biographisch-individuelle Sichtweise also nicht einer historischen Zentralfigur sondern einer Kunstfigur, Komtesse Martha.

Im Jahre 1857 hat die 17jährige als „recht überspanntes Ding" (S. 5)[18] begonnen, Tagebuch zu führen. Gelesen werden diese Eintragungen nunmehr als Lebensrückblick von der greisen Martha. Das bedeutet, eine Erzählerin spricht rückblickend von der Ausbildung ihrer Persönlichkeit. Das begründet die Auswahl der Tagebucheintragungen. Vorrangig wichtig sind ihr die prägenden Er-

---

[14] Eggert, S. 7.
[15] Aust, Hugo: Die Ordnung des Erzählens oder Die Geburt der Geschichte aus dem Geiste des Romans. In: Johann Holzner und Wolfgang Wiesmüller (Hg.) Ästhetik der Geschichte. Innsbruck 1995, S. 39-60, hier S. 39.
[16] Vgl. Biedermann, Edelgard: Nicht nur die Waffen nieder!: Bertha von Suttner. In: Tebben, Karin (Hg): Schriftstellerinnen des Fin de siècle. Darmstadt 1999, S. 313-329, hier S. 318. Biedermann weist im Übrigen darauf hin, dass erst der große Erfolg des Buches von Suttner zur engagierten Kämpferin für den Frieden machte.
[17] Zit. nach Hamann, Brigitte: Bertha von Suttner. Ein Leben für den Frieden. München 1991, S. 119.
[18] Sutther, Bertha von: Die Waffen nieder! Berlin 1990.

lebnisse und Erfahrungen mit den entsprechenden Konsequenzen für den Le-
bensweg. Ziel des Erzählten ist – wie in jeder Autobiographie – im Koordinaten-
system von kollektivem und privatem Erleben den Weg der Identitätsfindung
nachvollziehbar zu machen.

„*Die Waffen nieder!*" beschreibt die Lebensgeschichte vom Backfisch zur poli-
tisch denkenden Frau. Zu Beginn verraten die Tagebuchaufzeichnungen vor allem den Wunsch, Heldin des Vaterlands zu werden. Trotz weiblicher Vorbilder,
beispielsweise Jeanne d'Arc, beklagt die Komtesse, ein Mädchen zu sein, weil es
im Gegensatz zu den wenigen ausgewählten Frauen jedem simplen Mann ver-
gönnt ist, Heldenstatus zu erlangen: *auf dem Schlachtfeld:*

> Aber wenn man ein Mann ist, da braucht man ja nur das Schwert umzugürten
> und hinauszustürzen, um Ruhm und Lorbeer zu erringen – sich einen Thron er-
> obern – wie Cromwell, ein Weltreich – wie Bonaparte! Ich erinnere mich, daß der
> höchste Begriff menschlicher Größe mir in kriegerischem Heldentum verkörpert
> schien. Für Gelehrte, Dichter, Länderentdecker hatte ich wohl einige Hochach-
> tung, aber eigentliche *Bewunderung* flößten mir nur die Schlachtengewinner ein. Das
> waren ja die vorzüglichen Träger der Geschichte, die Lenker der Länderschick-
> sale; die waren doch an Wichtigkeit, an Erhabenheit – an Göttlichkeit beinahe –
> über alles andere Volk so erhaben, wie Alpen- und Himalayagipfel über Gräser
> und Blümlein des Thales. (Hervorhebung K. T.) (S. 6)

Mentalitätsgeschichtlich sind diese Leitbilder korrekt wiedergegeben. Nach der
Märzrevolution, insbesondere in der Gründerzeit, zählt ein „optimistisches, hel-
denvertrauendes Menschen- und Geschichtsbild" zu den aktuellen Kategorien.
Kunst- und Literaturkritik fördern „den starken, tatkräftigen Helden, weil dieser
dem Geiste des Deutschen Reichs angemessener sei".[19] Der Held wird ein „poli-
tisch relevantes Modell", das auf eine spezifisch deutsche Mentalität transferiert
wird.[20] Die Erzählende, die Marthas naive Sicht auf dieses patriotische Heroen-
tum reflektiert, macht für die geschlechtsspezifische Misere die Schulbücher ver-
antwortlich, die den Tod auf dem Schlachtfeld verklären und den Neid der Frau-
en auf solcherart männlichen Ruhm schüren. Beide Geschlechter werden gegenüber den furchtbaren Gräueln des Krieges abgestumpft:

> Das gehört so zum patriotischen Erziehungssystem. Da aus jedem Schüler ein Va-
> terlandsverteidiger herangebildet werden soll, so muß doch schon des Kindes Be-

---

[19] Plett, Bettina: Problematische Naturen? Held und Heroismus im realistischen Erzählen. Paderborn u.a., S. 70.
[20] Ebendort, S. 72.

geisterung für diese seine erste Bürgerpflicht geweckt werden; man muß seinen Geist abhärten gegen den natürlichen Abscheu, den die Schrecken des Krieges hervorrufen könnten, indem man von den furchtbarsten Blutbädern und Metzeleien, wie von etwas ganz Gewöhnlichem, Notwendigem, so unbefangen als möglich erzählt, dabei nur allen Nachdruck auf die ideale Seite dieses alten Völkerbrauches legend – und auf diese Art gelingt es, ein kampfmutiges und kriegslustiges Geschlecht zu bilden. (S. 7)

Die junge Martha kümmert das nicht. Sie heiratet einen schönen Husaren, ein Sohn wird dem Paar geboren und dieser bereits als kleiner Junge mit Zukunftsplänen überschüttet. Soldat soll er werden, und mit jedem Zentimeter, den er wächst, wird er vom Vater befördert. Die junge Mutter überfällt bei allem Stolz gleichwohl Angst. Was, wenn dem Jungen im Krieg etwas zustößt? Da bricht tatsächlich der Krieg aus und mit ihm eine Rhetorik der Propaganda, die jedem denkenden Menschen verdächtig erscheinen muss. Von Suttner bedient sich eines Erzählverfahrens, das „offizielle Meldungen wie schönfärberische Lügen, die politischen Erklärungen, die von den kriegsführenden Parteien jeweils im Brustton der beleidigten Unschuld abgegeben werden", als unschuldige Wahrheiten aus dem Munde des jungen Soldaten ertönen lässt.[21] Gemessen an der Wirklichkeit des Krieges demontieren die Phrasen sich selbst. Der erste Lernschritt Marthas ist getan; mit einem erheblichen Potential an Kritikfähigkeit und Ironie ausgestattet, ist sie nicht geneigt, an die Herrlichkeit des Krieges zu glauben:

»Weißt Du, Schatz – es wird bald losgehen.«
»Was wird losgehen, mein Liebling!«
»Der Krieg mit Sardinien.«
Ich erschrak. »Um Gotteswillen – das wäre furchtbar! Und mußt Du mit?«
»Hoffentlich.«
»Wie kannst Du so etwas sagen? *Hoffentlich* fort von Weib und Kind?«
»Wenn die Pflicht ruft ...«
»Dann kann man sich fügen. Aber hoffen – das heißt also wünschen, daß einem solch bittere Pflicht erwachse –«
»Bitter? So ein frischer, fröhlicher Krieg muß ja was Herrliches sein. Du bist eine Soldatenfrau – vergiß das nicht –«
Ich fiel ihm um den Hals...
»O Du mein lieber Mann, sei ruhig: ich kann auch tapfer sein ... Wie oft habe ich's den Helden und Heldinnen der Geschichte nachempfunden, welch erhebendes Gefühl es sein muß, in den Kampf zu ziehen. Dürfte ich nur mit – an Deiner Seite fechten, fallen oder siegen!«

---

[21] Sprengel, S. 210.

»Brav gesprochen, mein Weibchen – aber Unsinn. Dein Platz ist hier an der Wiege des Kleinen, in dem auch ein Vaterlandsverteidiger groß gezogen werden soll. Dein Platz ist an unserem häuslichen Herd. Um diesen zu schützen und vor feindlichem Überfall zu wahren, um unserm Heim und unsern Frauen den Frieden zu erhalten, ziehen wir Männer ja in den Krieg.«
Ich weiß nicht, warum mir diese Worte, welche ich in ähnlicher Fassung doch schon oft zustimmend gehört und gelesen hatte, diesmal einigermaßen als »Phrase« klangen ... Es war ja kein bedrohter Herd da, keine Barbarenhorden standen vor den Thoren – einfach politische Spannung zwischen zwei Kabinetten ... Wenn also mein Mann begeistert in den Krieg ziehen wollte, so war es doch nicht so sehr das dringende Bedürfnis, Weib und Kind und Vaterland zu schützen, als vielmehr die Lust an dem abenteuerlichen, Abwechslung bietenden Hinausmarschieren – der Drang nach Auszeichnung – Beförderung ... Nun ja, Ehrgeiz ist es – schloß ich diesen Gedankengang – schöner, berechtigter Ehrgeiz, Lust an tapferer Pflichterfüllung! (S. 14f.)

Der privaten Rhetorik folgt eine öffentliche, auch sie stürzt die junge Frau in erhebliche Zweifel:

Mein Vater war auch ganz Feuer und Flamme für den Krieg. Die Besiegung der Piemontesen würde ja nur ein Kinderspiel sein, und zur Bekräftigung dieser Behauptung regneten wieder die Radetzky-Anekdoten. Ich hörte von dem drohenden Feldzug immer nur vom strategischen Standpunkt sprechen, nämlich ein Hin- und Herwägen der Chancen, wie und wo der Feind geschlagen würde und die Vorteile, welche »uns« daraus erwachsen mußten. (...) Der menschliche Standpunkt – nämlich daß, ob verloren oder gewonnen, jede Schlacht unzählige Blut- und Thränenopfer fordert, – kam gar nicht in Betracht. Die hier in Frage stehenden Interessen wurden als so sehr über alle Einzelschicksale erhaben dargestellt, daß ich mich der Kleinlichkeit meiner Auffassung schämte, wenn mir bisweilen der Gedanke aufstieg: »Ach, was frommt den armen Toten, was den armen Verkrüppelten, was den armen Witwen der Sieg?« Doch bald stellten sich als Antwort auf diese verzagten Fragen wieder die alten Schulbuchdithyramben ein: Ersatz für alles bietet der *Ruhm*. Doch wie, wenn der Feind siegte? Diese Frage ließ ich einmal im Kreise meiner militärischen Freunde laut werden – wurde aber schmählich niedergezischt. Das bloße Erwähnen von der Möglichkeit eines Schattens eines Zweifels ist schon antipatriotisch. Im voraus seiner Unüberwindlichkeit sicher sein, gehört mit zu den Soldatenpflichten. Also gewissermaßen auch zu den Pflichten einer loyalen Lieutenantsfrau. (S.16)

Der schöne Husar zieht in den Krieg, die Ehefrau zerreibt sich zwischen Hoffen und Bangen und überwindet die Rhetorik der Propaganda:

»Schlacht – felder« – sonderbar, wie dieses Wort jetzt plötzlich in zwei grundver-
schiedenen Bedeutungen mir vor den Sinn trat. Halb in der altgewohnten, historischen, pathetischen, höchste Bewunderung erregenden Bedeutung, halb in dem
Ekelschauer der blutigen, brutalen Silbe »Schlacht« ... Ja *geschlachtet* würden sie auf
dem Felde daliegen, die armen hinausgetriebenen Menschen – mit offenen, roten
Wunden – (...) (S. 21)

Als die Zweifel am Sieg größer werden, wird Martha ein Rat zuteil, der die ok-
troyierte Zuversicht im Krieg beißendem Spott aussetzt:

»Siehst Du, siehst Du, Kind, wie in schweren Stunden die Seele doch zu der Religion flüchtet ... Vielleicht schickt Dir der liebe Gott die Prüfung, damit Du Deine
sonstige Lauheit ablegst.« (...) „Das wollte mir wieder nicht recht einleuchten, daß
die ganze, noch aus dem Krimkriege herstammende Verstimmung zwischen Österreich und Sardinien, die ganzen Verhandlungen, die Aufstellung des Ultima-
tums und die Ablehnung desselben nur von Gott veranstaltet worden wären, um
meinen lauen Sinn zu erwärmen." (S. 23)

Einmal auf die Spur gekommen, schnurrt die Erzählerin nun die intrinsische
Logik der Kriegspropaganda herunter. Die „sinnerfüllte Immanenz" des ruhmge-
schwängerten Geschichtsbildes, das die „Darstellung geschichtlicher Faktizität als
ein in sich geschlossenes und stimmiges System von Ursache-Wirkung-Beziehun-
gen" intendiert,[22] werden in ihrer Willkür und Austauschbarkeit entlarvt. Ein
geradezu „dirigistischer Glauben"[23] verdrängt die Realität:

Schlechte Eigenschaften, als da sind: Eroberungsgier, Rauflust, Haß, Grausam-
keit, Tücke – werden wohl auch als vorhanden und als im Kriege sich offenba-
rend zugegeben, aber allemal nur beim »Feind«. Dessen Schlechtigkeit liegt am
Tage. Ganz abgesehen von der politischen Unvermeidlichkeit des eben unter-
nommenen Feldzuges, sowie abgesehen von den daraus unzweifelhaft erwachsen-
den patriotischen Vorteilen, ist die Besiegung des Gegners ein moralisches Werk,
eine vom Genius der Kultur ausgeführte Züchtigung... Diese Italiener – welches
faule, falsche, sinnliche, leichtsinnige, eitle Volk! Und dieser Louis Napoleon –
welcher Ausbund von Ehrsucht und Intriguengeist! Als sein am 29. April publi-
ziertes Kriegsmanifest erschien, mit dem Motto: »Freies Italien bis zum adriati-
schen Meer« – rief das einen Sturm der Entrüstung bei uns hervor! Ich erlaubte
mir eine schwache Bemerkung, daß dies eigentlich eine uneigennützige und schö-

---

[22] Limlei, Michael: Geschichte als Ort der Bewährung. Menschenbild und Gesellschafts-
verständnis in den deutschen historischen Romanen (1820-1890), Frankfurt am Main
u.a. 1988, S. 54.
[23] Ebendort, S. 193.

ne Idee sei, welche für italienische Patrioten begeisternd wirken müsse; aber ich
ward schnell zum Schweigen gebracht. (S. 25)

Das ist die Stunde der patriotischen Hilfsvereine, die bereits zwei Monate vor der
Schlacht von Solferino ins Leben gerufen werden. Die Soldatenfrauen sind aufgerufen, ihre Pflicht zu tun:

> Mein Weg führte mich durch die Herrengasse an dem Gebäude – das sogenannte
> Landhaus – vorbei, wo der »patriotische Hilfsverein« seine Büreaus untergebracht
> hatte. Damals gab es noch keine Genfer Konvention, kein »Rotes Kreuz«, und als
> Vorbote jener humanen Institutionen hatte sich dieser Hilfsverein gebildet, des-
> sen Aufgabe es war, allerlei Spenden in Geld, Wäsche, Charpie, Verbandszeug u.
> s. w. für die armen Verwundeten in Empfang zu nehmen und nach dem Kriegs-
> schauplatz zu befördern. Von allen Seiten kamen die Gaben reichlich geflossen;
> ganze Magazine mußten zur Aufnahme derselben dienen; und kaum waren die
> verschiedenen Vorräte verpackt und fortgeschickt, da türmten sich wieder neue
> auf. (S. 32)

Martha zieht an den sich auftürmenden, für das Schlachtfeld bestimmten Gütern
vorbei: Tabak, Zigarren, Wäsche und „Berge von Scharpie". Die „humane" Institution wird aus ihrer Perspektive unversehens zu einer Hilfsorganisation der
Inhumanität: „Berge von Scharpie... Mir schauderte. Wieviele Wunden mußten
da bluten, um mit soviel gezupfter Leinwand bedeckt zu werden." Die Grauen
des Schlachtfeldes erfahren durch diese Überlegungen eine ebenso banale wie
brutale zeitliche Dimensionierung, die die kriegerischen Schrecken in den zivilen
Alltag hineinträgt:

> Es war mir immer noch, als hätte ich nicht genug gehört, als wären von diesen ge-
> schilderten Höllenkreisen die letzten und höllischsten noch nicht geschildert
> worden. Und wenn einmal der Durst nach Gräßlichem erregt ist, so ruht man
> nicht, bis er nicht mit dem Gräßlichsten gelöscht worden. Und richtig: es gibt
> noch Schauerlicheres, als ein Schlachtfeld *während* – das ist ein solches *nach* der
> Schlacht. (S. 237)

Wie geht es weiter mit Martha? Der Mann fällt, sie wird vom Schmerz genesen,
sich wiederverheiraten, wieder schwanken zwischen Hoffen und Bangen, diesmal
in der Schlacht von Königgräz. Und während sich der neue Gatte auf dem
Schlachtfeld zum Pazifisten wandelt, durchläuft Martha diese Entwicklung im
Lazarett in drei Stadien. Erstens: Angesichts der ungeheuren „Schlachtung von
Tausenden" vermögen die mildtätigen Helferinnen nichts auszurichten, weil es
an Medikamenten, Personal, Verbandszeug und Trinkwasser fehlt. Zweitens:

Sieges-Ideologie und Truppen-Hierarchie herrschen unverändert auch hier. Drittens: Die genuine Inhumanität des Krieges kann durch keine humane Organisation gemildert werden. Mehr noch, die humanen Hilfsorganisationen erscheinen Martha als Metapher für die Kapitulation jedes humanen Gedankens und jeder humanen Tat vor der menschenverachtenden Wirklichkeit des Krieges. „Der Krieg ist die Verneinung der Kultur", fasst die Erzählerin ihre Eindrücke von den Lazaretten zusammen. Das Anliegen der mildtätigen Vereine, von einer Schwester als „dem Unglücklichen die Labung tun" beschrieben, erscheint angesichts der „breiigen Blutmasse" als Blasphemie.

Solferino III: Erinnerungen

1864 gibt Robert Hamerling aus dem Nachlass die Erinnerungen Albert Guzmans heraus,[24] autobiographische Aufzeichnungen eines „wackern jungen Offiziers" und „hoffnungsvollen Poeten", emphatische Schilderungen eines kriegerischen Abenteuers im Dienste des Patriotismus: „Es soll keine Feldzugsgeschichte sein, dieß Büchlein, aber es soll einführen in das Soldatenleben selbst" (216). Im „Siebenten Kapitel: Die Schlacht von Solferino" tönen gleich zu Beginn die „freudigen Klänge des Radetzkymarsches herüber, berauschend und ergreifend, daß das Herz sich emporhob und der Donner der Geschütze, das Knattern des Kleingewehrfeuers schien auch nur das Andenken an diesen herrlichen Helden um so mehr beleben zu wollen" (241). Auf 25 Seiten wird nun der Kampf geschildert, dessen Grauen hinter metaphorischen Wortkaskaden verschwindet. So donnert der metallene Mund der Kanone „Verderben sprühend gegen ihre Feinde" (244). „Alles ist lebendiger, erhabener als Tags zuvor" und mit „hoch geschwungener Sense" geht „der Tod eilend umher, sich reiche Beute zu sammeln" (246). Kurz: „Es kann nichts Furchtbareres, aber auch nichts Erhebenderes, Großartigeres geben, als eine Schlacht" (247). Klage über die Niederlage findet keinen Raum, „der Muth und die Ausdauer der braven Armee zerschellte an der furchtbaren Kraft und Ausdauer des Schicksals und des Unglücks. Doch genug hiervon. Was nützt es den Kopfe hängen zu lassen, ob Dingen, die einmal geschehen und nicht mehr zu ändern sind" (248). Die Beschreibung der Schlacht mündet in einen dithyrambischen Gesang auf das Morden:

---

[24] Albert Guzman's k.k. Lieutenants Erinnerungen aus dem italienischen Feldzuge des Jahres 1859. Mit lyrischem Anhang. Aus dem Nachlasse herausgegeben von Robert Hamerling. Wien 1864, hier Vorwort, S. I.

(...) Dumpfes Gekrach ertönt! Hier sauset der Schaft des Gewehres,
Statt der Keule gebraucht, dumpf krachend herunter auf Häupter,
Und zerschmettert mit schrecklicher Wucht die Hülle des Schädels.
Dort aber zischt in die Brust, die glühende, kalt nun das Eisen
Daß in hohen Bogen das Blut den geöffneten Adern
Heiß und sprudelnd entpritzt. Dort klirrt zerspringend ein Säbel! (...) (S. 269)

Henri Dunant, Schweizer Geschäftsmann und Philanthrop und erster Träger des
Friedensnobelpreises (1901), bleibt in seinen Aufzeichnungen bescheidener.
„Wohl Jedermann hat über die Schlacht von Solferino einen Bericht gelesen oder
gehört", räumt er ein, bietet selbst nichts Neues von der Front, entwickelt stattdessen aber die Idee des „Roten Kreuzes".[25] Nach kurzen Erläuterungen über die
Truppenbewegungen der gegnerischen Parteien setzt die *Erinnerung an Solferino*
(1862) ein und liefert den Blickwinkel auf die Ereignisse:

> Als einfacher Tourist und dem Zweck dieses Kampfes vollkommen ferne stehend,
> hatte ich, durch besondere Umstände begünstigt, das seltene Vorrecht, bei dem
> ergreifenden Schauspiele, das ich hier zu schildern beabsichtige. Ich will übrigens
> in den folgenden Zeilen nur meine persönlichen Eindrücke wiedergeben, und
> man wird darum auch hier weder genaue Einzelheiten, noch strategische Auf-
> schlüsse entdecken, die in anderen Werken ihren Platz finden mögen. (S. 13)

Abb. 4: Henri Dunant,
*8. Mai 1828 in Genf; † 30. Oktober 1910 in Heiden. Pressestelle des IRK.

---

[25] Dunant, Henry: Erinnerung an Solferino. Basel 1863.

Allerdings wird die erklärte Absicht unterlaufen, denn Dunant greift auch auf die Darstellung fremder individualisierter Geschehnisse zurück und wechselt die Perspektive zwischen Nah- und Fernsicht. Die ausführliche Beschreibung der Schlacht unterscheidet sich im Duktus nicht wesentlich von der Albert Guzmans. Der Wechsel ins Präsens, wenn der blendende Strahl der Sonne Italiens sich im Waffenschmucke spiegelt, wird gleichfalls bemüht, um das Erlebniskolorit zu stärken.

Dunant ist ein souveräner, gut informierter Erzähler, der im Panoramablick seine Kenntnisse über militärische Strategien der Befehlshaber oder die Verzagtheit Kaiser Franz Josef I. erfasst und in Nahaufnahmen vom Kampfgeschehen weniger die Schrecken als den Eindruck eines grandiosen blutigen Abenteuers unterstreicht. Er ist überall und gleichzeitig, mitgerissen vom wilden Morden, schildert er das tödliche Ende vorzugsweise der Offiziere und weiß um ihre Schmerzen, Gedanken und letzte Worte. Obwohl er sich um ausgewogene Berichterstattung bemüht, schlägt sein Herz doch für den Sieger, der todesmutig bis zum letzten Atemzug zu kämpfen bereit ist.

Sorgfältig gestaltet Dunant das grausame Gemetzel in einzelnen Szenen so, dass die menschenverachtende Komponente des Krieges verschleiert wird. Menschen, Soldaten werden nicht als Täter genannt. In akyrologischer Erzählweise sorgen unterschiedliche Truppenverbände (Kolonnen, Regimenter, Reiterschwadron), hinter deren Anonymität der einzelne Soldat verschwindet, für apokalyptische Zustände. Pferde, nicht etwa deren Reiter, richten das Unheil an, das freilich auch nicht die Individuen sondern arme Blessierte trifft.[26] Der Krieg erscheint metaphorisch als Naturereignis (zerstörende Wildbäche, Mauern aus Erz). Alliterationen (besser, Bajonett, Bataillon; Hügel, Erhebung, hartnäckig, Höhen, Hohlwege, Leichenhaufen) und asyndetischen Epanalepsen (jeden Hügel, jede Erhebung, jeder Felsvorsprung) unterstreichen zudem den hymnisch-pathetischen Charakter der Darstellung:

> Geschlossene Kolonnen drängen gegeneinander mit dem Ungestüm zerstörender Wildbäche, die alles vernichten, was ihnen im Wege steht. Französische Regimenter greifen in Schützenlinien die österreichischen Massen an, die immer neue Verstärkungen erhalten, immer zahlreicher und immer drohender werden und die, Mauern aus Erz gleich, dem vorstürmenden Gegner Widerstand leisten. Divisionen legen die Tornister ab, um den Feind besser mit dem Bajonett angreifen zu

---

[26] Ebenfalls bei Guzmann: „Die Rosse der Batterie jagen schäumend daher, da liegt das todte Husarenpferd mitten auf der Straße (...). S. 243.

können. Ist ein Bataillon zurückgeworfen, wird es sofort durch ein neues ersetzt.
Um jeden Hügel, jede Erhebung, jeden Felsvorsprung wird hartnäckig gekämpft.
Leichenhaufen liegen auf den Höhen und in den Hohlwegen. (...)
An anderer Stelle wütet ein ähnlicher Kampf. Er wird noch schrecklicher durch
das Nahen einer Reiterschwadron, die im Galopp anstürmt. Die Pferde zertreten
mit ihren beschlagenen Hufen Tote und Verwundete. Einem armen Blessierten
wird die Kinnlade fortgerissen, einem anderen der Kopf eingeschlagen, einem
dritten, den man hätte retten können, die Brust eingedrückt. In das Wiehern der
Pferde mischen sich Verwünschungen, Wutschreie, Schmerz- und Verzweiflungs-
rufe...(S. 13)

Mit dem Ende des Gemetzels verändert Dunant die Erzählperspektive und schildert nun die überaus notdürftige medizinische und seelsorgerische Betreuung der
Verwundeten und die unzähligen Gesten der Solidarität und Hilfsbereitschaft
zwischen den verfeindeten Soldaten: „Wie viele Tränen sind an diesem düsteren
Abend geflossen", so fragt der Erzähler mit erzählstrategischem Kalkül, „wo jede
falsche Eigenliebe, wo jede menschliche Ehrfurcht verschwunden war!" Der un-
ermüdliche Einsatz von Ärzten und Pflegern kann der großen Zahl Schwerver-
letzter nicht gerecht werden. Es fehlt an Arzneien, Lazarettausstattungen, chirurgischen Instrumenten, Trinkwasser und Nahrung, vor allem aber fehlt es an
Händen, den Verwundeten und Sterbenden Hilfe angedeihen zu lassen. Inmitten
des Infernos versucht Dunant, mildtätig zu sein, verabreicht hier einen Schluck
Wasser, findet dort ein tröstendes Wort und tritt als Organisator hervor, Hilfe
dorthin zu delegieren, wo sie am nötigsten ist. Er ist es auch, der die lombardischen Frauen in den Kreis der Helfer holt. „Tutti fratelli", sagen sie, „Alle sind
Brüder", und entrichten ohne Ansehung der Nationalität und des militärischen
Rangs der Verletzten ihren „Tribut des Mitgefühls" (S. 74).

Das Erzählsystem folgt bis zum Ende einem Muster. Detailschilderungen
verstümmelter und sterbender Menschen, Szenen von Amputationen, die ohne
Betäubungsmittel durchgeführt werden, und Beispiele erschütternder Seelenpein
wechseln mit Beobachtungen anrührender Gesten der Nächstenliebe. Nuancierte
Unterschiede gibt es auch hier. Während die österreichischen Soldaten beispielsweise auf den Einsatz des Chloroforms in wünschenswerter Weise reagieren,
verfallen die Franzosen in hysterische Konvulsion. Die Parole der Nationalitäten
und Standesschranken überwindenden Humanität gilt aber in jeder Situation.

Sich selbst zeichnet Dunant als Vorbild, spart nicht mit Darstellungen der
eigenen Hilfsbereitschaft, weder, wenn es gilt, einen ekelerregenden Verband zu
wechseln noch eine Tröstung auszusprechen oder das Leiden durch Zigarren zu
mildern. An Gesten und Zurufen der Dankbarkeit von einfachen Soldaten fehlt

es ebenso wenig wie an Beweisen der Wertschätzung von ranghohen Offizieren und Befehlshabern. Sonderbar mutet die Selbstdarstellung dann an, wenn Dunant mit einem Cabriolet in die Sommerfrische fährt, um dem üblen Gestank in den Lazaretten ein wenig zu entgehen, ergriffen vom „einzige(n) und großartige(n) Schauspiel, den Kriegstrain zu sehen, welches das Hauptquartier des Kaisers der Franzoden umgab" (69), oder wenn er ohne Scham schildert, er habe inmitten von blutdurchtränkten und gehirnverspritzten Lazaretten wegen seiner blütenreinen Kleidung bei den Verletzten den Beinamen „der Weiße" bekommen.

Dunant endet mit einem pathetischen Aufruf zur Gründung einer Hilfsorganisation im Kriege mit der Hoffnung, ein ständig abrufbares ausgebildetes Personal möge krankenpflegerische und organisatorische Dienste gewährleisten können, um – ohne Rücksicht auf die Nationalität der Verletzten – unnötig schwere Folgen der Verwundungen einzudämmen, Amputationen zu vermeiden, den Heilungsprozess ungenügend gepflegter Wunden zu befördern, den Durst zu löschen, die Zahl der Toten zu verringern und die Toten ehrenvoll zu bestatten. Diese „philanthropische Aufgabe" schließt seelsorgerische Aspekte mit ein, also Sterbebegleitung im weitesten Sinne, religiösen Beistand, trostspendende Worte und Gesten, Kontaktaufnahmen mit Angehörigen, vor allem aber, um die von den Ärzten und Helfern aufgegebenen Opfer aus der „so bitteren Furcht des Verlassenseins" (110) zu befreien:

> Ein solcher Aufruf müsste sich gleichermaßen an Frauen und Männer wenden, an die Prinzessin zu den Stufen des Thrones ebenso wie an das einfache Dienstmädchen, das als Waise aufgewachsen in ihrer niederen Arbeit aufgeht, oder an die arme Witwe, die niemanden mehr hat in der Welt und ihre letzte Kraft dem Wohle des Nächsten opfern will. Er müsste sich an den General ebenso wenden wie an den Philanthropen oder den Schriftsteller, der von seinem Schreibtisch aus dank seiner Begabung durch Veröffentlichungen die Frage weitertreiben könnte, welche die ganze Menschheit angeht und im besonderen Sinne jedes Volk, jede Gegend und auch jede Familie, denn nirgends weiß man sicher, ob man sich den Folgen eines Krieges entziehen könne. (S. 113f.)

Die Notwendigkeit von Kriegen wird nicht in Zweifel gezogen, wohl aber werden für die Zukunft noch furchtbarere Zerstörungsmittel und noch mörderischere Schlachten befürchtet. Dunants Schlusswort steht im Dienst dieser düsteren Prognosen: „Die Humanität und die Zivilisation verlangen gebieterisch nach dem hier angedeuteten Werke."

Prof. Dr. Karin Tebben
Germanistisches Seminar
Ruprecht-Karls-Universität Heidelberg
Hauptstr. 207-209
69117 Heidelberg
karin.tebben@gs.uni-heidelberg.de

„Die Stimme von Solferino" – Telegrafie und Militärberichterstattung. Eine Presseschau

Philipp Osten

Am 28. November 2010 veröffentlichte die Enthüllungsplattform Wikileaks auf einen Schlag 251.287 US-amerikanische Botschaftsdepeschen. Ehemals geheime Dokumente lagen für Interessenten offen zugänglich im Netz. Allein die Fülle des Materials verhinderte eine sinnvolle Interpretation. Und so galt die Wikileaks-Veröffentlichung zunächst als große Stunde der alten Printmedien. Exklusiv sichteten Guardian, Spiegel und New York Times die Quellen vorab und bereiteten sie für ihre Leser auf. Doch der Coup misslang. Öffentliche Sitzungsprotokolle und in Eile von Botschaftspraktikanten aus Pressespiegeln zusammengeschriebene Charakterstudien von Parteipolitikern wurden als hochrangige Geheimdepeschen interpretiert. Nur ansatzweise gelang den Zeitungsredaktionen die Gewichtung ihrer Quellen.

Vor 150 Jahren stellten Tageszeitungen ihre Leser vor ähnliche Probleme. Die Telegrafie sorgte für eine nie da gewesene Nachrichtenflut. Je mehr Hauptstädte an das Netz der neuen Überlandkabel angeschlossen wurden, umso enger waren die Zeitungsseiten bedruckt. Tageszeitungen dokumentierten die telegrafisch eingegangenen Berichte ausländischer Medien. Die deutsche Berichterstattung über den Konflikt in Oberitalien ist ein frühes und bemerkenswertes Beispiel dafür.

Offiziell war Preußen neutral. Vor allem konservative Kreise forderten eine baldige Parteinahme für die Donaumonarchie. Der Eintritt in den Krieg wurde erwartet. Sehr genau beobachteten deutsche Zeitungen die Strategien der österreichischen Militärs, auch wenn den Wiener Blättern kaum brauchbare Informationen zu entnehmen waren. Umso aufschlussreicher die Pariser Zeitungen: offen und frei berichteten sie über die Erfolge und Misserfolge der französischen und sardischen Verbände. Seitenweise dokumentierten die großen preußischen Tageszeitungen diese Frontkorrespondenzen aus den Printmedien des potentiellen Kriegsgegners Frankreich. Gerahmt wurden die Fundstücke aus den einlaufenden Telegrafiedepeschen von Leitartikeln, in denen Redaktionen ihre geneigten Leser in der Interpretation der Bleiwüste anleiteten.

Vor 150 Jahren veränderte die Telegrafie den Charakter der Printmedien. Die Schlacht von Solferino fand in einer Zeit historischen Umbruchs statt. Zeitungsberichte prägten das öffentliche Bild einer Schlacht, die heute ein Sinnbild des Blutvergießens ist. Wie sie diesen Ruf erhielt, und welche Bedeutung Leid und Tod in der Kriegsberichterstattung zukam, davon handelt dieser Beitrag.

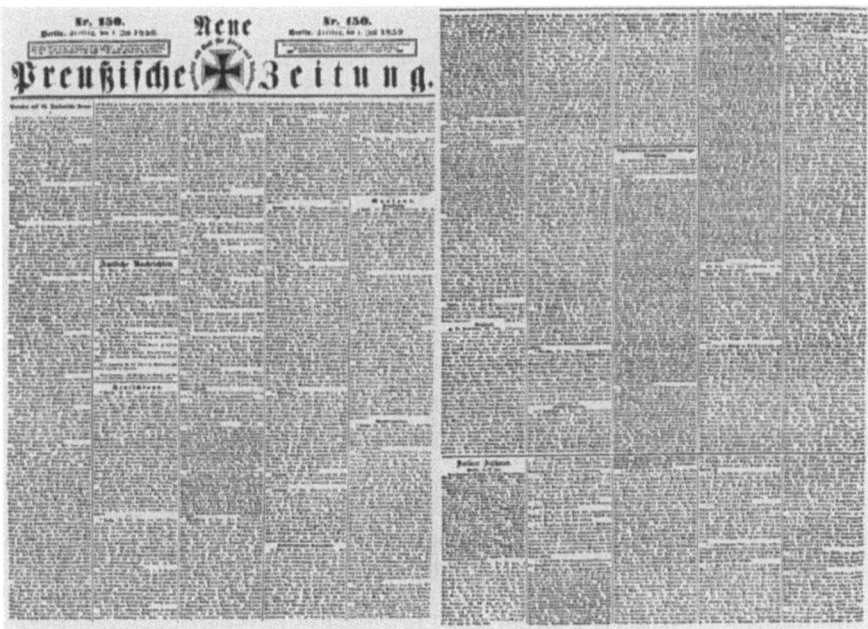

Abb. 1: Eine Bleiwüste aus telegrafischen Korrespondentenberichten und Kommentaren der Redaktion. Satzspiegel der ersten beiden Seiten der Preußischen „Kreuz" Zeitung vom 1. Juli 1859.

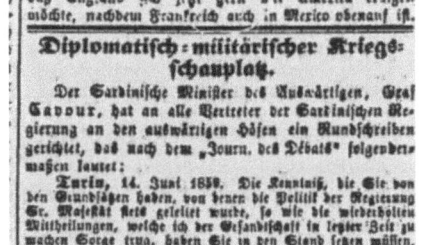

Abb. 2: Der Leitartikel (erste Seite, erste Spalte) trägt die Überschrift „Preußen und die Italienische Frage".

Abb. 3: Telegramme mit Berichten aus Sardinien, Paris und Wien sind unter der Überschrift „Diplomatisch militärischer Kriegsschauplatz" (ab der mittleren Spalte der zweiten Seite) versammelt.

Einführung

„Die Verluste der Sardischen Armee sind leider sehr bedeutend und belaufen sich auf nicht weniger als 49 Offiziere, die getödet, 167, die verwundet und 642 Unteroffiziere und Soldaten, die getödet, 3405, die verwundet und 1258 Mann, die vermißt wurden, im ganzen fehlten 5325 Mann beim Appell. Fünf Stück Geschütze bleiben in der Gewalt der königlichen Armee als Triumph dieses blutigen Sieges. [...]Die Verluste der Französischen Armee belaufen sich an Todten und Verwundeten auf 12,000 Mann Gemeine und 720 kampfunfähig gewordene Offiziere, von denen 150 getödet wurden. Unter den Verwundeten befinden sich die Generale de Ladmirauld, Forey Auger, Diem und Denay; 7 Obersten und 6 Oberstlieutenants wurden getödet. Was die Verluste der österreichischen Armee betrifft, so lassen sich dieselben nicht abschätzen."[1]

So nüchtern lautet die vorläufige Bilanz der Schlacht von Solferino in der Preußischen „Kreuz" Zeitung vom 5. Juli 1859. Zunächst hatten Journalisten ersten Berichten über die exorbitant hohen Opferzahlen keinen Glauben geschenkt. „Offenbar sehr übertrieben" fand beispielsweise das Heidelberger Tageblatt die Nachrichten über Tote und Verletzte der Schlacht, die die Redaktion am 28. Juni 1859 per Telegramm aus Bern erreichten.[2] Auch nachdem sich die Berichte bestätigten, bestimmten emotionslose Protokolle von Frontverläufen, Stellungswechseln, Scharmützeln und ausschweifend detaillierte Analysen der diplomatisch-militärischen Konsequenzen der Schlacht das Medienecho auf die kriegerischen Auseinandersetzungen in der Lombardei.

Für diese Schlachtberichte galt: Wenn von Toten die Rede war, diente ihre Zahl der quantitativen Bestimmung von Ausmaß und Bedeutung der Konfrontation. Studien über die Kriegsberichterstattung des 18. Jahrhunderts legen nahe, dass Zeitungen über individuelle Schicksale nur in Einzelfällen berichteten, und auch nur dann, wenn es um die Leiden der eigenen Zivilbevölkerung oder der Bevölkerung in einem verbündeten Land ging.[3] Nicht selten wurde das elende Sterben von Pferden beschrieben. Ihr Stöhnen und die letzten Bewegungen der geschundenen Körper waren Metaphern für Gewalt und Schrecken. Einzel-

---

[1] Ohne Autorenangabe: Diplomatisch-militärischer Kriegsschauplatz. In: Neue Preußische [Kreuz] Zeitung 153/1859, Dienstag, 5. Juli 1859, S. 3-4, hier S. 3.
[2] „Offenbar sehr übertrieben sind die Behauptungen eines Telegramms aus Bern, nach welchem die Österreicher 35,000 Mann Kampfunfähige und 15,000 Mann Gefangene verloren hätten! (selbst das neueste französische Bulletin spricht nur von über 7000 Gefangenen)." Ohne Autor: Vom Kriegsschauplatz. In: Heidelberger Tageblatt 149/1859, Mittwoch, 29. Juni 1859, S. 1.
[3] Dainat, Holger: Der siebenjährige Krieg in den Medien. In: Krieg ist mein Lied. Der Siebenjährige Krieg in den zeitgenössischen Medien. Göttingen 2007, S. 9-26.

schicksale von Soldaten hingegen waren in der lange etablierten Tradition der Kriegsreportage tabu.⁴ So kam es, dass Verluste bei den Mannschaften getrennt von den Opfern unter den Offizieren gezählt wurden, und beide Ziffern noch 1859 (wie in dem oben wiedergegebenen Zitat) in einer Reihe mit der Anzahl der eroberten Geschütze standen. Doch die Nüchternheit der Zahlenkolonnen in der Preußischen „Kreuz" Zeitung trügt. Selbst das kreuz-konservative Blatt passt seine Berichterstattung neuen Gegebenheiten an.

Die in diesem Beitrag zusammengestellte Auswahl von Reportagen aus der Zeit unmittelbar nach der Schlacht von Solferino ist von der Frage geleitet, ob bereits in diesen ersten publizistischen Zeugnissen ein Mitgefühl mit den Opfern aufscheint. Untersucht wird die Struktur der neuen, alternativen Berichte. War die ‚Erfindung der Menschlichkeit im Kriege' eine publizistische Initiative? Welche Ziele verfolgten Korrespondenten, wenn sie die Perspektive der teilnehmenden Truppen einnahmen und dafür den Blickwinkel der Strategen und Generäle aufgaben? Bei der folgenden Analyse werden Nachrichtenwege rekonstruiert. Ein genauer Blick auf die Entstehung von Zeitungsausgaben zeigt, dass sich die Rolle der Korrespondenten, der weitgehend unangefochtenen Helden einer neuen Kriegsberichterstattung, maßgeblich vor dem Hintergrund technischer Neuerungen und daran angepasster redaktioneller Praktiken gestaltete. Der Blick auf den Krieg wurde individueller. Die Berichterstattung über ihn erhielt ein neues Gesicht, um dessen Form und Inhalt gerungen wurde. Die Schlacht von Solferino war eine paradigmatische Station auf dem Weg hin zu der heutigen Kriegsberichterstattung, in der Betroffenheit und Empörung etablierte Bestandteile sind.

Gemeinsames Merkmal vieler hier vorgestellter Quellen ist die scheinbare Neutralität der Berichte. Sie war um 1860 ein neues Charakteristikum der Kriegsberichterstattung. Das liegt unter anderem darin begründet, das die Telegraphie Zeitungsredaktionen eine Fülle entgegengesetzter Ansichten ins Haus spülte, die gesichtet und bewertet Eingang ins Blatt fanden. In frappierender Offenheit wurden Meldungen publiziert, die nicht dem Tenor des jeweiligen Organs entsprachen. So druckte die Preußische Kreuz Zeitung über Paris verbreitete Verlautbarungen der italienischen Unabhängigkeitsbewegung mit dem Vermerk: „Die nachstehende Depesche ist dem telegraphischen Bureau ohne Angabe

---

⁴ Vgl.: Gestrich, Andreas: Kriegsberichterstattung als Propaganda. Das Beispiel des „Wienerischen Diarium" im Siebenjährigen Krieg 1756-1763. In: Daniel, Ute (Hg.): Augenzeugen. Kriegsberichterstattung vom 18. zum 21. Jahrhundert. Göttingen 2006, S. 23-39. Sowie: Knightley, Phillip: The first casualty. The war correspondent as hero and myth-maker from the Crimea to Iraq. Baltimore, Md. 2004.

der Quelle, der sie entnommen ist, zugegangen."[5] Zur raschen Information über das aktuelle Tagesgeschehen war diese Praxis unabdingbar. Aus heutigem Blick erscheinen die historischen Zeitungsseiten wie Informationssammlungen. Gerade in deutschen Blättern fällt eine überraschende Pluralität der Berichterstattung über Solferino ins Auge. Sie kann wohl nur vor dem politischen Hintergrund der preußischen Position zum Sardinischen Krieg und vor dem historischen Kontext der Korrespondentenberichte verstanden werden.

Kriegskorrespondenten

Henri Dunants folgenreiches Buch ‚Souvenir de Solferino' ist bei weitem nicht der erste Schlachtbericht, der die Schrecken des Krieges und die Leiden der Verwundeten schildert. Die Publikation folgt einem Trend, der wenige Jahre zuvor mit der britischen Berichterstattung über den Krimkrieg einsetzte. Vor allem William Howard Russels (1821-1907) Reportagen aus dem Orient, deren Veröffentlichung in der Times große Unruhe auslöste, beschränkten sich erstmals nicht auf militärisch-diplomatische oder strategische Analysen. Russel befragte Soldaten nach der Schlacht, besuchte Lazarette und prangerte die mangelhafte Versorgung der Verwundeten an.[6] Wie Dunants Buch knapp ein Jahrzehnt später die Gründung des Roten Kreuzes beförderte, gelten Russels Reportagen als Auslöser für die Entsendung von Florence Nightingale (1820-1910) in das Kriegsgebiet. Seine Artikel enthielten zwei Elemente, die für die Zukunft zum Definitionskriterium des ‚modern war correspondent' werden sollten: Ein Kriegsreporter berichtet persönlich vom Ort des Geschehens und seine Texte sind durch Empathie mit den Opfern geprägt.

Bei seinen Lesern wich die nationale Identifikation mit einem Feldherrn der Identifikation mit einfachen Soldaten. Das zeigte sich im Februar 1855, als die geistreichen Briefe Russels von der Front immer deutlicher werden:

"I should never finish if I were to give you all the absurdities, faults, errors – nay, I could nearly call them crimes – which gnaw like so many cancers, into the organization of the English army. [..] It nearly breaks one's heart, to see the finest

---

[5] Paris 24. Juni. Morgens. In: Neue Preußische [Kreuz] Zeitung. Nr. 145/1859 Samstag, 25. Juni 1859, S. 3.
[6] Hammond, William Michael: The Light of Controversy. Five Essays on the Rise of the War Correspondent, 1848-1916. Washington D.C. 1973, S. 31-92.

soldiers in the world [...] sacrificed to the incapability and childish imbecility of
an old man."[7]

Die edelsten Soldaten der Welt werden für die Fehler und Verbrechen einer
‚schwachsinnigen Führung' geopfert. Die Lehre aus diesem Vorwurf ist heute im
Fernsehen, war zuvor in Wochenschauen und im 19. Jahrhundert auf großfor-
matigen, offiziellen Schlachtgemälden zu beobachten. Oberste Heerführer besuchen die Truppe, begleitet vom Medientross und in der Hoffnung, vom Ruf der
tapferen Frontkämpfer zu profitieren.

Berichterstatter griffen das Tagesgespräch in den Unterkünften auf und
trugen es zurück nach London, und so wurden bisweilen längere Passagen ganz
alltäglichen Problemen gewidmet, wie beispielsweise der Verwunderung darüber,
dass Whitehall seiner Armee säckeweise rohe, knallgrüne Kaffeebohnen geschickt hatte, die unmöglich in einem Zeltlager geröstet werden konnten.[8]

Der Korrespondent Russel schrieb über eine Begebenheit, die er „der Öffentlichkeit daheim in England zum ruhigen Nachdenken festhielt, ohne sie mit
einem eigenen Wort zu kommentieren".[9] Im Folgenden gab er in Dialogform die
erfolglosen Bemühungen eines Schiffschirurgen wieder, bei einem Logistikoffi-
zier drei Bolleröfen zu ordern, an denen sich seine an Cholera erkranken Patienten hätten wärmen können. Ein anderer Militärarzt berichtete Russel, die Feld-
apotheke stelle weder Mittel gegen Durchfall, gegen Schmerzen noch gegen Fieber bereit. Die Statements der empörten Soldaten und Mediziner ergänzte der
Korrespondent durch eigene Vermutungen, welche Strukturen denn wohl die
Verantwortlichen in London dazu gebracht hätten, die britische Expedition auf
die Krim durch ihre ineffiziente Bürokratie zu torpedieren. Die Empörung in
Russels Briefen war von Spott geprägt. Hervorragend lesbar sorgten sie für Par-
lamentsdebatten und Kabinettskrisen. Allerdings – den Krieg selbst stellten Russels Berichte zu keinem Zeitpunkt in Frage.

Die Reportagen in der Times waren klassische Briefe, Reiseberichte deren
Aufbau sich wiederholte. Der Verfasser begann mit kurzen Hinweisen auf seinen
momentanen Standort, es folgte ein detaillierter Wetterbericht, und dann ging es
zur Sache; der Augenzeuge beschrieb, was er sah: Stickige enge Unterkünfte,

---

[7] The War. The british expedition. From another correspondent. In: The Times, Samstag, 3. Februar 1855; pg. 7; Issue 21968; col B.
[8] The War. The British Expedition (From our special Correspondent). In: The Times,
Mittwoch, 7. Februar 1855, S. 7.
[9] The War. The Siege of Sebastopol (From our special Correspondent). In: The Times,
Montag 12. Februar 1855, S. 9.

Massenquartiere mit Verwundeten und die entstellten Gesichter der Leichen, die auf Maultieren vorüber transportiert wurden.

Bei Solferino war es ähnlich: In den Monaten nach den Auseinandersetzungen in der Lombardei verband sich bei den Sympathisanten Österreichs die Kritik an der militärischen Führung mit dem Lob der tapferen Soldaten.

Drei Themen sind es, anhand derer die Lebensbedingungen von Soldaten im Kampfeinsatz bis heute für Diskussion sorgen: Ernährung, materielle Ausstattung und medizinische Versorgung. Das reicht von der Kampagne zur kostenfreien Grundausstattung mit schusssicheren Westen, die Toni Blair in Bedrängnis brachte, bis hin zur aktuellen Diskussion über mangelhafte psychologische Betreuung in der Bundeswehr. Auf den ersten Blick scheinen solche Berichte verheerend für die militärischen Medienstrategen im Presse- und Informationszentrum zu sein. Dabei ist ihr Gewinn nicht unerheblich. Eine kritische Reportage fördert die Identifikation mit den Soldaten und damit letztendlich auch mit der Sache, für die sie eintreten.

Es wird kolportiert, Russels Stil, der prägend für die Berichterstattung der Kriegskorrespondenten ist, sei aus der Not geboren. Nach einigen wenigen kritischen Artikeln habe man ihn in einer Art präventiven Zensur von den Besprechungen des Generalstabs ausgeschlossen. Erst dann hätte Russel begonnen seine Informationen aus Gesprächen mit Militärärzten, Quartiermeistern und einfachen Soldaten zu gewinnen.[10] Diese These widerspricht dem Duktus seiner Briefe. Anders als ein Londoner Journalist in der Redaktionsstube, der in der Rolle des allwissenden Erzählers seine gesammelten Informationen für die Leser gruppiert, ordnet und kommentiert, war der Korrespondent ein vergleichsweise einseitiger Beobachter. Seine Rolle war es, subjektiv, bisweilen auch naiv zu sein. Idealerweise generierte er auf diese Weise genau jene Fragen, die in der heimischen Redaktion durch Hintergrundanalysen beantwortet wurden. Der Kriegsberichterstatter als Augenzeuge publiziert seine persönliche Sicht eines Geschehens.

Ein militärärztlicher Kriegsbericht

Bevor Kriegskorrespondenten in die Schlacht zogen, die mit dem Heer verpflegt wurden und die Unterkünfte mit den Mannschaften teilten, waren es Mediziner, die eingebettet in die Truppe Kriege erlebten und darüber berichteten. Ein frü-

---

[10] Korte, Barbara: Represented Reporters. Images of War Correspondents in Memoirs and Fiction. Bielefeld 2009, S. 46.

hes, plastisches Beispiel ist ein 1849 erschienenes Buch über Schusswunden, in
dem der badische Militär Oberarzt Bernhard Beck (1821-1894)[11] seine Erfahrungen aus dem Schleswig-Holsteinischen Krieg beschrieb. Wohl dosiertes Mitgefühl
dient in seinem Bericht der narrativen Stilisierung des eigenen heroischen Einsatzes:

> „Im Felde beginnt das herrliche Wirken des Militärarztes, hier kann er sein Ideal,
> die Erhaltung und Sicherung des Lebens, der ihm von Heimath und Familie
> entfernten, anvertrauten Söhne des Vaterlandes am schönsten unter den
> ungünstigsten Verhältnissen zu verwirklichen sich bestreben. Als ein Mitglied der
> grossen Familie, die eine Armee bildet, theilt er mit seinen Kameraden, seinen
> Truppen alles, was das Schicksal über dieselbe verhängt, anstrengende Märsche,
> Strapatzen, Entbehrungen aller Art [...]; beginnt der blutige Reigen, entspinnt sich
> der Kampf, wo Feldherren-Talent und persönlicher Muth in wenigen Stunden das
> Loos von Millionen entscheidet, so ist er entweder im Tosen der Schlacht, in der
> Nähe seines Truppenkörpers unter dem Knattern der Musketen, im dichten
> Kugel-Regen, beim Sturme der Colonnen thätig, um den ersten Verband zu
> besorgen, oder erwirkt unermüdlich auf dem, oft den Geschützkugeln
> ausgesetzten Verbandplatze, bei der Ambulance als Operateur, wo derselbe sich
> durch keine drohende Gefahr in Erfüllung seines Berufes stören lassen darf, mit
> Geistes Gegenwart und kaltem Blute für die zahlreichen Verwundeten in der
> geeigneten Weise sorgt. Der Wundarzt ist auf dem Schlachtfelde, dessen Anblick
> so traurig und betrübt ist, der, auf den die Armeen sehen und auf dessen redliche
> Hülfe [sie] ihre trostvolle Hoffnung setzen; wie sehr soll sich nicht jeder
> bemühen, dieses Zutrauen zu verdienen. [...] Die Verwundeten und Kranken
> erheischen eine andauernde Behandlung, sie müssen in die nun zu errichtenden
> Lazarethe gebracht werden, eine Anzahl von Ärzten wird ihre weitere
> Krankenpflege übernehmen, und hier kann bei dem oft mangelnden Material
> verlassen, von dem Nothwendigsten, die Umsicht des Arztes, sein Eifer, seine
> rastlose Thätigkeit nebst dem geeigneten Heilverfahren, den Armen Beruhigung,
> Trost und Rettung bringen und derselbe sich als ihr wahrer Freund und zweiter
> Vater bewähren."[12]

Annähernd diese Rolle wird es sein, die auch die ersten Berichterstatter aus Solferino einnehmen. Korrespondenten der New York Times wurden auf Seiten der
Französischen Armee in die Truppe eingebettet. Sie erlebten die Schlacht aus der

---

[11] Zu (von) Beck vgl.: Direktion der Senkenbergischen Naturforschenden Gesellschaft:
Bericht über die Senkenbergische Naturforschende in Frankfurt am Main 1895, Frankfurt /Main (Knauer) 1895, S. IV.
[12] Beck, Bernhard: Die Schuss-Wunden. Nach auf dem Schlachtfelde wie in dem Laza-
rethe während den Jahren 1848 & 49 gesammelten Erfahrungen. Heidelberg (Julius
Gross) 1850, S. 8-10.

Perspektive der Soldaten und nicht aus der sicheren Warte einer Beobachtungs-
station für höhere Offiziere. Nicht selten sollten die Berichterstatter bei Versorgung der Verwundeten helfen, wie ein bisher noch unbekannter Korrespondent,
dessen Telegramm Anfang Juli 1859 in der Freiburger Zeitung erschien oder –
wie Henri Dunant.

Solferino in der Neuen Preußischen (Kreuz) Zeitung

Die Preußische „Kreuz" Zeitung stand nicht im Verdacht, dem Konflikt in der
Lombardei neutral gegenüber zu stehen.[13] „Garibaldifieber"[14] attestierte die moderate Satirezeitung Kladderadatsch den aufgebracht gegen die italienischen Un-
abhängigkeitsbestrebungen leitartikelnden Redakteuren des konservativen Blat-
tes. Dementsprechend scharf fiel der Leitartikel am 1. Juni 1859 aus. Preußen sei
eine europäische Großmacht, in der Frage der drohenden italienischen Unab-
hängigkeit könne sich die Regierung nicht allein auf Diplomatie verlassen. Die
Freiheitsbewegung wurde als Gefahr für die herrschende Ordnung gesehen.

> „Bewahrung der Legitimität und des historischen Rechts gegenüber der neuen
> französischen Nationalitäs- Wahl- und Einschwörungstheorie: – es sind dies alles
> Fragen von tiefgreifender Europäischer Bedeutung, Fragen, die natürlich auch in
> Italien in eigentümlicher Färbung und Gestaltung auftreten; doch spezifisch Ita-
> lienische Fragen sind es nicht."[15]

In Italien, so versucht dieser Leitartikel deutlich zu machen, stehe die Zukunft
der europäischen Gesellschaftsordnung auf dem Spiel. Als Großmacht hätte
Preußen nicht tatenlos bleiben dürfen. Tatsächlich gingen die USA fest von einer

---

[13] Dagmar Bussiek schildert in ihrer Geschichte der Kreuzzeitung, wie sich die zunächst
neutral gebende Redaktion im Verlauf des Konfliktes immer offener positioniert. Im
April 1859 druckt die Zeitung anstelle eines Leitartikels eine ‚Zuschrift aus Süddeutschland', die das sofortige Ende der preußischen Neutralität fordert, ansonsten werde das
Vertrauen der Klein- und Mittelstaaten in Preußen schwinden und das linke Rheinufer
sei bald wieder Französisch. Vgl.: Bussiek, Dagmar: „Mit Gott für König und Vaterland!" Die Neue Preußische Zeitung (Kreuzzeitung) 1848-1892 (=Schriftenreihe von
Stipendiatinnen und Stipendiaten der Friedrich-Ebert-Stiftung 15). Münster 2002.
[14] Vgl.: Streiter-Buscher, Heide: Einführung. In: Fontane, Theodor: Unrechte Korrespondenzen. 1860-1865. Herausgegeben von Heide Streiter-Buscher. Berlin 1996, S. 1-70,
hier S. 25.
[15] Preußen und die Italienische Frage. Leitartikel der Neuen Preußischen [Kreuz] Zeitung 150/1859. Freitag 1. Juli 1859, S. 1.

preußischen Mobilmachung aus.[16] Der Artikel der Kreuzzeitung allerdings war keine Aufforderung mehr, in den Konflikt einzugreifen. Mit den Nachrichten über den Ausgang der Schlacht von Solferino war auch den Konservativen klar, dass dieser Krieg nicht zu gewinnen war. Der Leitartikel war als Kritik und Mahnung gedacht. Drei eng bedruckte Seiten umfasst die Berichterstattung über den Konflikt an jenem Freitag, den 1. Juli 1859 (die ersten beiden Seiten zeigt Abb. 1). An ihrem Ende stand ein Augenzeugenbericht eines österreichischen Hauptmanns, der den Kampfeswillen einzelner Soldaten hervorhob. Veröffentlicht in einem vor allem von höheren Offizieren gelesenen Blatt, war die Korrespondenz vom Schlachtfeld ein unverhohlener Hinweis. Die Redaktion hielt Neutralität für Feigheit. Und so kam es zum ersten plastischen Augenzeugenbericht in der Kreuzzeitung, in dem von Verwundungen und von Blut die Rede war:

„(...) Ein Corporal meiner Companie z. B. erhielt gleich anfänglich einen Schuss von einer Kugel durch den Schenkel; schnürte die Wunde aber fest zusammen, dass sie nicht verblutete, und feuerte dann ruhig mit solcher Sicherheit weiter, dass viele seiner Schüsse ihr Ziel trafen. Eine zweite Kugel riss dem Corporal sein linkes Ohr fort. Er fuhr zu feuern fort. Noch eine dritte Kugel traf ihn in die Hüfte. Er ward nun so schwach, dass er nicht mehr alleine stehen konnte, setzte sich auf einen Steinhaufen, wies meine Aufforderung zurückzugehen mit den Worten ab: „So lang ich noch meine Arme rühren kann, schieße ich auf diese Feinde, die unserm Kaiser so bitteres Leid angetan haben", und schoß nun weiter bis eine Kanonenkugel ihn förmlich zermalmte. Auch ein Cadet, ein blutjunges Bürschlein aus guter Familie draußen im Reich verteidigte sich mutig mit dem Bajonett gegen zwei riesige Französische Grenadiere, und obgleich er schon aus vielen Wunden blutete wollte er sich nicht ergeben, bis er endlich mit zerschmettertem Hirnschädel zusammenstürzte. (...)"[17]

Als Sinnbild der Tapferkeit wird ein Soldat im Mannschaftsgrad beschrieben und mit der Figur des sterbenden Kadetten – damals die Bezeichnung für einen meist adligen Offiziersanwärter – wählte die Kreuzzeitung den niedrigsten militärischen Rang aus dem habituellen Umfeld ihrer Leserschaft. Das Bild des ‚treuen, tapferen Soldaten' wird mit der Einführung der allgemeinen Wehrpflicht zu ei-

---

[16] Vgl.: Three Days later from Europe. In: The New York Times, 13. Juli 1859, S. 1
[17] Aus dem Briefe eines Österreichischen Hauptmannes in Italien. In: Neue Preußische [Kreuz] Zeitung 150/1859, Freitag 1. Juli 1859, S. 3. Der Brief, darauf wies auch die Redaktion der Kreuzzeitung hin, war vor der Schlacht von Solferino verfasst worden.

ner festen rhetorischen Figur.[18] In Preußen existierte sie seit über 40 Jahren, seit der Heeresreform; in Österreich wurde sie sechs Jahre nach Solferino eingeführt – pünktlich zum Beginn des Preußisch-Deutschen Krieges.

An einer Stelle, und das ist bemerkenswert, schwingt in der Darstellung des Hauptmanns der später von Henri Dunant geprägte Topos ‚tutti fratelli' mit: „Was nun unsere Feinde, die Franzosen anbetrifft, so muss ich solchen im Allgemeinen ein gutes Zeugnis geben", schreibt der Korrespndent. Er kritisiert die Nachlässigkeit der Anzüge, doch die Französischen Truppen hätten anständig gefochten „und keine Rohheit ward von ihnen verübt". Ganz anders äußert er sich über ‚Zouaven' und ‚Turkos'. Mit Zouaven waren kabilische Söldner gemeint, als Turkos wurden die algerischen Schützenregimenter bezeichnet. Es sei empörend von Louis Napoleon, dass er diese „Raubbanden nun in einen Europäischen Krieg senden kann". Die Wut „all unserer Leute" gegen die Turkos sei grenzenlos, von einem „etwaigen Pardon geben" könne bei ihnen keine Rede sein.[19] Nordafrikanischen Truppen sollte nicht der zivilisatorische Anstand entgegengebracht werden wie Franzosen und Italienern. Hier formiert sich ein rassistisches Motiv, das die antifranzösische Propaganda bis in die Mitte des 20. Jahrhunderts begleiten wird.[20]

Und dennoch, nahezu unkommentiert druckte die Kreuzzeitung eine mehrspaltige umfassende Übersetzung eines Schlachtberichts aus der französischen Zeitschrift Le Moniteur, dem „Journal officiel de l'Empire français". Es wird mit über 400 Zeilen die bei weitem ausführlichste Darstellung zu Solferino sein, die die Kreuzzeitung im Sommer 1859 veröffentlicht. Nur zwölf Zeilen umfasst der redaktionelle Kommentar des französischen Berichts, er enthält aktualisierte Opferzahlen und weist auf abweichende Angaben zu den Sardinischen Verlusten in der Times hin.[21]

Der Konflikt, den die Kreuzzeitung einen „Europäischen Krieg" nannte,[22] und der in Solferino seinen Höhepunkt fand, besaß eine andere Qualität als die

---

[18] Zur Bedeutung der allgemeinen Wehrpflicht im Kontext der Entstehung des Roten Kreuzes, vgl. die Beiträge von Leo van Bergen und von Jon Arrizabalaga und Juan Carlos García Reyes in diesem Band.
[19] Aus dem Briefe eines Österreichischen Hauptmannes in Italien. In: Neue Preußische [Kreuz] Zeitung 150/1859, Freitag 1. Juli 1859, S. 3.
[20] Vgl.: Eckart, Wolfgang U.: Medizin und Kolonialimperialismus. Deutschland 1884-1945. Paderborn 1997, S. 526. Maß, Sandra: Weisse Helden, schwarze Krieger. Zur Geschichte kolonialer Männlichkeit in Deutschland, 1918-1964. Köln 2006, ab S. 72.
[21] Neue Preußische [Kreuz] Zeitung 153/1859, Dienstag 5. Juli 1859, S. 2-3.
[22] Neue Preußische [Kreuz] Zeitung 150/1859, Freitag 1. Juli 1859, S. 3.

Kabinettskriege der ersten Hälfte des 19. Jahrhunderts. Es war ein Krieg mit „revolutionären Zügen",[23] der um die Bildung einer Nation geführt wurde. Entsprechend hoch war in vielen Ländern die Identifikation mit der italienischen Seite. So sehr die Kreuzzeitung es auch herbeischreiben wollte, in der Bevölkerung war die Begeisterung für Österreich nicht groß. Der Allgemeinen Zeitung aus Augsburg ist zu entnehmen, dass die öffentliche Meinung in Preußen erheblich von der Linie der Konservativen abwich: „Namentlich tritt im Gespräche die Abneigung vieler gegen das gouvernementale Österreich nicht mehr bloß als Widerwille, sondern geradezu als Hass hervor",[24] heißt es in einer Analyse vom 26. Juni 1859. Das bayrische Blatt vermutete Protestantismus als Ursache und kritisierte die ‚Preisgabe' Österreichs heftig. In Frankfurt am Main konstituierte sich eine Bürgerversammlung und verabschiedete eine Resolution mit dem Wortlaut: „Deutschland muß mit Österreich gehen, Preußen soll hierzu die diplomatische und militärische Leitung übernehmen."[25]

Patriotischer Hilfsverein. Parteinahme in Baden.

Auch in Baden wurde die Parteinahme mit Österreich von Emotionen begleitet, Katholiken fürchteten eine weitere Zurückdrängung kirchlicher Einflüsse im Falle der italienischen Einigung. Öffentliche Stellungnahmen erfolgten in Form eines bürgerlichen Engagements, das sich insbesondere in Mitgefühl für die Verwundeten artikulierte. Neben Aufstellungen zum Spendenaufkommen für Kinderheime und zu Gunsten der Opfer von Hochwasserkatastrophen protokollierte die Freiburger Zeitung den Spendeneingang des ‚patriotischen Hilfsvereins für verwundete Krieger'. Die Herren, die ihr Geld bei der Expedition der Freiburger Zeitung abgaben, durften Solidaritätsadressen aussprechen, die in Kurzfassung in der Zeitung veröffentlicht wurden, ergänzt durch die Angabe der Summe Geldes, der Naturalien oder der Altkleider, die dem Spender seine Unterstützung wert waren. Welche der Sprüche Werbung des Vereins darstellten, und welche von Spendern selbst gedichtet wurden, lässt sich nicht rekonstruieren. Unter anderem sind folgende Motivationen in der Freiburger Zeitung nachzulesen:

---

[23] Nipperdey, Thomas: Deutsche Geschichte 1800-1866. Bürgerwelt und starker Staat. München 1993, S. 693.
[24] Die öffentliche Meinung in Berlin. In: Allgemeine Zeitung 180/1859, Augsburg 29. Juni 1859, S. 2937-2938, hier S. 2937.
[25] Allgemeine Zeitung, Augsburg. 183/1959, 2. Juli 1859, S. 2987.

- „von F v. R. abermals 10 Gulden, »ein Protestant für die katholischen Brüder der braven österreichischen Armee«".

- „von ungenannt 4 fl., mit dem Motto Allerheiligste Dreifaltigkeit d. G. und hl. Geist erleuchte, lenke und stärke Fürsten, Völker und Familien zum wahren Frieden, zur christlichen Enthaltsamkeit und Genügsamkeit".

- „von H. mit dem Motto, wo ist des Deutschen Vaterland".[26]

- „von R. für verwundete österreichische Krieger".[27]

- „ob Katholik ob Protestant, den Brüdern gilt's, es gilt dem Vaterland".[28]

- „Für deutsche Freiheit geben sie ihr Leben/ Zum Dank wird ihnen Geld – und Lumpen geben.[29]

Die Zweizeiler spendender Badener waren so beliebt, dass sogar die Augsburger Zeitung daraus zitierte.[30] Neben Goldreifen und einzelnen Paketen Charpie gaben die Freiburger Bürger gerne französische Münzen mit dem Konterfei Napoleons, auch das wurde ausführlich protokolliert.

Am 6. Juli 1859 druckte die Freiburger Zeitung ihren ersten „Bericht eines Augenzeugen der Schlacht von Solferino". Und dieser Augenzeuge wird selbst in den Krankenlagern aktiv.

„ (...) einige Geistliche und wenige Damen verteilten Boullion, aber so mangelte es leider an Armen, um den verschmachtenden sterbenden Soldaten einen Trunk Wasser zu reichen. Ich und mehrere meiner Freunde verzögerten unsere Abreise, um diese unglücklichen Opfer des Kriegs mit etwas mit Wein vermischtem Wasser zu laben, aber was vermochten die Bemühungen Einzelner bei so gränzenlosem Elend; wir konnten uns der Tränen nicht enthalten. Von Montechiari bis Castiglione war der Weg mit Verwundeten bedeckt; Wagen nur für 4 oder 5 Mann berechnet, waren mit 20 bis 25 Mann beladen. (...) keine Worte vermögen den Anblick zu schildern, der sich unseren Blicken zu Castiglione bot.: Der Kirchhof, der die Stadt umgibt, war voller Gefangenen; 3000 Mann waren hier aufeinander gedrängt, die Offiziere bildeten in einem Winkel eine besondere Gruppe. Die Kirche des Ortes war zur Ambulanz verwandelt; schwer verwundete Österreicher und Franzosen lagen dort ächzend und wehklagend auf ein wenig

---

[26] Freiburger Zeitung Nr. 152/1859, 28. Juni 1859, S. 633.
[27] Freiburger Zeitung Nr. 153/1859, 29. Juni, S. 639.
[28] Freiburger Zeitung Nr. 157/1859, 3. Juli 1859, S. 655.
[29] Freiburger Zeitung Nr. 158/1859, 5. Juli 1859, S. 659.
[30] Vgl.: Allgemeine Zeitung, Augsburg. 183/1959, 2. Juli 1859, S. 2987.

Stroh, nichts als Stöhnen und Schreien nach Wasser. Und zu allem Unglück war hier kein anderer Chirurg als ein gefangener österreichischer Sanitätsoffizier, der nichts als eine Schere zu seinen Operationen besaß. Von der Ambulanz begab ich mich zu den Gefangenen; und hier war der Anblick nicht weniger ergreifend. (...)"[31]

Bemerkenswert ist, dass der Bericht direkt neben der Spalte abgedruckt wurde, in der die Freiburger Zeitung die Spenden des patriotischen Hilfsvereins für verwundete österreichische Krieger aufführte. Der Korrespondent schrieb von einem Ort, wo die Gefangenen Österreicher waren. Handelt es sich bei dem Text um eine Übersetzung aus dem Französischen? Nachvollziehen lässt sich nicht mehr, wessen Bericht aus welcher Telegraphenleitung in die Freiburger Redaktionsstube gelangte. Oft blieb die ursprüngliche Quelle selbst den Redaktionen unbekannt. Angegeben ist lediglich, dass der Bericht vom 26. Juni stamme. Zum Vergleich: Henri Dunant schreibt in seiner ‚Erinnerung an Solferino':

„Während des 25., 26. und 27., welche Todeskämpfe und welche Leiden! (...) ich für meinen Theil (...) nahm mich besonders einer der Kirchen von Castiglione an (...) Mehr als 500 Soldaten waren hier untergebracht und mindestens noch gegen Hundert lagen vor der Kirche auf Stroh und unter den Tüchern (...)".[32]

Ist der Korrespondent der Freiburger Zeitung dem Reisenden aus Genf begegnet? Ließ sich der Eine vom Bericht des Anderen inspirieren, oder stammten beide Schilderungen aus ein und derselben Feder? Über Kehl war das Badische Telegrafennetz an die französischen Linien angeschlossen. Der Anschluss an das Schweizer Telegrafennetz erfolgte über Haltingen bei Weil am Rhein.[33] Knotenpunkt beider Linen war Karlsruhe. Nachrichten aus der Schweiz trafen in Freiburg ein, ohne dass ein Translator dazwischen geschaltet war, während die französischen Kabel in Karlsruhe gelesen, niedergeschrieben und mit neuer Stromversorgung über Batterie erneut gemorst wurden.[34] Wie häufig dabei unerwünschte oder vermeintlich unwichtige Details, wie die Angabe der Quelle oder des Urhebers der Nachricht, verloren gingen, belegen die Hinweise der Kreuzzeitung, die sich be-

---

[31] Vom Kriegsschauplatz. Freiburger Zeitung Nr. 159/1859, 6. Juli 1859, S. 665.
[32] Dunant, Henry: Eine Erinnerung an Solferino. Basel 1863, S. 54.
[33] Vgl.: Bissart, A.: Deutschland. Sein Volk und seine Sitten in geographisch-ethnographischen Charakterbildern. Stuttgart 1860, S. 57. Sowie: Knies, Karl: Der Telegraph als Verkehrsmittel. Mit Erörterungen über den Nachrichtenverkehr überhaupt. Tübingen 1857.
[34] Vgl.: Galle, Ludwig: Katechismus der elektrischen Telegraphie. Leipzig 1855, S. 144.

mühte, die Herkunft ihrer Telegramme zu dokumentieren, oft aber schreiben musste, dass ihr die Nachricht nur unvollständig übermittelt wurde.[35]

2446 Gulden und 34 Kreuzer nahm der patriotische Hilfsverein für verwundete Krieger bis zum 6. Juli 1859 ein; so steht es in der Spalte unmittelbar neben dem ‚Bericht vom Kriegsschauplatz' unbekannten Ursprungs. Es wurde mehr benötigt. Am übernächsten Tag druckte der Hilfsverein unter seiner Spenderliste einen Brief aus Innsbruck, der mit den Worten beginnt: „Die letzte unglückliche Schlacht bei Solferino hat die Zahl der Verwundeten so enorm gesteigert, dass wir hierher wohl gegen 10.000 Mann in die Spitäler bekommen werden."[36]

Es dauerte weitere vier Tage, bis die ersten kritischen Analysen „warum die Österreicher nicht siegten" in der Freiburger Zeitung erschienen. Die Reportagen stammten aus Verona, und sie sparten nicht mit Kritik. In den Sanitätsmaßnahmen habe es „an Voraussicht und Sorgfalt gefehlt".[37] Die Inspektion in den Spitälern „sei über allen Glauben lässig vor sich gegangen".[38] Bis zu 16 Stunden hätten die Verwundeten auf ihren Transport warten müssen, und schließlich seien sie auf die bloßen Holzbohlen der Fuhrwerke gelegt worden. Am schwersten wog der Vorwurf, die Lazarette in Verona seien insgesamt auf lediglich 1000 Patienten vorbereitet gewesen. „Was Wunder, wenn die Armee aufgrund dieser Sorglosigkeit, Unfähigkeit oder Schlechtigkeit entrüstet, von ihren Kriegsherren schnelle Untersuchung und exemplarische Bestrafung der Schuldigen erwartet!"[39]

Zum Vergleich: Solferino-Berichterstattung in England und in den USA

Erwartungsgemäß finden sich in der Londoner Times bereits sehr früh nach der Schlacht von Solferino Reportagen, in denen kritisch über die Militärführungen berichtet wird, und bei denen das Leid der Verwundeten im Mittelpunkt steht. Nicht einmal fünf Jahre lag die Debatte über die Berichterstattung Russels aus dem Krimkrieg zurück.[40] Über Solferino schrieb am 25. Juni ein Sonderkorrespondent der Times aus dem österreichischen Hauptquartier in Verona folgende Zeilen, die am 2. Juli in London erschienen:

---

[35] Vgl. Fussnote 5
[36] Freiburger Zeitung Nr. 157/1859, 8. Juli 1859, S. 673.
[37] Die Ursachen, warum die Österreicher nicht siegten. In: Freiburger Zeitung Nr. 164/1859, 12. Juli 1859, S. 683.
[38] Ebendort, S. 684.
[39] Ebendort, S. 684.
[40] Arrival of the Wounded in the Bosphorus. In: The Times, 9. Oktober 1854, S. 8.

„Die Franzosen beschossen Solferino aus der Nähe, und bald war es kein sicherer
Ort mehr für den [österreichischen] König und sein Gefolge. Der Rückzug begann, und als ich durch die Straßen lief, sah ich sie übervoll mit Kranken in provi-
sorischen Lazaretten und auf Krankentragen. Ich dachte, was für ein furchtbares
Schicksal wird diese Männer erwarten, die bereits im Feld verwundet wurden,
und die nun als passive Beobachter neuer Kämpfe hier bleiben müssen."[41]

In derselben Ausgabe wird der Ausspruch eines französischen Soldaten zitiert:

„Mischen Sie Blut, Rauch, Staub, Gewehrsalven, das Rasseln der Waffeln, Schreie
der Soldaten, das Schlagen der Trommeln. Machen Sie ein Ragout daraus und Sie
haben die Stimme von Solferino."[42]

Die klassische Kriegsberichterstattung für die sich die Times einen Namen gemacht hatte, wurde in London unmittelbar nach der Schlacht aufgenommen. Zu
dieser Zeit sammelten deutsche Zeitungen noch Telegrafenberichte, die sie ihren
Lesern weitgehend unkommentiert zur Verfügung stellten. Die Korrespondenten der Times, die vom Schlachtfeld, aus Verona, Wien und aus Paris berichten,
fassen Einzelstimmen von Interviewpartnern zu Reportagen zusammen. Diese
Kriegsberichte legten den Charakter von Reisebeschreibungen ab, der noch Russels Briefen nach London anhaftete. Interessant ist, wie die Reportagen in
Deutschland gelesen wurden. Kreuzzeitung und Augsburger Allgemeine Zeitung
werteten die Korrespondenzen der Times aus. Beide filterten die Information.
Das konservative Berliner Blatt nutzte die Times-Korrespondenzen, um französische Presseberichte zu korrigieren. Die Augsburger beschränkten sich in ihrer
Wiedergabe der Times fast ausschließlich auf Feuilletonistisches: Ausführlich
gaben sie an ihre Leser den Bericht über den Ballonflug der „Aeronauten Gob-
bard" über das Schlachtfeld weiter. Dass die Times darüber berichtete, die Österreicher hätten ihre Schwerverwundeten „ohne Obhut" zurückgelassen, wird
immerhin in einem Nebensatz erwähnt.[43]

Zwei medizinische Zeitungen, das British Medical Journal (BMJ) und The
Lancet, stellen die Verwundetenversorgung in den Mittelpunkt ihrer Berichterstattung. Das BMJ berichtet über die hygienischen Bedingungen der Mailänder
Krankenhäuser in den höchsten Tönen: Vornehme luftige Räume gebe es da und
parkähnlich Höfe. Amputationen würden bereits unter Äthernarkose ausge-

[41] The battle of Solferino. In: The Times, 2. Juli 1859, S. 9.
[42] Ebendort.
[43] Vom Kriegsschauplatz. London, 27. Juni. In: Allgemeine Zeitung 181/1859, Augsburg
30. Juni 1859, S. 2954.

führt.[44] Die Berichterstattung des Lancet dagegen orientierte sich an den Korrespondenzen französischer Zeitungen. Kolportiert werden die Emotionen eines Chirurgen, der am Morgen nach der Schlacht erschüttert und erschöpft im Operationssaal zwischen den Amputierten einschlief, und der bereits im Krimkrieg Erfahrung gesammelt habe. Die Ärztezeitung hebt hervor: „the medical officers are exposed to all the dangers of warfare. These considerations will certainly gain for them much esteem and sympathy from the whole civilized world".[45]

Die Zeitschrift „The Rambler" (zu Deutsch: Der Wanderer) sah die Verwundetenversorgung weniger euphemistisch: zwei Wochen nach der Schlacht lägen 12.436 Männer in Mailänder Hospitälern und etwa 5.000 in Cremona – fast alle mit Typhus.[46] Die Österreicher seien der Epidemie dadurch entkommen, dass sie ihre Verwundeten ins Innere des Reiches transportiert hätten.

In der britischen Boulevardpresse steht die Zahl der Toten und Verwundeten dieses einen Tages (mal sind es 40.000 mal 60.000) am Anfang fast jeden Artikels. Die Opferzahlen dienen als Referenz, um Solferino als die „gigantischste Schlacht moderner Zeiten" zu charakterisieren: „most tremendous battle of modern time"[47]. An diese Art der Berichterstattung knüpfte auch ,The Rambler' an. Hier wurde Solferino als wichtigste Schlacht in Europa geschildert – seit Waterloo. Das katholische Blatt nutzte eigene Ressourcen, um seine Neutralität unter Beweis zu stellen. Es zitierte aus kirchlichen Quellen und entlarvte dabei die eine oder andere Scheinheiligkeit, indem es die Aussagen von Würdenträgern der Kriegsparteien einander gegenüber stellte: Unter dem Eindruck des Siegs von Solferino verkündete der Erzbischof von Paris, Kardinal Morlot, in einem Hirtenbrief vom 30. Juni 1859: „Möge nun ein ruhmreicher und dauerhafter Frieden kommen, der diesen Krieg krönt, der mit so viel Heldenmut, Scharfsinn und Glorie geführt wurde".[48] Sein Glaubensbruder, der Erzbischof von Wien, verfasste ebenfalls einen Hirtenbrief:

> „Die Leidenden sind unsere Mitbürger und Brüder. Sie sind die Verteidiger des Throns, und des Reiches, und unserer Altäre und der Vaterlandsliebe. Ein Sieg des schreienden Unrechts, das die Feinde auf ihren Fahnen tragen, wäre in allen Zir-

---

[44] The Week. In: British Medical Journal, 2. Juli 1859, S. 529-530.
[45] Medical News. In: The Lancet, 9. July 1859, S. 49-50, hier S. 50.
[46] Foreign Affairs. In: The Rambler (New Series) 1 (1859), 407-432, hier S. 409.
[47] Gentlemens Magazine and historical Review 207 (1859), S. 177-180.
[48] Im Original: "May a peace glourious and durable come to crown a war conducted with so much heroism, brilliancy and splendour". Foreign Affairs. In: The Rambler (New Series) 1 (1859), S. 407-432, hier S. 428.

keln zu spüren, bis hinab in die Behausungen der ärmsten Bewohner und es wäre der Anlass neuer Konflikte und ungeahnter Verwirrungen".[49]

Bis in die Vereinigten Staaten reichen die Telegraphenleitungen des Jahres 1859 nicht. Im Herbst des Vorjahres hatte das erste Transatlantikkabel wenige Wochen nach der Inbetriebnahme seinen Dienst versagt. Erst im Juli 1866 wurde eine funktionstüchtige Verbindung in Betrieb genommen. Die erste Nachricht, die über dieses Kabel lief, war die Verkündung des Friedensvertrags zwischen Preußen und Österreich. Über Solferino berichteten Amerikanische Tageszeitungen erstmals am 8. Juli 1859, als das britische Postschiff Asia New York erreichte. Der Dampfer hatte Liverpool am 25. Juni verlassen.[50] Er transportierte die Nachricht, dass die Franzosen eine österreichische Armee, bestehend aus einer Viertelmillion Mann am rechten Ufer des Minico bei Castiglione geschlagen hätten.[51] Fünf Tage später, am 12. Juli, lagen der New York Times Korrespondentenberichte aus erster Hand vor.[52] Weder in London noch in Paris, schrieb die Zeitung, habe eine so genaue Zusammenfassung bisher die Presse erreicht. Ermöglicht hätten das französische Behörden, die den New York Times Journalisten gestatteten, unmittelbar vom Ort der Schlacht zu berichten.

Fast literarisch schildert ihr Bericht den kleinen, terrassenförmig angelegten Ort Solferino, den viereckigen Turm, den Friedhof und die liebliche hügelige Landschaft. Am Ende des Artikels steht die Beschreibung einer verwüsteten Landschaft.

Der nüchternen militärischen Terminologie, auf jeder Seite seien jeweils 25.000 Männer „hors du combat" (kampfunfähig),[53] stellten die Redakteure eine nachdenkliche Prognose zur Seite: es werde wohl noch einige Zeit dauern, bis die ganze Wahrheit über den Schrecken dieser Schlacht das Bewusstsein der Weltöffentlichkeit erreiche:

> „War is a very terrible thing, and war on the scale of this now waging in Italy so far transcends the ordinary conceptions of war in modern times, that it will be long perhaps before the full reality of the horrors it involves breaks clearly on the consciousness of the world."[54]

---

[49] Ebendort, S. 428.
[50] Movements of Ocean Steamers. In: The New York Times, 2. Juli 1859, S. 8.
[51] News of the Day. In: The New York Times, 8. Juli 1859, S. 4.
[52] The Victory of Solferino. In: The New York Times, 12. Juli 1859, S. 4
[53] News of the Day. In: The New York Times, 12. Juli 1859, S. 4
[54] Ebendort.

Nicht nur zwischen den Zeilen spielt bereits dieser erste, ausführliche Bericht auf das beherrschende Thema der US-amerikanischen Innenpolitik an. Die New York Times zeichnete den Krieg um die Einheit Italiens als einen Kampf um Ideale. Dem tief über die Frage der Menschenrechte gespaltenen Land hielten die Konflikte im alten Europa einen Spiegel vor.

Schon einen Tag später, am 13. Juli, erreichten weitere Nachrichten mit dem britischen Post-Dampfschiff Canada die neue Welt. Das Schiff landete in Halifax, Neufundland. Noch am selben Tag erschienen die von dort telegraphierten Schlachtberichte in der New York Times. Die Zeitung druckte Briefe, unter anderem aus Cavrina, Brescia, Wien, Paris und Berlin.

Ein Privatmann schrieb aus Castiglione, der Kaiser habe unmittelbar nach dem Rückzug der Feinde, in Begleitung seines Leibarztes, des Chef-Inspekteurs der Französischen Armee Baron Larrey, das Schlachtfeld besucht, „um darüber zu wachen, dass die Verwundeten eingesammelt, ihre Wunden versorgt, und ihr unverzüglicher Transport zu den Krankenwagen erfolge".[55] Auch diese Episode beschreibt Dunant nahezu identisch in seinem Souvenir de Solferino.[56]

Aus Paris berichtet ein Freier Korrespondent der New York Times. Dort wurde die Siegesnachricht auf moderne Weise inszeniert: Als Telegramm Kaiser Napoleons vom Schlachtfeld, adressiert an seine Gemahlin. Nachdenklich kommentiert der Journalist den Wortlaut des kaiserlichen Telegramms:

"The Emperor telegraphs to the Empress, 'the Austrians are beaten, all their positions taken, many prisoners, many canon and flags, our loss inconsiderable' – good news and glorious, but the 'loss inconsiderable' go to the hundred thousand women, pale with anxiety and fear, and read the story, no matter how few may be killed, to many, alas, it is death, despair – ruin."[57]

Direkt aus Cavrina empfing die New York Times Nachrichten, die sie als „Accounts from private sources, Correspondence of the patrie" kennzeichnete. Ein Brief kolportiert, die Schlacht bei Solferino sei, nachdem die Munition verbraucht war, mit Bajonetten und Feldsteinen geführt worden.[58]

---

[55] Three Days later from Europe [From another Letter (private). Castiglione, Sunday, June 26, 1859]. In: The New York Times, 13. Juli 1859, S. 1
[56] Vgl.: Dunant, Henry: Eine Erinnerung an Solferino. Basel 1863, S. 30.
[57] Three Days later from Europe [The great Victory in Paris. From an occasional Correspondent, Paris, Tuesday, June 28, 1859]. In: The New York Times 13. Juli 1859, S. 1
[58] Three Days later from Europe [The great battle of Solferino]. In: The New York Times 13. Juli 1859, S. 1.

Europäische Beobachter waren erstaunt, wie schonungslos in allen Details über die Brutalität der Kampfhandlungen berichtet wurde. In der Chicago Tribune warf ein deutscher Kritiker den Amerikanern vor, sie seien auf eine „sehr grausame Art kriegslüstern". An allen Orten der Stadt spreche man über den Krieg, und die minutiöse topographische Beschreibung in den Blättern führe dazu, dass Zeitungsleser sich in Solferino besser auskennen würden, als jeder Italiener. Mit „spasms of deligth" (anfallsartiger Begeisterung) werde jede neue Nachricht von einer Schlacht aufgenommen, und klammheimlich werde bedauert, wenn die Zahl der Toten unter 10.000 liege.[59]

„Anders als die Europäer leben die Amerikaner ihre Blutrünstigkeiten glücklicher Weise nur auf dem Papier aus", antwortete der Herausgeber der Chicago Tribune.[60] Erneut erweist sich der Krieg in Oberitalien als Projektionsfeld eigener Konflikte. Im Gegensatz zu Horace Greeleys (1811-1872) abolitionistisch orientierten New York Tribune vertrat die New York Times (noch) einen zögerlichen Kurs. Doch die Union mit den Südstaaten hatte sich längst als unvereinbar mit der Verfassung offenbart. Die ersten bewaffneten Konflikte im Vorfeld des Sezessionskrieges hatten bereits begonnen. Dem Norden stand ein Krieg um Menschenrechte bevor. Mit 650.000 Toten sollte er alle bisherigen Europäischen Konflikte weit übertreffen.

„Confus und undurchsichtig".

Die ‚Blätter für literarische Unterhaltung' aus dem Leipziger Brockhaus Verlag veröffentlichten am 18. August 1859 eine ausführliche Besprechung mehrerer Berichte über die Schlacht von Solferino, mit dem Hinweis, das Genre Schlachtbericht gehöre „zwar nicht eigentlich in den Kreis unserer Blätter, die es vorzugsweise mit Literaturberichten zu thun haben; aber", neuerdings habe sich eine Form der Kriegsberichterstattung ausgebildet, die so klar und informativ sei, dass man sie als „musterhaft" bezeichnen könne.[61] Allerdings stammten die so gelobten Reportagen aus dem Ausland: „Wie confus und undurchsichtig, oder wie nachlässig und schlecht stilisiert pflegen dagegen deutsche Schlachtberichte zu sein!"[62]

[59] The German Opinion. Chicago Press and Tribune, 11. Juli 1859, S. 1.
[60] Ebendort.
[61] Zur Schlacht von Solferino. Blätter für literarische Unterhaltung, 18. August 1859. S. 630-631.
[62] Ebendort, S. 630.

Zeitungsbeiträge wurden in Echtzeit über das europäische Telegrafennetz verbreitet. In Deutschland, wo die Zeitungslandschaft klar in politische Lager unterteilt war, bedeutete die redaktionelle Zusammenstellung gegensätzlicher Meinungen und Kommentare eine überraschende Nachrichtenvielfalt. Die kurze Stilkritik des Kriegsberichts aus den ‚Blättern für literarische Unterhaltung' belegt, dass der erweiterte Blick den Wunsch nach Veränderung nach sich zog. Es entstanden Verarbeitungen des Krieges, die das Geschehen nicht allein aus militärischer Warte betrachten, sondern aus dem Blickwinkel von Publizisten und Literaten. Das Schicksal der Verwundenten konnte sich zu einem Topos entwickeln, bei dem die politischen Ziele eines bewaffneten Konflikts im Hintergrund standen. Zugleich wertete die zeitnahe Berichterstattung das Medium Zeitung auf. Durch den Abdruck redaktionell unbearbeiteter Telegramme öffneten sich auch konservative Blätter für Debatten. Mitunter wurden private Erlebnisse, Erschütterungen und Emotionen zu Zeitungsmeldungen.

So individuell die einzelnen Stimmen aus Solferino waren, sie blieben fast immer anonym. Kreuzzeitung oder New York Times gaben zumindest an, aus welchem Lager die Berichte stammten, die Freiburger Zeitung verzichtete auf solche Details. Auch wenn die Stimmen der Korrespondenten vielfältig waren und die Berichterstattung ausgewogen scheint, stand keins der in diesem Beitrag untersuchten Blätter dem oberitalienischen Konflikt neutral gegenüber. Erst mit zunehmender zeitlicher Distanz zur Schlacht verwischten redaktionelle Bearbeitungen die Originalität der einzelnen Korrespondenzen.

In Henri Dunants Schrift ‚Souvernir de Solferino' von 1862 verbinden sich Schilderungen eines Flaneurs mit einem humanitären Anliegen. Es muss offen bleiben, ob er sich an der tagesaktuellen Berichterstattung nach der Schlacht beteiligte, oder ob er sich 1862 in seinem Buch an drei Jahre zuvor erschienenen Zeitungsartikeln orientierte. Das Terrain für Dunants literarischen Rückblick war in den ersten Tagen nach der Schlacht, in Korrespondentenberichten, Kommentaren und Kompilationen internationaler Telegraphenmeldungen bereitet worden.

Dr. Philipp Osten
Institut für Geschichte und Ethik der Medizin
Ruprecht-Karls-Universität Heidelberg
Im Neuenheimer Feld 327
69120 Heidelberg
osten@uni-heidelberg.de

„Sollen doch jene, die diesen Krieg wollten und in ihren Amtsstuben herbei schrien, hierher kommen [...]."[1] Korrespondenzen und Gemälde aus dem Russisch-Türkischen Krieg 1877/78
Regine und Gerd Pfrepper

Zar Peter I. (1672-1725) entwarf weit reichende Konzepte für die wirtschaftliche Entwicklung Russlands und führte zahlreiche Kriege, vor allem, um der Kontinentalmacht Russland Zugang zum Schwarzen Meer, dem Kaspischen Meer und zur Ostsee zu verschaffen, der ihr von der Türkei und dem Iran im Süden und von Schweden im Norden verwehrt wurde. Mit der Abtretung der Festung Asov an der Mündung des Don 1698 erlangte Russland erstmals den Zugang zum Schwarzen Meer, musste Asov aber bereits 1710 an die Türken zurückgeben, um deren Neutralität im Nordischen Krieg gegen Schweden zu erkaufen.[2] Im Krieg mit dem Iran 1722/23 eroberte Peter I. die Westküste des Kaspischen Meeres.

In den folgenden kriegerischen Auseinandersetzungen mit der Türkei ging es vor allem um den Zugang und die Vorherrschaft auf dem Schwarzen Meer und den angrenzenden Gebieten, seit Mitte des 18. Jahrhunderts expandierte Russland auch in Richtung Balkan und im Kaukasus, gewann die Krim und Teile der Südukraine sowie Gebiete an der Schwarzmeer-Küste nördlich von Batumi.

---

[1] Vladimir Michajlovič Bechterev (Pseudonym Sanitar): Nachrichten vom Kriegsschauplatz in Severnyj Vestnik (Nordischer Bote) No. 148 vom 26. September 1877; deutsche Veröffentlichung in: Pfrepper, Regine; Pfrepper, Gerd; Akimenko, Marina A. (Hg.): Vladimir Michajlovič Bechterev (1857-1927). Neue Materialien zu Leben und Werk. (Deutsch-russische Beziehungen in Medizin und Naturwissenschaften 15) Aachen 2007, S. 106.

[2] Gegen Schweden führte Russland im 18. und 19. Jahrhundert insgesamt vier Kriege, deren Ziel es war, den Zugang zur Ostsee zu erlangen und dauerhaft zu sichern. Im Nordischen Krieg von 1700 bis 1721 erreichte Peter I., nach anfänglichen Erfolgen der Schweden, durch bessere Organisation und Ausrüstung der russischen Truppen und Flotte eine Übermacht und zwang schließlich Schweden zum Frieden von Niestadt, in dem Schweden Estland und Livland an Russland abtrat. Damit wurde ein Küstenstreifen zwischen Riga und nördlich von St. Petersburg russisch. 1795 brachte die 3. Teilung Polens das Herzogtum Kurland, das bisher unter polnischer Hoheit stand, zu Russland. Nach dem Nordischen Krieg fanden kriegerische Ereignisse zwischen Schweden und Russland in den Jahren 1741-1743, 1788-1790 und 1808-1809 statt, sie brachten Gebietsgewinne für Russland im finnischen Territorium zur Sicherung der 1703 gegründeten Hauptstadt St. Petersburg.

Russland erlitt jedoch im blutigen, opferreichen Krimkrieg[3] von 1853 bis 1856 aufgrund der Rückständigkeit des Landes und der Unterstützung der Türkei durch die europäischen Großmächte England und Frankreich eine empfindliche Niederlage, die zu hohen Gebietsverlusten führte und die russische Gesellschaft schwer erschütterte. Die Niederlage war Anlass zu grundlegenden Reformen aller Bereiche der russischen Gesellschaft durch Zar Aleksandr II. (1818-1881), der bei Antritt seiner Regentschaft 1855 den dramatischsten Systemwechsel zur Modernisierung des Landes einleitete, den Russland vor der Oktoberrevolution erlebte.[4]

Ein Element der Modernisierung war eine Militärreform, die in den 1860/70er Jahren unter Leitung des Kriegsministers Dmitrij Alekseevič Miljutin (1816-1912)[5] durchgeführt wurde und neben der Aufrüstung der Armee durch moderne Waffentechnik und der Einführung der allgemeinen Wehrpflicht auch eine Neuorganisation der militärmedizinischen Dienste im Kriegsfall umfasste, um die großen Verluste durch unzureichende Versorgung der Verwundeten und Kranken zukünftig zu vermeiden. Die wichtigsten Maßnahmen waren die Aufstellung von neuen medizinischen Einheiten bei den verschiedenen Truppenteilen, wie mobile Feldlazarette bei Regimentern, Bataillonen und Divisionen, die als Verbandsplätze genutzt werden konnten, zeitweilige Militärkrankenhäuser und Krankenstationen zur Aufnahme von Verwundeten und Kranken, die aus dem Kampfgebiet evakuiert wurden sowie eine Hygieneabteilung für die Durchführung von antiepidemischen Maßnahmen. Außerdem wurden in der Armee

---

[3] Über die Zahl der während des Krimkriegs getöteten Soldaten machen Historiker und Statistiker unterschiedliche Angaben. Verlässliche Zahlen gehen von folgenden Gesamtverlusten aus: 73.125 Russen, 72.419 Franzosen und 21.827 Engländer, davon betrug der Anteil der Toten infolge Krankheit 51,2 % bei den Russen, 82,6 % bei den Franzosen und 78,9 % bei den Engländern. Vgl. Garrison, Fielding H.: Notes on the History of Military Medicine. Washington 1922, S. 171–172; Werth, German: Der Krimkrieg. Bonn 1989, S. 309.

[4] Wenn man die von ihm geprägte Phase russischer Politik mit einer Epoche der deutschen Geschichte vergleichen soll, so bieten sich nur die Stein-Hardenbergschen Reformen an. Als einer der großen Reformer in der russischen Geschichte steht er auf einer Stufe mit Peter I. Vgl. Löwe, Heinz-Dietrich: Alexander II. 1855-1881. In: Torke, Hans-Joachim (Hg.): Die russischen Zaren 1547-1917. 3. Aufl. München 2005, S. 315.

[5] Miljutin war, nach Abschluss der Mediko-Chirurgischen Akademie (MCA) in St. Petersburg (1836) und Armeedienst, von 1845 bis 1856 Professor für militärische Geographie an der MCA, wurde 1856 Mitglied der Kommission „Zur Verbesserung der Armee", trat für eine grundlegende Reorganisation der russischen Armee und deren Umwandlung in eine moderne Massenarmee ein; von 1861 bis 1881 war er russischer Kriegsminister.

spezielle Einheiten für die Bergung und den Transport von Verwundeten aus der Kampfzone geschaffen.[6] Die modernisierte russische Armee begann in den 1860er Jahren mit der Unterwerfung weiter Gebiete Mittelasiens, vor allem um Rohstoffquellen für die sich in Russland entwickelnde Industrie zu sichern.[7]

Das Elend und die Schrecken des Krieges erlebte Europa erneut wenige Jahre nach dem Krimkrieg am 24. Juni 1859 in der Schlacht von Solferino, der Entscheidungsschlacht im Sardinischen Krieg zwischen Österreich, dem Königreich Piemont-Sardinien und dessen Verbündeten Frankreich unter Napoleon III. (1808-1873). Bei Solferino standen sich etwa 150.000 Soldaten der Verbündeten und etwa 135.000 Soldaten Österreichs gegenüber. Wie im Krimkrieg war die größere Zahl der getöteten Soldaten[8] beider Kriegsparteien nicht eine Folge der Kampfhandlungen, sondern sie wurden Opfer der völlig unzureichenden medizinischen Versorgung der Verwundeten und der mangelhaften hygienischen Bedingungen. Der Krimkrieg und vor allem die zeitnahe Schlacht von Solferino rüttelte die Öffentlichkeit in Europa auf und verstärkte den Druck auf die europäischen Regierungen zu humanitärem Handeln im Interesse der Kriegsopfer.

Henri Dunants (1828-1910) Buch *Un souvenir de Solferino* (Genève 1862) und die darin enthaltenen Vorschläge zur Gründung von freiwilligen nationalen Hilfsgesellschaften zum Schutz und zur Versorgung von Verwundeten und Kranken im Krieg setzten eine internationale Bewegung in Gang, die schnell zu Ergebnissen führte. Schon im Februar 1863 wurde das „Internationale Komitee der Hilfsgesellschaften für die Verwundetenpflege" gegründet, das seit 1876 den Namen „Internationales Komitee vom Roten Kreuz" trägt. Bereits am 22. August 1864 wurde im Rahmen einer diplomatischen Konferenz durch zwölf europäische Staaten der Schutz Verwundeter durch das „Abkommen zur Verbesserung des Schicksals der verwundeten Soldaten der Armeen im Felde" in der ersten Genfer Konvention völkerrechtlich verankert.[9]

---

[6] Jurov, Igor Aleksandrovič; Georgievskij, Anatolij Sergeevič: Osvoboditel'naja vojna na Balkanach 1877-1878 gg. i voennaja medicina (Befreiungskrieg auf dem Balkan 1877-1878 und die Militärmedizin). Voenno-medicinskij žurnal (Militärmedizinisches Journal) 1978, Heft 3, S. 67–70.

[7] Im heutigen Usbekistan wurden nacheinander die Chanate Taškent, Samarkand, Buchara und Chiva unterworfen und an Russland angegliedert. Die russischen Aktionen im heutigen Turkmenistan begannen 1869 mit der Landung russischer Truppen am Ostufer des Kaspischen Meeres und endeten 1885 mit der Angliederung an Russland.

[8] Während der Schlacht wurden auf beiden Seiten etwa 6.000 Soldaten getötet, ca. 30.000 bis 40.000 verwundet, etwa 40.000 Soldaten erkrankten.

[9] Vgl. den Beitrag von Matthias Schulz in diesem Band. Am 3./15. Mai 1867 unterzeichnete Aleksandr II. das Statut der „Obščestvo popečenija o ranenych i bol'nych voinach"

Auf den europäischen Kriegsschauplatz kehrte Russland im Russisch-Türkischen
Krieg von 1877/78 zurück, der durch die nationale Befreiungsbewegung gegen
die türkische Fremdherrschaft auf dem Balkan ausgelöst wurde.[10] Panslawistische
Kreise in Russland forderten die Unterstützung der slawischen Brüder, russische
Freiwillige kämpften auf der Seite der Aufständischen. Aleksandr II., der am
Krimkrieg teilgenommen hatte, wollte diesen Krieg nicht, war aber bereit, für
die Rechte der Glaubens- und Blutsbrüder auf dem Balkan einzutreten, notfalls
auch im Krieg. Im April 1877 erklärte Russland der Türkei den Krieg, im Mai
1877 trat Rumänien auf die Seite Russlands, später auch Serbien und Monte-
negro. Die Kriegsbegeisterung erfasste in Russland breite Kreise der Bevölkerung, die Russen spendeten reichlich, es gab viele Freiwillige, entsprechend groß
war das Interesse an Berichten über den Krieg, die russischen Zeitungen bemüh-
ten sich um Korrespondenten, um nahezu täglich vom Kriegsschauplatz berichten zu können.[11]

Die Berichte von Medizinern sind eine besonders wertvolle Quelle für die
Realität und die Schrecken des Krieges, weil der Arzt die Leiden und das Sterben
der Verwundeten im Krieg aus nächster Nähe erlebt.

Einer von ihnen war der Dorpater Chirurg Ernst von Bergmann (1836-
1907),[12] der Berichte an das *Dorpater Stadtblatt* schickte. Bereits im Herbst 1876 hatte sich Bergmann für den Fall des Kriegsausbruchs in den Dienst der Zarin Marija
Aleksandrovna (1824-1880) und des Zentralvereins des Roten Kreuzes gestellt. Am
30. April/12. Mai 1877 ernannte Aleksandr II. ihn sowie die Professoren der MCA

(Gesellschaft zur Rettung von verwundeten und kranken Kämpfern im Krieg). Die Gesellschaft wurde 1879 in „Rossijskoe obščestvo Krasnogo Kresta" (Russische Gesellschaft
des Roten Kreuzes) umbenannt. In Russland wurde bis Februar 1918 der Julianische
Kalender verwendet, dessen Differenz zum Gregorianischen Kalender beträgt 12 Tage
im 19. Jahrhundert bzw. 13 Tage im 20. Jahrhundert.
[10] 1875 gab es Aufstände in Bosnien und Herzegowina, 1876 in Bulgarien, im Juli 1876
begann der Serbisch-Türkische Krieg, der mit einer Niederlage Serbiens endete. Im Ja-
nuar 1877 schlossen Österreich und Russland ein Neutralitätsabkommen, in dem Österreich das Recht eingeräumt wurde, Bosnien und Herzegowina zu besetzen. Im März
1877 wurde das russisch-rumänische Abkommen über die Passage der russischen Truppen durch Rumänien geschlossen.
[11] Der bekannte Publizist Evgenij Isaakovič Utin (1843-1894) berichtete für die Monatszeitschrift Vestnik evropy (Europäischer Bote) vom Kriegsschauplatz. Vgl. Utin, Evgenij Isaakovič: Pis'ma iz Bolgarii v 1877g. (Briefe aus Bulgarien von 1877). St. Peterburg
1879.
[12] Bergmann studierte an der Universität Dorpat Medizin, nach der Habilitation führte
ihn eine längere Studienreise nach Deutschland, Professor für Chirurgie in Dorpat
(1871), Würzburg (1878) und Berlin (1882).

Nikolaj Vasil'evič Sklifosovskij (1836-1904)[13] und Ippolit Osipovič Korženevskij (1827-1879)[14] zu Konsultant-Chirurgen der Donau-Armee. Die Teilnahme am Russisch-Türkischen Krieg bedeutete für Bergmann die dritte Erfahrung als Kriegschirurg. 1866 nahm er als Chirurg an der Schlacht bei Königgrätz im Preußisch-Österreichischen Krieg teil, wo sich 400.000 Soldaten in einer der blutigsten Schlachten des 19. Jahrhunderts gegenüberstanden. Im Deutsch-Französischen Krieg 1870/71 war er Leiter eines Lazaretts in Mannheim.

Abb. 1: Ernst Gustav Benjamin von Bergmann. Fotografie: J. C. Schaarwächter, Berlin. Bildersammlung des Karl-Sudhoff-Instituts für Geschichte der Medizin und der Naturwissenschaften der Universität Leipzig, KSI E 1141.

---

[13] Sklifosovskij war Absolvent der Universität Moskau (1859), Dr. med. (1863), Studien bei Bernhard von Langenbeck (1810-1887) und Rudolf Virchow (1821-1902) in Berlin (1867-1869), Professor für Chirurgie in Kiev (1870), an der MCA St. Petersburg (1871) und Moskau (1880), Arbeiten zur Chirurgie des Bauchraumes und zur Militärfeldchirurgie, Einführung der Prinzipien der Asepsis und Antisepsis in die russische chirurgische Praxis, Teilnahme am Österreichisch-Preußischen Krieg (1866) und am Deutsch-Französischen Krieg (1870/71).

[14] Korženevskij studierte in Char'kov und St. Petersburg, Absolvent der MCA (1850), Professor für Chirurgie in Warschau (1868) und an der MCA (1871), Leiter der Medizinischen Abteilung der Ruščuker (heute Russe, Bulgarien) Armee im Russisch-Türkischen Krieg.

Bergmann begab sich am 16./28. Mai 1877 im Generalsrang mit drei seiner Dorpater Assistenten und 32 Schwestern der Kreuzerhöhung[15] auf die Reise über Bukarest und Alexandria zum Kriegsschauplatz. Nach einem kurzen Aufenthalt am Standort des Lazaretts der 9. Division im rumänischen Piätra fuhren sie weiter nach Zimnica, dem Ort, wo in der Nacht des 15./27. Juni 1877 um 3 Uhr morgens der Donauübergang der russischen Armee nach Bulgarien begann. Am selben Tag waren die ersten Verwundeten zu versorgen, Bergmann erinnert sich:

> „Um elf Uhr abends hatte ich den letzten Verband angelegt und mir und meinen Assistenzärzten nur einmal eine viertelstündige Pause gestattet. Es regt immerhin die Nerven auch eines schon an Jahren reifen Chirurgen auf, fünfzehn Stunden lang zu amputieren, zu resezieren, zu ligieren und zu gipsen, daß trotz aller Ermüdung der Schlaf nicht kommen will. Wie dankbar aber war ich dem Spender eines Stückchens Brot und einer Kanne roten Weins, ehe ich im Donausand mich niederlegte und einschlief, allerdings von blutigen Gestalten und spritzenden Arterien selbst im Schlafe nicht verschont. Sie klagten und jammerten in meinen Träumen, bis wieder der Donner der Kanonen mich weckte."[16]

In den nächsten Wochen arbeitete Bergmann im Hospital in Piätra, wohin alle Verwundeten des Donauübergangs sowie die Mehrzahl der beim Sturm auf Nikopol' am 3./15. Juli 1877 Verletzten gebracht wurden. Später wurden hierher nur diejenigen evakuiert, die in den Lazaretten Zimnicas keinen Platz finden konnten.

Anfang August wurde Bergmann mit seinen Assistenten nach Pleven beordert, denn die russische Armee plante am 30. August/11. September 1877, dem Namenstag von Aleksandr II., die Festung Pleven durch einen Sturmangriff zu erobern. Es war der dritte Versuch der russischen Armee, die Festung Pleven zu nehmen, die beiden Versuche am 8./20. Juli 1877 und am 18. /30. Juli 1877 waren unter großen Verlusten für die russische Armee gescheitert. Bergmann beschreibt seine Erlebnisse beim Sturm auf Pleven:

> „Es gab entsetzliche Verletzungen, die furchtbarsten, die ich in meinem Leben je gesehen habe. Nicht allein dieses Zerfetzen und Zerfleischen der Körperteile zeichnet die Granate aus, sondern die tiefe, allgemeine Erschütterung, der dabei der ganze Organismus des Verwundeten erliegt! Wie ein Lebloser liegt der von ei-

---

[15] Während des Krimkrieges wurde in St. Petersburg 1854 die Krestovozdviženskaja obščina sester miloserdija (Vereinigung der Barmherzigen Schwestern der Kreuzerhöhung) gegründet. 1894 wurde die Vereinigung Mitglied der Russischen Gesellschaft des Roten Kreuzes. Vgl. Bol'šaja medicinskaja ènciklopedija (Große medizinische Enzyklopädie). Bd. 30. Moskva 1963, S. 17–18.

[16] Buchholtz, Arend: Ernst von Bergmann. Leipzig 1911, S. 363.

ner Granate Getroffene da, mit eiskaltem Schweiß bedeckt; kaum fühlbar ist der Puls; unempfindlich scheint die Wunde, aber das glänzende Auge des Unglücklichen rollt angstvoll und unstet in seiner Höhle, ein Zeugnis der furchtbaren Qualen, die er erleidet; oft tritt in diesem Zustande der Tod ein, ohne daß die Größe der Wunde oder die Masse des verlorenen Bluts den raschen Verfall der Kräfte erklären könnten. Und wieder in andern Fällen will das Leben nicht fliehen, obgleich der halbe Brustkorb fortgerissen ist, und das zuckende Herz offen zu Tage liegt.
Vom 30. August bis 3. September haben wir schwere, harte, harte Arbeitstage gehabt. Nicht die einzelnen Operationen, wenn es auch 24 Amputationen am Tage waren, machen am Abend so müde und abgespannt, [...] sondern umgeben von Ächzenden, Stöhnenden, Jammernden und furchtbar Schreienden muß man seine Arbeit tun. Hier flucht ein Leichtverwundeter, dort betet ein Sterbender, hier erfrischt die Schwester die Lippen des Röchelnden, dort singt der Priester dem blassen blutenden Manne die Litanei der letzten Ölung und zwischen allem der Operationstisch! Welch ein Segen, welch ein Geschenk hat der Menschheit doch das Chloroform gebracht! Denn von allen, die da leiden, liegt der Operierte am ruhigsten da, schläft rasch ein und ruhig und lange noch nach der Operation weiter."[17]

Bei seinem Einsatz vor Pleven erwähnt Bergmann auch, dass das russische Sanitätswesen im Kriege durch die Reformen des Militärmedizinalwesens nach dem Krimkrieg große Fortschritte gemacht hat, vergleicht sie mit seinen Erfahrungen bei Königgrätz, wo viele Tage vergingen, ehe den Verwundeten die erste und dürftigste Hilfe gewährt wurde. Nach Ende der Kämpfe um Pleven fuhr Bergmann am 3./15. September 1877 nach Zimnica, wo überfüllte Lazarette auf ihn warteten, da viele der bei Pleven Verwundeten dorthin evakuiert wurden. Am 12./24. Oktober 1877 kehrte er noch einmal für einige Tage an die Front zurück, um gemeinsam mit 34 Ärzten die Verwundeten der Kämpfe bei Gornyj-Dubnjak zu versorgen. Nach kurzem Aufenthalt in Zimnica war Bergmann am 12./24. November 1877 wieder in Dorpat, inzwischen hatte ihn der Ruf nach Würzburg erreicht.
Ein weiterer Mediziner unter den Korrespondenten war der Student der MCA in St. Petersburg, Vladimir Michajlovič Bechterev (1857-1927),[18] der im

---

[17] Ebendort, S. 379–382.
[18] Bechterev wurde in Sarali, heute Bechterevo/Tatarstan, geboren. Seit 1873 studierte er Medizin an der MCA in St. Petersburg, Studienaufenthalte zur Vorbereitung auf die Professorenlaufbahn verbrachte er bei Paul Flechsig (1847-1929) und Wilhelm Wundt (1832-1920) in Leipzig sowie bei Jean Martin Charcot (1825-1893) in Paris. 1885 erhielt er den Ruf auf den Lehrstuhl für Psychiatrie in Kazan', wo er mit umfassenden Untersuchungen zur Morphologie des Nervensystems begann. 1893 übernahm er als Nachfol-

letzten Studienjahr als Mitglied des mit privaten Mitteln finanzierten mobilen Sanitätstrupps der Brüder Ryžov von Anfang Mai bis zum Herbst 1877 am Russisch-Türkischen Krieg teilnahm; neben Nikolaj Alekseevič Ryžov (1853-nach 1900) und Bechterev gehörten fünf weitere Studenten der MCA dem Trupp an. Unter dem Pseudonym „Sanitar" schrieb Bechterev Berichte vom Kriegsschauplatz für die St. Petersburger Zeitung *Severnyj Vestnik*, auch in seiner Autobiographie[19] sind seine Erlebnisse im Russisch-Türkischen Krieg ein Thema.

Abb. 2: Vladimir Michajlovič Bechterev als Absolvent der MCA St. Petersburg. Fotografie 1878, Archiv des Bechterev-Gedächtnismuseums im Psychoneurologischen Institut St. Petersburg, fond 1 (Biografičeskij).

---

ger seines Lehrers Ivan Pavlovič Merževskij (1838-1908) den Lehrstuhl für Geistes- und Nervenkrankheiten der Militärmedizinischen Akademie (1881 wurde die MCA in MMA umbenannt). Bechterevs Name ist mit dem Krankheitsbild der versteifenden Wirbelentzündung (Spondylitis ankylosans = Morbus Bechterev) verbunden, das er 1893 im Neurologischen Centralblatt erstmalig beschrieb.

[19] Das bisher unveröffentlichte Manuskript wird im Archiv des Bechterev-Gedächtnismuseums im Psychoneurologischen Institut St. Petersburg, fond 1 (Biografičeskij), aufbewahrt und wurde von den Autoren dieser Arbeit ins Deutsche übersetzt, vgl. Pfrepper, Pfrepper, Akimenko (2007), S. 50–61.

Schwerpunkte der Berichterstattung von Bechterev waren, ähnlich wie bei Bergmann, der Donauübergang bei Zimnica und die verlustreichen Kämpfe Ende August 1877 bei Pleven. Bechterev berichtete in seinen ersten Korrespondenzen von der Fahrt durch Rumänien und über den Beginn der Kämpfe beim Donauübergang der russischen Truppen bei Zimnica. In seinem Bericht vom 17./29. Juni 1877 aus Zimnica heißt es:

„Die Donau erreicht direkt gegenüber von Sistov, das etwas höher als Zimnica liegt, eine Breite von zwei Werst [2,13 km]. Das gesamte türkische Ufer gegenüber von Zimnica liegt höher. Es fällt zur Donau in Form eines steilen Hanges ab, der an vielen Stellen von tiefen Schluchten und Erdspalten unterbrochen ist. [...] Bei solchen natürlichen Bedingungen liegen aus Sicht der russischen Seite alle Vorteile beim Gegner, so dass bei einer einigermaßen vernünftigen Taktik von Seiten der Türken keine Armee der Welt in der Lage sein sollte, diese unzugänglichen Höhen einzunehmen. Ungeachtet dieser Situation begann die Operation Donauübergang in der Nacht vom 14. zum 15. Juni. [...] Dazu standen ungefähr 60 Pontonboote zur Verfügung. [...] Dieser erste Landungstrupp blieb vom Feind unbemerkt. [...] Aber gegen Morgen, etwa ab drei Uhr, als es hell wurde, waren aus Richtung Sistov und von den feindlichen Stellungen auf der Höhe die ersten Kanoneneinschläge zu hören, die gegen unsere Pontons gerichtet waren. Der weitere Übergang musste bei schrecklichem Artilleriefeuer vollzogen werden."[20]

Am 23. Juni/5. Juli 1877 schreibt Bechterev resümierend zum Donauübergang:

„Insgesamt muss man feststellen, dass die militärmedizinische Versorgung während der Kämpfe bei Sistov am 15. Juni bestens organisiert und ausreichend war. Die Verbandsplätze und Lazarette waren in der Lage, fast alle Verwundeten am gleichen Tag zu verbinden bzw. zu operieren, die transportfähigen Patienten wurden umgehend in ein stationäres Krankenhaus überführt. Am nächsten und am dritten Tag wurden nur die Verwundeten versorgt, die am ersten Tag auf dem Schlachtfeld nicht gefunden wurden."[21]

Bechterev berichtet in drei Korrespondenzen vom 7./19. bis 9./21. September 1877 auch über seine Erlebnisse beim dritten Versuch der russischen Armee, die Festung Pleven einzunehmen. Obwohl Bechterev die schrecklichen Ereignisse dieser Tage aus der Perspektive des Studenten erlebte, kommt sein Bericht dem

---

[20] Severnyj Vestnik No. 62 vom 1. Juli 1877, vgl. Pfrepper/Pfrepper/Akimenko (2007), S. 88–90.
[21] Severnyj Vestnik No. 65 vom 4. Juli 1877, vgl. Pfrepper/Pfrepper/Akimenko (2007), S. 98.

des kriegserfahrenen Chirurgen Bergmann auch emotional sehr nahe. In seiner
Korrespondenz vom 7./19. September 1877 aus Gornyj Studen' heißt es:

„Außer den fünf Divisionslazaretten, der 2., 5., 16., 30. und 31. Division, die als
Verbandsstellen dienten, wurden zahlreiche bekannte Professoren hierher einge-
laden, von denen ich nennen möchte: Prof. Bergmann aus Dorpat, Prof. Grube[22]
aus Char'kov, Prof. Levšin[23] aus Kazan' sowie die Professoren Korženevskij und
Pelechin[24] aus St. Petersburg. Einige der Professoren verfügten außerdem über zu-
sätzliches Personal von Ärzten, Studenten und Krankenschwestern. Die militärmedizinische Verwaltung hatte ebenfalls einige ihrer Ärzte geschickt. Bei Pleven
nahm auch das Rote Kreuz teil, zu deren Gruppe einige Ärzte, etwa 10 Studenten
und 20 Krankenschwestern gehörten. Das war noch nicht das gesamte Personal,
denn auch die Regimenter haben eigene Ärzte und Feldscher. Das medizinische
Personal wurde vor Beginn der Kampfhandlungen auf die genannten Divisionslazarette aufgeteilt, die möglichst nah bei den kämpfenden Truppen eingerichtet
wurden. [...] Unser Sanitätstrupp, der zum Lazarett der 16. Division abkomman-
diert war, bestand aus einem Arzt und sieben Studenten. Hier arbeitete auch die
Gruppe von Prof. Bergmann mit drei Ärzten, einer Studentin und elf Krankenschwestern. Im Divisionslazarett gab es fünf Ärzte sowie einige Feldscher und Sanitäter. Ärztliche Kräfte und Verbandsmaterial waren ausreichend vorhanden."[25]

Bechterev berichtet weiter über die Ereignisse aus der Sicht des medizinischen
Personals:

„Am Tag vor dem Sturmangriff war alles in unserem Lazarett für die Aufnahme
einer großen Anzahl Verwundeter vorbereitet. [...] Seit dem frühen Morgen war
sehr starker Geschützdonner zu hören, der uns bei jedem Schlag erzittern ließ,
ähnlich einem gigantischen Hammer, der auf einen Amboss schlägt. Gegen elf
Uhr setzte plötzlich ohrenbetäubendes Gewehrfeuer ein. [...] Wir waren noch
nicht zur Besinnung gekommen, als man uns schon die ersten Fuhrwerke mit
Verwundeten brachte, eines nach dem anderen. [...] Gegen Abend waren auf unse-

---

[22] Wilhelm Sigismund [Vil'gel'm Fedorovič] Grube (1827-1898) – Chirurg; studierte in
Dorpat, 1850-1859 Marinearzt in Kronstadt, 1859-1884 Professor und Direktor der Chirurgischen Klinik der Universität Char'kov.
[23] Lev L'vovič Levšin (1842-1911) – Chirurg; absolvierte 1866 die MCA St. Petersburg,
1874 Professor an der Universität Kazan', 1893 Professor der Universität Moskau, setzte
sich intensiv für die Einführung der Antisepsis in Russland ein. Auf seine Initiative
wurde in Moskau das erste Krebsforschungsinstitut gegründet, dessen Direktor er von
1901 bis zu seinem Tode war.
[24] Pavel Petrovič Pelechin (1842-1917) – Chirurg; absolvierte 1863 die MCA St. Petersburg, war von 1864 bis 1889 an der MCA/MMA tätig, seit 1868 als Professor.
[25] Severnyj Vestnik No. 148 vom 26. September 1877, vgl. Pfrepper/Pfrepper/Akimenko
(2007), S. 103–104.

rem Verbandsplatz schon etwa 2.000 Verwundete. [...] Zu unserer Verfügung standen fünf Zelte der Division und zwei Zelte des Ryšov-Trupps, die in normalen Zeiten nicht mehr als 200 Verwundeten Platz boten, etwa 25 bis 30 Personen pro Zelt. Aber nun mussten notgedrungen 100 Mann pro Zelt untergebracht werden. [...] Trotzdem mussten noch etwa 1.000 Verletzte unter freiem Himmel liegen, der gesamte Raum von unserem Lazarett bis zum Dorf war mit ihnen belegt. Für sie wurde nur Stroh aufgeschüttet."

Bechterev berichtet nun über das bedauernswerte Schicksal der Verwundeten:

„Man muss sich die schreckliche Lage [...] der Verwundeten vorstellen, die gezwungen waren, während der kalten Nacht ohne jeglichen Schutz, nur mit etwas Stroh bedeckt, auf der feuchten Erde zu liegen. [...] Einer knirscht mit den Zähnen, einen anderen schüttelt so starkes Fieber, dass er mit aller Kraft die Kiefer zusammenpresst. Rundherum Stöhnen und Schreie vor Kälte, Schmerzen und Hunger, viele der Verwundeten sind seit drei Tagen ohne Nahrung; einer schreit, ich habe nichts gegessen, seit wir unsere Position erreicht haben, gib mir ein Stück Brot; ein anderer ruft, deck mich zu, ich habe noch nicht einmal ein Hemd; ein dritter, holt mir die Kugel heraus, die mich schrecklich quält; ein vierter, ich blute; der fünfte, bringt mir schnell etwas zu trinken. An einem Ende hört man die Bitte, möglichst schnell die Leiche eines Kameraden wegzuschaffen, der unter den Augen aller mit schrecklichen Qualen gestorben ist; am anderen Ende hört man ein Gebet zum Allerhöchsten, einen schnellen Tod zu schicken; am dritten Ende Schluchzen und Heulen. Das Herz könnte einem beim Anblick dieser fürchterlichen Bilder in Stücke zerspringen. Du läufst von einem zum anderen, zum dritten, vergisst jegliche Erholung, tust alles, was du möglich machen kannst, trotzdem fühlst du dich hilflos, die Leiden dieser Unglücklichen wenigstens etwas zu verringern. Das alles versetzt den Menschen in äußerste Erregung und Wut. Sollen doch jene, die diesen Krieg wollten und ihn in ihren Amtsstuben herbei schrien, hierher kommen und diesen Tausenden unglücklichen Männern gegenübertreten, die mit erstaunlicher Ergebenheit in ihr Schicksal, ohne Murren und Vorwürfe, Höllenqualen erdulden. Verstehen etwa viele von ihnen, wofür sie sich quälen und so leiden müssen? Lass sie dieses Stöhnen hören, das einem die Seele zerreißt, dieses Stammeln vor dem Tod und den letzten Seufzer, der selbst dem stärksten Menschen Tränen in die Augen treibt. [...] Gegen Morgen kamen neue Wagen mit Verletzten, am nächsten Tag nochmals Eintausend. Zum Glück für unsere Patienten schien nächsten Tag die Sonne, es war nun möglich, sie unter freiem Himmel unterzubringen. Insgesamt wurden auf unserem Verbandsplatz etwa 3.000 Verwundete versorgt."[26]

---

[26] Severnyj Vestnik No. 148 vom 26. September 1877, vgl. Pfrepper/Pfrepper/Akimenko (2007), S. 104–107.

Bechterev berichtet am 8./20. September 1877:

> Die beiden Tage, an denen keine Verwundeten zu erwarten waren, nutzten wir,
> um uns die Stellungen der russischen Truppen anzusehen. [...] Einer der Artille-
> rieoffiziere richtete für mich das Fernrohr auf den Hügel, über den während der
> letzten Schlacht unsere Regimenter angegriffen hatten. [...] man rechnet, dass wir
> hier mehr als 5.000 Mann an Gefallenen und Verwundeten verloren haben. Als ich
> durch das Fernrohr sah, lag vor mir ein Bild, das [...] nur schwer mit Worten zu
> beschreiben ist. Das gesamte Feld war wie ein Hinrichtungsplatz mit den Leichen
> russischer Soldaten übersät. [...]
> Dieses schreckliche Bild des Schlachtfeldes wird wahrscheinlich noch lange Zeit
> die Fantasie des Augenzeugen quälen und ihn an die Schrecken der Schlacht erin-
> nern, weil auch die Bergung der Toten und Verwundeten bisher unmöglich war.
> Einige Male schickte man unsere Sanitäter dorthin, aber die Türken eröffneten so-
> fort das Feuer auf sie, was zwei unserer Sanitäter mit dem Leben bezahlen muss-
> ten, ein dritter wurde verwundet.[27]

Auch der aus Australien stammende Chirurg Charles Snodgrass Ryan (1853-
1926), der in türkischen Diensten am Russisch-Türkischen Krieg 1877/78 teilgenommen hat, beschreibt in seinen Erinnerungen ähnlich schreckliche Bilder des
Krieges wie seine russischen Kollegen. Beim dritten Sturm auf Pleven hatten die
türkischen Truppen die Redoute Nr. 1 zurückerobert:

> „Ich gelangte in die Redoute Nr. 1, kurz nachdem die vordersten Leute in die-
> selbe eingedrungen waren, und niemals werde ich das grausige Bild vergessen,
> welches sich meinen Augen dort darbot. Die Redoute war buchstäblich von To-
> ten, Sterbenden und Verwundeten verstopft; bei jedem Schritt trat man bis über
> die Knöchel in Blut; umherliegende Gehirnteile, einzelne Glieder- und Kleider-
> fetzen aller Art erhöhten noch den schaudererregenden Anblick. Von einer Art
> Delirium erfaßt, gebärdeten sich die Leute als ob sie von Sinnen wären. Ringsum
> hörte man Jauchzen, Beten und Dankrufe zu Allah."[28]

Über die russischen Verluste in diesem Krieg liegen aus unterschiedlichen Quellen verlässliche Zahlen vor, von den insgesamt 67.324 Toten der Donauarmee
fielen 11.905 im Kampf (17,7%), 4.955 nach Verwundung (7,4%) und 50.464

---

[27] Severnyj Vestnik No. 149 vom 27. September 1877, vgl. Pfrepper/Pfrepper/Akimenko
(2007), S. 107–109.
[28] Ryan, Charles S.: Mit den Türken gegen Russland 1877/78. Kriegserlebnisse eines
Arztes. Stuttgart 1914, 201; zuerst als amerikanische Ausgabe: Ryan, Charles S.: Under
the Red Crescent. Adventures of an English Surgeon with the Turkish Army at Plevna
and Erzeroum, 1877-1878. New York 1897.

durch Krankheiten (74,9%).[29] Die häufigsten Krankheiten waren 320.062 Fälle von Malaria, 135.239 Fälle von Typhus und 34.198 Fälle von Ruhr, die Mehrzahl der Erkrankten starb an Typhus (23.752 Tote) und Ruhr (9.543 Tote).[30] Vergleicht man diese Zahlen mit denen des Krimkriegs, so ist ersichtlich, dass trotz der verbesserten medizinischen Betreuung der Armee und antiepidemischer Maßnahmen,[31] die relativen Verluste durch Krankheit nicht geringer geworden sind. Bergmann, der ebenfalls erkrankte, charakterisiert die Situation in den Militärhospitälern so:

„Schon Anfang September zeigte sich die Dyssenterie [sic] unter den Kranken und räumte im Laufe dieses und des folgenden Monats schrecklich unter ihnen auf. Mich selbst fesselte sie mehr als 14 Tage an mein Zelt, und den Oberarzt des baltischen Lazareths mussten wir todtkrank in die ferne Heimat evacuiren. Es ist kein einziger Arzt des Hospitals von dieser Krankheit oder später vom Typhus verschont worden. Auch von den Aerzten in Piätra, wo die hygienischen Verhältnisse günstiger waren, die vorschriftsmässige Zahl der Kranken nicht viel überschritten wurde und bei kälter werdender Jahreszeit die meisten derselben in den Bauerhöfen Platz fanden, sind 3 von den 10 Hospitalärzten ein Opfer des Typhus geworden."[32]

In dieser Antrittsrede an der Würzburger Universität ging Bergmann auch ausführlich auf die Besonderheiten der Feldchirurgie im Krieg ein, insbesondere auf den Einfluss der hygienischen Verhältnisse.

---

[29] Vgl. Garrison (1922), S. 179–180.
[30] Semeka, Sergej Aleksandrovič: Ènciklopedičeskij slovar' voennoj mediciny (Lexikon der Militärmedizin). Bd. 3. Moskva 1948, S. 842.
[31] Die Donauarmee verfügte über 28 mobile Divisionslazarette und 56 zeitweilige Militärhospitäler mit einer Gesamtkapazität von 56.000 Betten; 206.760 Personen wurden in die Heimat evakuiert, davon 85,5% Kranke. Als im Dezember 1877 in der Armee eine Ruhr- und Typhusepidemie ausbrach, wurden die Hygieniker Friedrich Huldreich Erismann (1842-1915) aus Moskau und Aleksej Petrovič Dobroslavin (1842-1889) aus St. Petersburg zur Donau- bzw. Kaukasus-Armee entsandt, vgl. Selivanov, E. F., Selivanov V. I., Gladkich, P. F.: Opyt raboty voenno-medicinskoj služby russkoj armii v russko-tureckuju vojnu 1877-1878 gg. (Tätigkeit des militärmedizinischen Dienstes der russischen Armee im Russisch-Türkischen Krieg 1877-1878). Voenno-medicinskij žurnal (Militärmedizinisches Journal) 1978, Heft 3, S. 70–73.
[32] Bergmann, Ernst von: Die Behandlung der Schusswunden des Kniegelenks im Kriege. Nach seiner Antrittsvorlesung an der Königlichen Julius-Maximilians-Universität in Würzburg 1878. Stuttgart 1878, S. 17.

Erinnerungen an den Russisch-Türkischen Krieg haben auch der Kliniker Sergej Petrovič Botkin (1832-1889)[33] sowie die russischen Chirurgen Sklifosofskij[34] und Nikolaj Ivanovič Pirogov (1810-1881) publiziert, dessen Buch auch ins Deutsche übersetzt worden ist. [35] Pirogov zieht darin eine positive Bilanz für die militär-medizinischen Dienste der russischen Armee im Russisch-Türkischen Krieg, ins-besondere hebt er den Fortschritt gegenüber dem Krimkrieg hervor, weil diesmal kein Mangel an Ärzten, Verbandsmitteln, Instrumenten und Medikamenten herrschte, auch weil an diesem Krieg alle Professoren und Dozenten der Chirur-gie der fünf russischen Universitäten und der MCA teilgenommen haben.

Eine andere Art von Berichten über den Krieg lieferte der russische Maler Vasilij Vasil'evič Vereščagin (1842-1904) mit seinen Skizzen und Gemälden von den Kriegsschauplätzen seiner Zeit. Das Credo seines Schaffens lautete:

> „Vor mir als Künstler steht der Krieg und ich bekämpfe ihn, soweit ich nur kann: ob meine Schläge wirkungsvoll und stark sind, das ist eine andere Frage – die Fra-ge meines Talents, aber ich schlage mit voller Wucht und ohne Gnade zu."[36]

Vereščagins realistische Schlachtenbilder sind Reportagen, der Maler fügt nichts hinzu, sondern wählt nur das Thema aus, das allein durch das dargestellte schreckliche Geschehen auf den Betrachter wirkt.

Nach Absolvierung des Seekadettenkorps 1860 studierte Vereščagin von 1861 bis 1863 an der St. Petersburger Kunstakademie, ging anschließend nach Paris an die École de Beaux-Arts, um seine Ausbildung bei Jean-Léon Gérôme (1824-1904) fortzusetzen, einem Vertreter des akademischen Klassizismus mit dem bevorzugten Sujet von historischen und mythischen Themen. Vereščagin nahm 1867/68 unter General Kaufmann[37] am Turkestan-Feldzug teil. Um die

---

[33] Botkin, Sergej Petrovič: Pis'ma iz Bolgarii 1877g. (Briefe aus Bulgarien von 1877). St. Peterburg 1893.

[34] Sklifosovskij, Nikolaj Vasil'evič: V gospitaljach i na perevjazočnych punktach vo vremja Tureckoj vojny (In Hospitälern und auf Verbandsplätzen während des Türki-schen Krieges). Voenno-medicinskij žurnal (Militärmedizinisches Journal) 132 (1878), S. 141–192.

[35] Pirogow, N[ikolai]: Das Kriegs-Sanitäts-Wesen und die Privat-Hülfe auf dem Kriegs-schauplatze in Bulgarien und im Rücken der operirenden Armee 1877-1878. Leipzig 1882.

[36] Brief von Vereščagin an Tret'jakov vom 3./15. Mai 1879: Galkina, Natal'ja Gen-nad'evna: Perepiska V. V. Vereščagina i P. M. Tret'jakova 1874-1898 (Briefwechsel zwi-schen V. V. Vereščagin und P. M. Tret'jakov 1874-1898). Moskva 1963, S. 37.

[37] Konstantin Petrovič Kaufmann (1818-1882), Teilnehmer am Krimkrieg, Gouverneur des Militärbezirks Turkestan, leitete die Eroberung der Chanate Buchara (1868) und Chiva (1873).

Eindrücke künstlerisch zu vertiefen, reiste er 1869/70 erneut nach Turkestan. Von 1871 bis 1874 lebte er in München, arbeitete im Atelier von Theodor Horschelt (1829-1871) an den Turkestan-Bildern und war mit dem Kreis um Wilhelm Leibl (1844-1900) befreundet. 1872 lernte er den reichen Kaufmann und Kunstsammler Pavel Michajlovič Tret'jakov (1832-1898) kennen, der ihn in München besuchte.

Abb. 3: Vasilij Vasil'evič Vereščagin. Fotografie 1878, Košelev, V. A.; Černov, A. V. (Hgg.): V. V. Vereščagin, povesti, očerki, vospominanija (V. V. Vereščagin, Erzählungen, Skizzen, Erinnerungen). Moskva 1990, S. 13.

Die erste Ausstellung der Turkestan-Bilder wurde am 7./19. März 1874 in St. Petersburg eröffnet, in neun Sälen des Innenministeriums wurden 121 Bilder und 122 Zeichnungen gezeigt, der Eintritt war frei. Das Interesse und die Zustimmung des Publikums war unerwartet groß, in kurzer Zeit wurden 30.000 Kataloge verkauft. Kritik kam jedoch wegen der realistischen Darstellung der Wirklichkeit des Krieges vor allem aus Kreisen des Militärs. Man warf Vereščagin mangelnden Patriotismus und Verleumdung der russischen Armee vor, auch Aleksandr II. äußerte in scharfer Form seinen Unwillen. Obwohl Vereščagin drei der ausgestellten Bilder zurückzog[38] und vernichtete, kaufte die russische Regierung die Turkestan-Bilder nicht an. Den Großteil der Bilder erwarb Tret'jakov für seine Privatsammlung, darunter auch das bekannte Bild „Apotheose des Krieges", gewidmet allen großen Eroberern der Vergangenheit, Gegenwart und Zukunft. Der Betrachter sieht im Zentrum eine Pyramide aus menschlichen Schädeln, wie sie der asiatische Eroberer Tamerlan (1336-1405) bei seinen Feldzügen im 14. und 15. Jahrhundert hinterließ.

Nach einem Aufenthalt in Indien kehrte Vereščagin 1876 nach Paris zurück. Die Nachricht vom Beginn des Russisch-Türkischen Krieges veranlasste ihn, sofort an den bulgarischen Kriegsschauplatz zu reisen, um sich der kämpfenden Armee anzuschließen. Er wurde Adjutant des Oberkommandierenden Großfürst Nikolaj Nikolaevič d. Ä. (1831-1891) und konnte sich in dieser Position zwischen allen Truppenteilen frei bewegen. In seinen Bildern berichtete er vom Kampf um Pleven, den Kämpfen am Šipkapass und vom schrecklichen Alltag des Krieges. Einige Bilder Vereščagins zur Schlacht um Pleven illustrieren durch ihre realistische Bildsprache die oben zitierten, bewegenden und wortreichen Berichte Bergmanns und Bechterevs zum gleichen Geschehen. Besonders eindrucksvoll sind in dieser Hinsicht zwei Bilder zum dritten Sturm auf Pleven am 30. August/11.September 1877, denen er die Titel gab: *Pered atakoj. Pod Plevnoj. 1881 g.* (Vor dem Angriff. Bei Pleven.) bzw. *Posle ataki. Perevjazočnyj punkt pod Plevnoj. 1881 g.* (Nach dem Angriff. Verbandsplatz bei Pleven.). Das Bild ist als Farbabbildung 1 auf den Bildtafeln in Anschluss an diesen Artikel wiedergegeben.

Im Februar 1878 verließ Vereščagin Bulgarien und kehrte nach Paris zurück, um im Atelier mit der Arbeit an den Bildern zum Russisch-Türkischen Krieg zu beginnen. Im Sommer 1878 kam Tret'jakov zur Weltausstellung nach Paris, äußerte starkes Interesse an Bildern aus dem Balkanzyklus und erwarb in den nächsten Jahren von Vereščagin mehrere Hundert Werke für seine Sammlung, die er 1892 testamentarisch der Stadt Moskau schenkte. Im Dezember 1878 reiste Vereščagin erneut nach Bulgarien, besuchte Pleven und den Šipkapass, um weitere Studien zur Balkanserie zu machen. Als Vereščagin im Oktober 1880 erneut nach Bulgarien reiste, schrieb er nach seiner Rückkehr an Tret'jakov:

> „Ich bin nicht in der Lage, die Masse der Eindrücke wiederzugeben, die ich beim Betreten der Schlachtfelder in Bulgarien empfangen habe; besonders die Hügel in der Umgebung von Pleven bedrücken mich mit Erinnerungen, – diese unendliche

---

[38] Es handelt sich um die Bilder: Zabytyj (Ein Vergessener); U krepostnoj steny: Vošli (An der Festungsmauer: Wir sind hineingekommen); Okružili – presledujut (Eingeschlossen – man verfolgt uns).

Zahl von Kreuzen, Denkmäler, dann wieder Kreuze, Kreuze ohne Ende. Überall liegen Granatsplitter herum, Knochen von Soldaten, die man vergessen hat zu begraben."[39]

Die Vielzahl der Gemälde und Skizzen und seine viele Jahre während Auseinandersetzung mit dem Russisch-Türkischen Krieg[40] ermöglichten es dem Künstler Vereščagin, viele von dessen Facetten darzustellen und dem Betrachter ins Bewusstsein zu rücken, die in der aktuellen Berichterstattung aufgrund der Fülle der Ereignisse kaum eine Rolle spielten. Ein solches Beispiel ist Vereščagins Gemälde *Pobediteli*. 1878-1879 g. (Die Sieger. 1878-1879, vgl. Farbabbildung 2 auf den Bildtafeln im Anschluss an diesen Artikel), das den Umgang der türkischen Sieger mit den im Kampf gefallenen Russen thematisiert und auf der Pariser Ausstellung im Dezember 1879 erstmalig gezeigt wurde.

Zwei Zitate aus den Erlebnissen des Chirurgen Ryan nach dem ersten und zweiten Angriff auf Pleven belegen, dass die Darstellung von Vereščagin dem realen Geschehen entnommen worden ist:

„Nach dem am 20. Juli stattgehabten Gefecht wurde die Beute, welche die räuberischen Cirkassier[41] an den gefallenen Russen auf dem Schlachtfelde gemacht hatten, in jedem Bazar zum Verkauf angeboten. Schon für wenige Piaster konnte man gute russische Mäntel kaufen; Stiefel, Mützen und Waffen fanden aber besonders reißenden Abgang. Auch zahlreiche russische Dekorationen in Bronze, Silber und Gold bildeten einen Handelsartikel."[42]

Nach dem zweiten erfolglosen Angriff auf Pleven berichtet er:

„Am 1. August verließ ich um fünf Uhr nachmittags das Lazarett und ritt hinaus, um einen Blick auf das Schlachtfeld zu werfen. Nahe der Griwiza-Redoute lagen die toten Russen wie gesät. Der Anblick war ein entsetzlicher. Zahlreiche Mannschaften arbeiteten noch an der Beerdigung der Toten. Um die gefallenen Russen kümmerte man sich nicht. Beinahe alle waren vollständig nackt. Die Baschi-Bozuks[43] hatten ihr Werk gründlich getan."[44]

---

[39] Brief von Vereščagin an Tret'jakov vom 5./17. November 1880: Galkina (1963), S. 44.
[40] Ein Bruder Vereščagins fiel in der Schlacht um Pleven, ein zweiter Bruder und er selbst wurden schwer verwundet.
[41] Die Čerkessen sind die frühesten bekannten Einwohner des Kaukasus, nach den Russisch-Kaukasischen Kriegen siedelten sich große Teile von ihnen im Osmanischen Reich an.
[42] Ryan (1914), S. 129–130.
[43] Bašibozuki waren berittene Freischärlertruppen im Osmanischen Reich, sie wurden nach 1877/78 aufgelöst.

Erst durch die Erlebnisse im Russisch-Türkischen Krieg entwickelte sich
Vereščagin zu dem realistischen Schlachtenmaler, der mit seinen Balkanbildern
internationale Aufmerksamkeit und Anerkennung in Westeuropa, den USA und
auch in Russland erreichte.

Ab 1879 begann Vereščagin eine umfangreiche Ausstellungstätigkeit in vielen Städten Westeuropas. 1879 konnte er in London bereits 20 Bilder aus dem
Russisch-Türkischen Krieg zeigen, 1880 folgte eine Ausstellung in St. Petersburg,
die in 40 Tagen 200.000 Besucher hatte, mehrere Zehntausend Kataloge wurden
verkauft. Aleksandr II. äußerte nach dem Rundgang durch die Ausstellung
schwermütig „[...] alles das ist wahr, so war es wirklich."[45] 1881 und 1882 folgten
Ausstellungen in Wien und Berlin, die danach auch in Hamburg, Dresden, Düsseldorf, Brüssel, Budapest und Moskau gezeigt wurden. In Wien wurden in 28
Tagen 110.000, in Berlin in 70 Tagen 134.000 Besucher gezählt.

In Berlin führte Vereščagin den Kronprinzen und viele Vertreter des
Hochadels durch die Ausstellung, unter ihnen auch den preußischen General-
stabschef Hellmuth Graf von Moltke (1800-1891), dem Vereščagin sagte:

> „Ich habe, was ich erschaut, so ehrlich wiedererzählt, wie es mir nur möglich war.
> Krieg besteht nur zu 10 Prozent aus Siegen, 90 Prozent sind furchtbare Verstüm-
> melungen, Frost, Hunger, Grausamkeit, Verzweiflung und die schrecklichsten
> Todesfälle. Ich habe es gesehen, es ist so! Andere malen schöne Schlachten, ich
> habe nur den häßlichen Krieg gesehen und gemalt."[46]

Vereščagin ist nun der im Ausland bekannteste russische Maler, was auch in Russland anerkannt wird. Der Publizist Aleksej Sergeevič Suvorin (1834-1912) schreibt
dazu:

> „[...] für uns ist es noch zu früh, unsere dramatische Kunst im Ausland in russi-
> scher Sprache zu zeigen, eine Sprache, die niemand dort kennt; wir müssen noch
> zu Hause sitzen und sollten nicht davon träumen, dass man uns in Paris und Lon-
> don sehen will. [...] Russische Malerei und Bildhauerkunst zu kennen ist einfa-
> cher, dazu reicht das Auge; russische Malerei kennt man fast nur durch
> Vereščagin, russische Bildhauerkunst nur durch Antokol'skij, russische Literatur
> durch Übersetzungen von Turgenev, Dostoevskij und Tolstoj und russische Mu-
> sik durch Glinka und Čajkovskij."[47]

---

[44] Ryan (1914), S. 155.

[45] Kuzenkov, P. V.: Vereščagin i Vojna. In: Vereščagin (2007), S. 13.

[46] Jelisiević, Miodrag: Apotheose des Krieges. Leben und Werk des russischen Malers
Wassili Wereschagin. Studien und Materialien. Hamburg 2001, S. 119.

[47] Suvorin, Aleksej Sergeevič: V ožidanii veka XX. Malen'kie pis'ma (1889-1903) [In Erwartung des 20. Jahrhunderts. Kleine Briefe (1889-1903)]. Moskva 2005, S. 321.

In Deutschland erschien eine Künstler-Monographie zu Vereščagins Leben und Werk,[48] mit der erstmals ein russischer Maler gewürdigt wurde.[49]

Abb. 4: Titelblatt der Zeitschrift ‚Die Waffen nieder', 1893.

[48] Zabel, Eugen: Wereschtschagin (=Knackfuß Künstlermonographien 47). Bielefeld 1900.

[49] 1907 widmete der Kunsthistoriker und Publizist Oscar Bie (1864-1938) dem russischen Maler Konstantin Andreevič Somov (1869-1939) die zweite deutsche Monographie für einen russischen Künstler, vgl. Bie, Oscar: Constantin Somoff. Berlin 1907; vgl. auch Ettinger, Paul: Konstantin Somoff. Die Kunst für alle 28 (1913), 7, 145-152.

Die Ausstellungen in vielen Städten Westeuropas und den USA bringen
Vereščagin in Kontakt mit Vertretern der Friedensbewegung, die sich in diesen
Jahren zu formieren beginnt. Zweimal trifft Vereščagin Bertha von Suttner
(1843-1914) in Wien. In ihren Memoiren beschreibt Suttner ihre erste Begegnung
mit Vereščagin. „Wir sind Kollegen und Kameraden, gnädige Frau" lautete seine
Begrüßung.[50] Suttners Hauptwerk *Die Waffen nieder! Eine Lebensgeschichte* erschien
1889 und wurde in kurzer Zeit in zwölf Sprachen übersetzt, 1891 auch ins Russische. Bereits 1892, 1893 und 1894 erschienen Nachauflagen bzw. Neuüberset-
zungen.

Die hier vorgestellten Korrespondenzen von Bechterev und Bergmann sowie die Gemälde von Vereščagin machen deutlich, dass seit Solferino 1859 eine
Wandlung in der Berichterstattung über den Krieg eingetreten ist. Sie haben dazu
beigetragen, dass in allen zivilisierten Ländern eine Bewegung gegen den Krieg
entstanden ist. In der von Suttner herausgegebenen Zeitschrift *Die Waffen nieder*
schreibt Vereščagin 1893:

> „Es gab nicht wenige Versuche, die jetzige Lebensordnung mit den vorhandenen
> Kräften und Fähigkeiten abzuändern [...], die Resultate waren jedoch im Vergleich
> zu den aufgebrachten Anstrengungen noch nicht erheblich und noch heute be-
> herrscht das barbarische Gesetz Moses ‚Aug' um Auge, Zahn um Zahn' die Ge-
> sellschaft. Bessere Resultate darf man erst nach der Veränderung der Organisation
> des Menschen erwarten; bis dahin aber wird der Atavismus sowohl stark wie häu-
> fig zur Geltung kommen."[51]

Die meiste Zeit lebte Vereščagin in Paris, nahm aber 1892 seinen Wohnsitz in
Moskau und begann den Zyklus *Napoleon in Russland*, der zwischen 1896 und 1898
bei Ausstellungen in allen europäischen Hauptstädten Aufsehen erregte. Bei
Ausbruch des Russisch-Japanischen Krieges im Februar 1904 reiste Vereščagin
auf dem Linienschiff der Kaiserlich-Russischen Marine „Petropavlovsk" zum
Kriegsschauplatz. Vor Port Arthur im Gelben Meer fuhr das Schiff am 30.
März/13. April auf eine Mine, explodierte und sank innerhalb von zwei Minu-
ten. Die meisten an Bord kamen um, unter ihnen auch Vereščagin.

Betrachten wir die heutige Welt mehr als 150 Jahre nach der Schlacht von
Solferino, nach dem Russisch-Türkischen Krieg 1877/78 und nach zwei Welt-
kriegen auf dem europäischen Kontinent und vielen regionalen Konflikten, so

---

[50] Suttner, Berta von: Memoiren. Stuttgart und Leipzig 1909, S. 284.
[51] Wereschtschagin, [Wassili]: Aus den Erinnerungen eines Schlachtenmalers. Die Waffen nieder 2 (1893), 251.

müssen wir feststellen, dass der Krieg aufgrund der Fortschritte der Waffentechnik und der Militärmedizin seinen Charakter verändert, aber nicht seinen Schrecken verloren hat und dass wir weit davon entfernt sind, die Vision des Friedens weltweit zu erleben.

Dr. rer. nat. Regine Pfrepper
Sächsische Akademie der Wissenschaften zu Leipzig
c/o Karl-Sudhoff-Institut
Käthe-Kollwitz-Str. 82
04109 Leipzig
Regine.Pfrepper@medizin.uni-leipzig.de

Dr. habil. Gerd Pfrepper
Breisgaustr. 17
04209 Leipzig

Farbabbildungen zu dem Beitrag »Sollen doch jene, die diesen Krieg wollten und in ihren Amtsstuben herbei schrien, hierher kommen [...].« Korrespondenzen und Gemälde aus dem Russisch-Türkischen Krieg 1877/78 von Regine und Gerd Pfrepper.

Farbabb. 1: Vasilij Vereščagin: Posle ataki. Perevjazočnyj punkt pod Plevnoj. 1881 g (Nach dem Angriff. Verbandsplatz bei Pleven). Öl auf Leinwand, 183 x 402 cm. Quelle: Staatliche Tret'jakov-Galerie Moskau.

220

Farbabb. 2: Vasilij Vereščagin: Pobediteli. 1878-1879 g. (Die Sieger. 1878-1879) Öl auf Leinwand, 180 x 301 cm. Ausschnitt. Quelle: Vasilij Vereščagin: Skobelev. Russko-tureckaja vojna 1877-1878 gg. V vospominanijach V. V. Vereščagina (Skobelev. Der Russisch-Türkische Krieg 1877-1878 in den Erinnerungen Vereščagins). Moskva 2007, nach S. 160.

Reflexe des Militarismus in psychiatrischen Anstalten des deutschen Kaiserreichs von Bettina Brand-Claussen und Maike Rotzoll

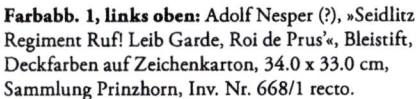

Farbabb. 1, links oben: Adolf Nesper (?), »Seidlitz Regiment Ruf! Leib Garde, Roi de Prus'«, Bleistift, Deckfarben auf Zeichenkarton, 34.0 x 33.0 cm, Sammlung Prinzhorn, Inv. Nr. 668/1 recto.

Farbabb. 3, links unten: E. Paul Kunze, Germania, um 1913, Bleistift, Deckfarben, Feder in Tusche in einem Kanzleibuch, 34.5 x 21.5 cm, Sammlung Prinzhorn, Inv. Nr. 703, fol. 11 recto.

Farbabb. 2, rechts oben: Johannes Friedrich, »Bild Nr. 10« mit »Halt« rufendem Feldwebel, Bleistift, Wasserfarben, Farbstifte, Feder in Tinte in liniertem Schulheft, 20.8 x 16.6 cm, Sammlung Prinzhorn, Inv. Nr. 1337, fol. 9 Frecto.

Farbabb. 4, rechts unten: Germania (Niederwalddenkmal, eingeweiht 1883), Postkarte um 1900.

Farbabb. 5: Oskar Herzberg, o. T. [Christlicher Ritter], undatiert, Wasserfarben mit Deckweiß über Bleistift auf Papier, 20,8 x 32,9 cm, Sammlung Prinzhorn, Inv. Nr. 3924.

Farbabb. 6: Adolf Nesper, »Es braust ein Ruf wie Donnerhalll«, nach 1905, Bleistift, Deckfarben auf Zeichenkarton, 28.8 x 42.7 cm, Sammlung Prinzhorn, Inv. Nr. 628.

Farbabb. 7, oben: Friedrich Wulsch, o.T.
[Soldat mit Orden], undatiert, Deckfarben
über Bleistift und collagiertes Material auf
Zeichenpapier, 32.3 x 27.0 cm, Sammlung
Prinzhorn, Inv. Nr. 4039.

Farbabb. 8, mitte: Johannes Friedrich,
»Bild Nr. 8« [Salutierender Soldat], 1908,
Bleistift, Wasserfarben, Feder in Tinte in
liniertem Schulschreibheft, Sammlung
Prinzhorn, Inv. Nr. 1353, fol. 3 verso.

Farbabb. 9, unten: Johannes Friedrich,
»70. Krieg«, 1908, Bleistift, Farbstifte auf
Schreibpapier, 16.3 x 20.5 cm, Sammlung
Prinzhorn, Inv. Nr. 1332.

Farbabb. 10: Lyonel Feininger, »Ein Zivilist!
Ein Zivilist!«, Karikatur aus Ulk, 1899, abgebildet
in: Conring, Franz: Das deutsche Militär in der
Karikatur, Stuttgart 1907, Taf. 50.

Farbabb. 11: E. Paul Kunze, »Bismark«, um 1913,
Bleistift, Deckfarben, Feder in Tusche auf Papier,
collagiert 33.7 x 20.5 cm, Sammlung Prinzhorn,
Inv. Nr. 699 recto.

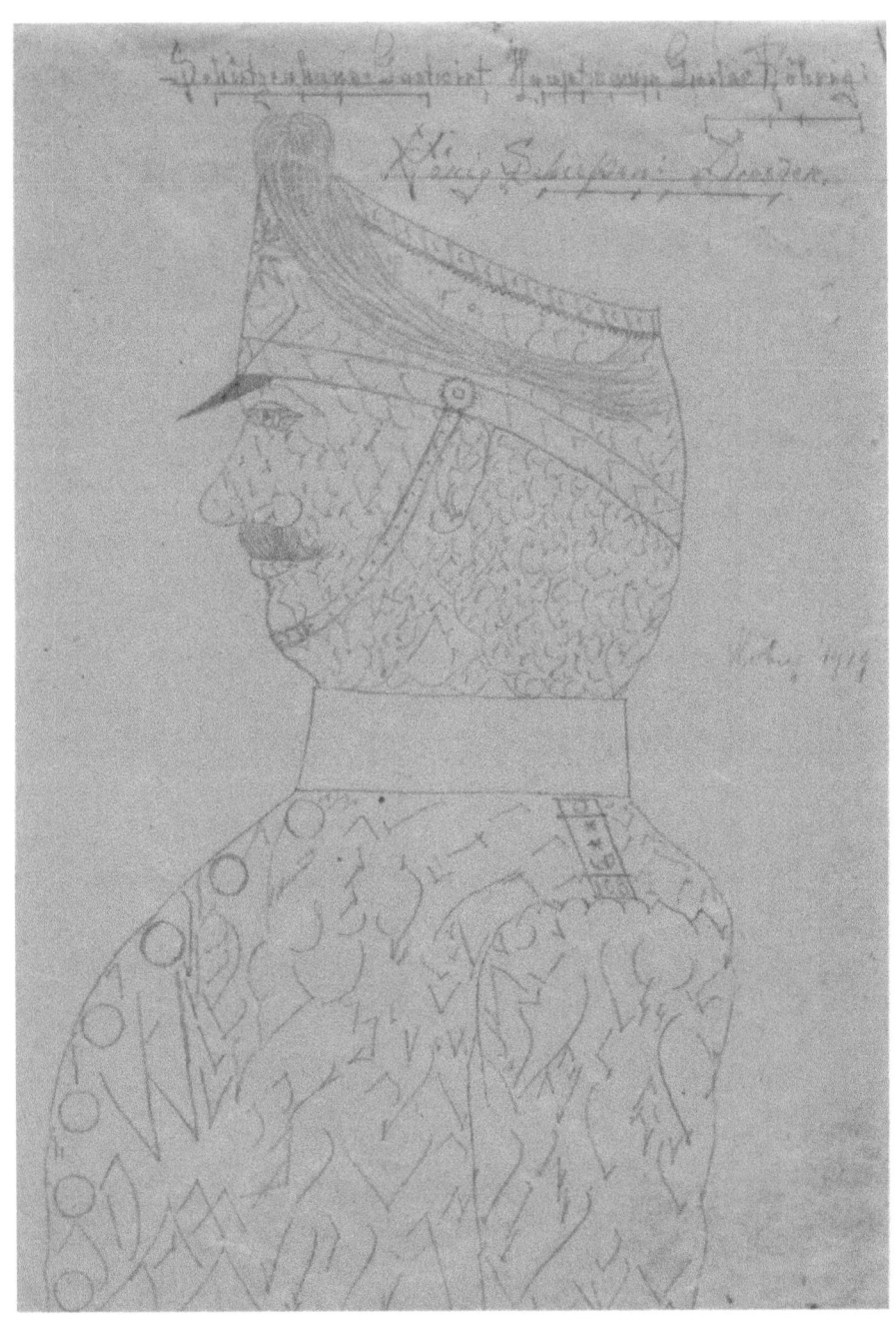

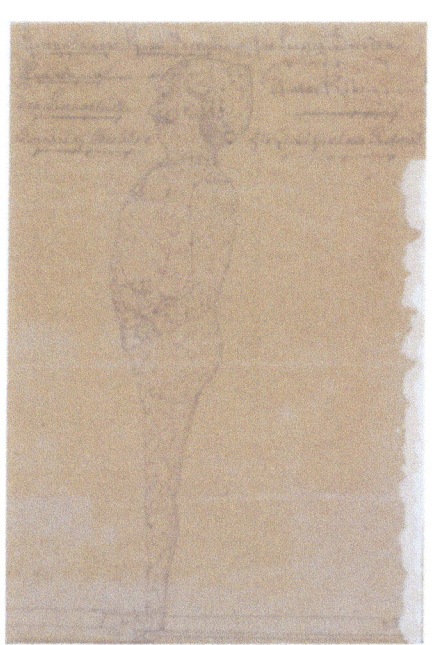 

Farbabb. 13: Gustav Röhrig, »Gewandhaus: Kunst Vorstellung«, um 1919, Bleistift auf Packpapier mit aufgeklebten Reproduktionen, 36.8 x 24.6 cm, Sammlung Prinzhorn, Inv. Nr. 786 recto.

Farbabb. 14: Gustav Röhrig, »König Albert. Sachsenbund Circus« [Reckturner], um 1919, Bleistift auf Packpapier, 34.6 x 22.1 cm, Sammlung Prinzhorn, Inv. Nr. 787/15 recto.

Farbabb. 12, linke Seite: Gustav Röhrig, »Schützenhaus-Gastwirt, Hauptmann, König Schießen: Dresden« [Hauptmann des sächsischen Schützenregiments mit Tschako], 1919, Bleistift auf Packpapier, 36.1 x 24.5 cm, Sammlung Prinzhorn, Inv. Nr. 781 recto.

Farbabb. 15: Heinrich Behle, »Der Burgemeister Hölenthor« [Soldat und Tod], Kopierstift auf fleckigem, berissenem Papier, 21,4 x 20,3 cm, Sammlung Prinzhorn, Inv. Nr. 76b recto.

Uniform und Eigensinn. Reflexe des Militarismus in psychiatrischen Anstalten des deutschen Kaiserreichs

Bettina Brand-Claussen und Maike Rotzoll

Abb. 1: R. Coenen, «Preussischer Offizier», undatiert, Bleistift und Feder in blauer Tinte auf Papier, 25.7 x 17.3 cm, Sammlung Prinzhorn, Inv. Nr. 4381 recto.

Bildmuster im Kontext des Soldatischen

„Vorübergehend machte er allerlei Faxen, schüttelte mit dem Kopf, salutierte, strampelte mit den Füßen, stand dann plötzlich still und beugte Rumpf und Kopf seitwärts mit einer ernst sein sollenden Grimasse. Führt all dies zur Begrüßung des den Tagsaal betretenden Arztes auf [...]. – Einige Tage später äußert er sich dazu; er sei doch im Stande noch zu leben, und das wolle er tun. Deshalb wolle er den Arzt auf sich aufmerksam machen."[1]

---

[1] Heidelberg, Sammlung Prinzhorn, Kopie der Wieslocher Krankenakte von Josef Grebing, ärztlicher Eintrag Oktober 1908.

Der Wieslocher Psychiater, der dies 1908 notierte, hatte den Kaufmann Josef Grebing (1879-1940) genau beobachtet.[2] Zu den Faxen zählte der zunächst ratlose Arzt auch das Salutieren. Das Grußreglement gegenüber vorgesetzten Militärs war ihm als Bewegungsmuster vertraut; entziffern konnte er es nicht. Der Eingesperrte und Stillgestellte indessen wollte etwas signalisieren, wie er später erklärte, er wollte seine Lebendigkeit zeigen. Um vom Arzt wahrgenommen zu werden, setzte er seinen ganzen Körper performativ ein und führte sogar jenes unterwürfige soldatische Grußritual auf.

Leben, Lebendigkeit außerhalb der Anstalt wurde zu Grebings Zeit in besonderem Maß von militärischen Ritualen geprägt. Krieg und Tod als notwendige Folgen gerieten dabei kaum ins Blickfeld, verdeckt von Pracht, Ehre und Ruhm. Wer wollte, konnte allerdings spätestens seit der Schlacht von Solferino oder seit der Publikation von Henri Dunants (1828-1910) „Souvenir" über Schlachtfelder wissen, „um welchen Preis das erkauft wird, was die Menschen mit dem stolzen Wort „Ruhm" benennen und wie teuer dieser Ruhm zu stehen kommt".[3] Glänzende Uniformen, klingende Namen waren untergegangen in Schlamm und Blut, Schmerz und Tod. Doch nicht jeder machte sich bekanntlich in den folgenden Jahren die Auffassung eines Mitberaters der Genfer Konvention von 1864 zu eigen, der Krieg sei die „Krankheit der Völker".[4] Durch die Gründung des „Roten Kreuzes" mochte Krieg ein wenig menschlicher geworden sein, doch blieb er im Wesentlichen ebenso unverändert wie sein Bild in der Öffentlichkeit: Der Nimbus des Soldatischen, die Ausstrahlung schmucker Uniformen,

---

[2] Zu Leben und Werk von Josef Grebing vgl. zuletzt Kappenberg, Torsten: Josef Heinrich Grebing – „ein fürchterliches Gefängnis - diese Heil = &Pflegeanstalt - ich war nervenkrank". In: Brand-Claussen, Bettina; Röske, Thomas; Rotzoll, Maike (Hg.): Todesursache: Euthanasie. Verdeckte Morde in der NS-Zeit (Ausstellungskatalog Sammlung Prinzhorn), Heidelberg 2002, S. 97-105.

[3] Dunant, J. Henry: Un Souvenir de Solferino, Genf 1883, S. 134: „C'est dans ces nombreux hôpitaux de la Lombardie que l'on pouvait voir et apprendre à quel prix s'achète ce que les hommes appellent pompeusement la gloire, et combien cette gloire se paie cher!"

[4] Charles S. P. Bowles (1835-1915), Vertreter der US-amerikanischen Sanitary Commission, inoffizieller Teilnehmer des Kongresses, der zur Genfer Kommission führte, berichtete schriftlich über seine Rede vom August 1864, in der er über „war, the disease of all nations and its known or proposed remedies" gesprochen hatte. Vgl. European Branch of the United States Sanitary Commission (Hg.): Report of Charles S. P. Bowles, foreign agent of the United States Sanitary Commission, upon the international congress of Geneva, London 1864, S. 9.

die Autorität gegenwärtiger und vergangener militärischer Größen lebte fort, kaum gebrochen, vielmehr in wilhelminischer Zeit auf das Höchste gesteigert.

Alltag, Rituale und Ideale waren um die Wende zum 20. Jahrhundert von zahlreichen militärischen Reminiszenzen durchdrungen. Dies gilt auch für das Leben in psychiatrischen Anstalten. Die dort Hospitalisierten waren vom direkten Erwerb militärischer Ehren wohl meist für immer ausgeschlossen, für viele Männer eine schmerzhafte Kränkung. Gerade deswegen aber mochten ihre Gedanken nicht selten um Uniformen oder militärische Ränge und Rituale kreisen, wie das Beispiel des salutierenden Kaufmanns Josef Grebing zeigt.

Viele Lebensbereiche besetzte mit ihrer eisernen Disziplin die „Kaserne". Nicht nur Rekruten hatten sich der „bannenden Kraft des durchgreifenden Befehls [zu unterwerfen], an dem jeder Widerstand zerbrach [...]".[5] Militärische Disziplin konnte auch im Anstaltsleben spürbar werden, etwa in strikter Tagesordnung und zackigem Kasernenhofton von Wärtern und Ärzten.[6] Die „Kaserne" lieferte nicht zuletzt dem therapeutischen Konzept Emil Kraepelins (1856-1926) den Schliff. Wahnsinn sei Folge einer „Willenszerrüttung", meinte der Psychiater, und nur durch „unentwegte Überwachung"[7] sei der Willensschwache zu disziplinieren und damit auch zu heilen. Zu dieser Zeit steuerte die Psychiatrie auf einen Höhepunkt ihrer Professionalisierung zu.

Selbstgestaltung im Kontext des Soldatischen ist nicht nur in psychiatrischen Aufschreibsystemen, sondern auch in Kunstwerken der Sammlung Prinzhorn zu finden. Als „Irrenkunst" und „Bildnerei(en) von Geisteskranken" hatten Heidelberger Psychiater – Emil Kraepelin, Karl Wilmanns (1873-1945) und besonders Hans Prinzhorn (1886-1933) – diese Werke in zahlreichen Anstalten gesammelt, lange vor und kurz nach dem Ersten Weltkrieg. Zu bedenken ist, dass Prinzhorn um Werke bat, die „ungewöhnlich" und nicht „normal" sein sollten. Militärische Sujets aber galten sicherlich als „normal". Häufig sortierte man daher allzu gegenständliche Darstellungen, technische Konstruktionen und Bastel-

---

[5] Karl Alexander von Müller (1882-1964) im Rückblick (1958) auf die Jahre 1882-1914, zit. nach Frevert, Ute: Die kasernierte Nation. Militärdienst und Zivilgesellschaft in Deutschland, München 2001, S. 222.
[6] Beispielhaft für Verbreitung und Einsatz des rüden Tones verweist der kritische Historiker Ludwig Quidde (1858-1941) auf den Museumsdiener, der Besucher der unteren Klassen im Kasernenhofton anschnarrt, nach oben aber freundlich ist. Quidde, Ludwig: Der Militarismus im heutigen deutschen Reich. Eine Anklageschrift (1893). In: Quidde, Ludwig: Caligula, Schriften über Militarismus und Pazifismus [aus den Jahren 1893-1926], hg. von Hans-Ulrich Wehler, Frankfurt/Main 1977, S. 81-130, S. 114.
[7] Kraepelin, Emil: Psychiatrie. Ein Lehrbuch für Studierende und Ärzte, Bd. 2, Leipzig 1913, S. 725.

arbeiten in den Anstalten bereits aus, darunter wohl auch Werke, in denen die
Faszination für den Einsatz von Technik im Militär anschaulich wird.

Später war man lange Zeit – bis in die 1970er Jahre – überzeugt, dass die
psychiatrischen Anstalten des deutschen Kaiserreichs, in denen die Bilder der
Insassen entstanden, als „totale Institutionen" abgeschottet von der Außenwelt
waren. Tatsächlich aber drang die Euphorie der Paraden und der Schrecken der
Schlachten bis in die Welt der Psychiatrisierten, von denen viele ohnehin schon
vor ihrer Einweisung soldatische Erfahrungen gemacht hatten. Die Blätter aus
den Anstalten illustrieren daher ein „Outside in"[8], einen Spiegel, vielleicht auch
Zerrspiegel der gesellschaftlichen Situation (Farbabb. 1 und 2).

Die Fragen, die sich im Kontext des Militärischen an die Bildmagazine der
Heidelberger Sammlung Prinzhorn richten, sind folgende: Findet sich überhaupt
ein Reflex des militärischen Getümmels in den Werken der ausgeschlossenen
Psychiatriepatienten und – vielleicht auch – Patientinnen? Und wenn, wie richtet
sich wilhelminischer Militarismus in den Bildwerken der Sammlung Prinzhorn
ein? Wie spielen Erlebtes oder Imaginiertes in die Gestaltung hinein? Mit Anpas-
sung oder Eigensinn? Ferner ist zu fragen: Geht es hier nur um ein männliches
Thema? Bestimmt die Militarisierung der Gesellschaft auch das Leben hospitali-
sierter Frauen? Die Auswahl der Bilder zu diesem Aufsatz belegt eine Resonanz
des Militärischen im psychiatrischen Anstaltsraum. Der Wunsch nach Würde
kleidete sich in Visionen von der Teilhabe an kriegerischen Ehren, Zeichnungen
und Inszenierungen belegen die Gegenwärtigkeit vergangener Karriereträume,
zeugen aber vereinzelt auch von Distanz. Von wenigen Ausnahmen abgesehen
beschränkt sich die Bildauswahl auf die eher undramatische Zeit vor dem Ersten
Weltkrieg, vorwiegend auf die Jahre zwischen 1890 bis 1910, immerhin die heiße
Phase des aufrüstenden preußischen Militarismus. Ob Vorkriegslärm in die
Werke drang, ist nicht immer sicher zu entscheiden. Nur einer der hier vorgestellten Zeichner, Karl Ahrendt (1853-1941), war alt genug, den Krieg von
1870/71 erlebt zu haben. Die Übrigen, meist um 1860/70 geborenen, machten
ihre soldatischen Erfahrungen, wenn überhaupt, etwa in den Jahren 1880/90.

Die Vielfalt der Gestaltungsmöglichkeiten zeigen beispielhaft einzelne
Blätter verschiedener Anstaltskünstler, die im ersten Teil des Aufsatzes vorgestellt werden. Sie holen Militärisches aus mancherlei Perspektiven ins Bild; häufig wird es überzeichnet, auch ohne satirische Absicht. Anschließend untersu-

---

[8] Jagfeld, Monika: Outside In. Zeitgeschehen in Werken der Sammlung Prinzhorn am
Beispiel von Rudolf Heinrichshofen (Kunst- und Kulturwissenschaftliche Forschungen,
Band 4), Weimar 2008.

chen wir anhand von Vita und Werk dreier Insassen drei unterschiedliche Reso-
nanzräume des Militärischen. Gleich bleibend ist dabei ein Grundton: ein All-
machtsgefühl, ein Gefühl, das, tabuisiert, in jedem von uns lauert.[9] Doch muss
der jeweils eigene Sinn der Bilder und der Geschichten hinter den Bildern erst
rekonstruiert werden, ob nun der preußische Hauptmannssohn Uniformen
zeichnet und sich in der Anstalt als Kriegsgefangener fühlt, der Chemiestudent
Visitenkarten mit hohen militärischen Rängen entwirft oder der Berliner Kutscher überhaupt erst interniert wird, weil er auf dem Alexanderplatz durch das
Tragen eines Generalsmantels einen „Menschenauflauf" erregt. Die eigensinnigen
Geschichten bilden einen besonderen Spiegel ihrer Zeit, und manchmal treiben
sie die angebliche Vernunft der Welt außerhalb der Anstalten ganz kohärent auf
die irrsinnige, aber entlarvende Spitze.

Auch im Abseits der Anstalt werden wehrhafte Töne angeschlagen. Zu
Entwürfen regen populäre Denkmäler und ikonische Gestalten an, wie jene
„Germania", die seit 1883 mit flatterndem Haar auf dem Niederwalddenkmal am
Rhein das 1871 geeinte Reich bewacht. Wohl eher satirisch gemeint ist der origi-
nelle Entwurf von Zuckerbäcker Paul Kunze (geb. 1860)[10], der um 1910 eine Art
Anti-Denkmal auf goldenem Sockel präsentiert (Farbabb. 3 und 4): Vor das
mächtige Eiserne Kreuz postierte er „Germania" mit fliegenden Zöpfen, verweht
und salopp. Ihr Schwert hat sie wie die große Schwester bei Rüdesheim friedlich
gesenkt, doch verzichtet sie auf das Schwenken der Kaiserkrone.

National aufgeladen ist auch die Figur des Christlichen Ritter von Oskar
Herzberg (1844-1917) (Farbabb. 5). Zum Vergleich für die Tradition dieses Bild-
typus, vielleicht sogar als mögliche Anregung für Herzberg, kann man das Gemälde „Ritter. Georg" des Frankfurter Malers und Bildhauers Fritz Boehle (1873-
1916) heranziehen. Dieser Ritter Boehles – der Maler schätzte die Thematik
Pferd und Reiter ungemein – war „ausserordentlich erfolgreich"[11] und wurde
1907 vom Museum Städel in Frankfurt am Main angekauft. Gerüstet und be-
waffnet sitzt er auf seinem Schimmel (Abb. 2). Herzbergs behelmter Glaubens-
streiter, ebenfalls neben einem glänzenden Schimmel, ist nur mit einer Kir-
chenfahne bewehrt. Für derart unzeitgemäß gerüstete Gestalten finden sich im

[9] Roth, Gerhard: Magazin des „Tagesanzeiger Zürich" vom 15.5.2009.
[10] Zu den Zeichnungen Kunzes vgl. Stephan, Erik: E. Paul Kunze, „Conditor, Lebküch-
ler und Vereinskomiker". In: Brand-Claussen, Bettina; Stephan, Erik (Hg.): Wunderhül-
sen und Willenskurven. Bücher, Hefte und Kalendarien (Ausstellungskatalog Sammlung
Prinzhorn), Heidelberg 2002, S. 79-84.
[11] Bock, Robert Mario: Fritz Boehle. Das malerische Werk. Mit Werkverzeichnis, Weimar 1998, S. 232, Werkverzeichnis 122 (Abb. 191).

Kaiserreich weitere künstlerische Parallelen. Hier wie dort ziehen sie als Nach-
fahren von Dürers Stich „Ritter, Tod und Teufel" für „Thron und Altar" in die
Propaganda-Schlacht.

Abb. 2: Fritz Boehle, Ritter Georg, um 1906, Öl/Lw, 163 x
115 cm, Museum Städel, Frankfurt am Main.

Das preußische Heer verklärte der Tagelöhner Adolf Nesper (geb. 1879) in einem Aquarell von 1906 (Farbabb. 6). Überschrieben ist es „Es braust ein Ruf wie
Donnerhall", der ersten Zeile aus der martialischen Versdichtung „Wacht am
Rhein" (1840), die nach 1870 als Kampf- und Siegeslied neu zu Ehren kam. Auf
eigenwillige Weise ist hier der Beginn der dritten Strophe illustriert: „Er blickt
hinauf in Himmels Au'n / da Heldenväter niederschau'n". In der rätselhaften
dunklen Truppe, die von rechts ruhig ins Bild reitet, formieren sich also „Heldenväter" oder „Heldengeister" des siegreichen Krieges gegen Frankreich. Der
Zeichner der magischen Szenerie setzt sich selbst links ins Bild. Er steckt im Bil-
derrahmen und ist doch Zuschauer auf der Himmelsbühne. Auf ihr zieh'n die

toten Helden in voller Rüstung herein. Es braust ein Ruf wie Donnerhall. Wolkenhaufen türmen sich. Wild glüht der Himmel. Am Rande aber baden Rheintöchter, und golden leuchtet ein Orden. Kühl und leblos wirkt indessen die irdische Sphäre der unteren Zone, steif wie Spielzeug bewegen sich Figürchen entlang einer Allee. Der Krieg erscheint in der widersprüchlichen Perspektive des Zeichners als apokalyptisches Ereignis und Sehnsuchtsfigur zugleich.[12] Nesper wollte Feldmarschall werden. In Wirklichkeit dauerte sein Dienst in der Offenburger Kaserne 1899 nur einen Monat. Immer musste er lachen, konnte sich nicht fügen, litt unter Angst und Schlaflosigkeit. Wenige Monate später lieferte man ihn in die Psychiatrie ein.

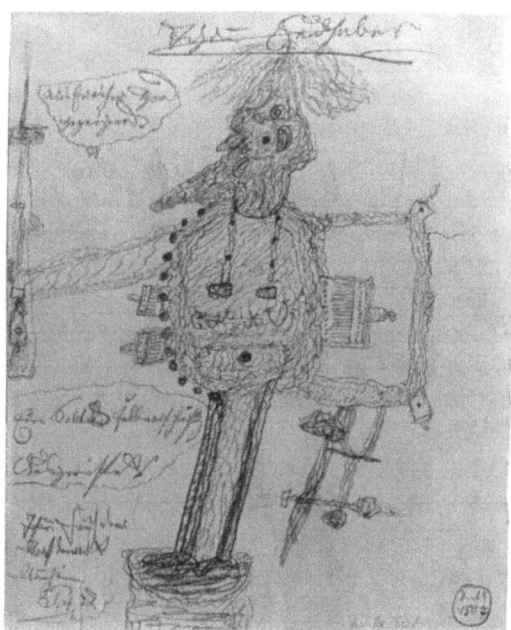

Abb. 3: Johann Faulhaber, «Gott mit uns / Ein Soldat feldmarschmässig ausgerüstet» [Selbstbildnis], um 1908 Bleistift auf Schreibpapier aus einem Schulheft, 20.6 x 16.5 cm, Sammlung Prinzhorn, Inv. Nr. 1507 verso.

---

[12] Nesper, der auf die apokalyptischen Ereignisse der Offenbarung Johannes hoffte, schrieb interessanterweise dem Krieg die Funktion zu, die Kunstproduktion zu beenden: „Der Krieg hat den Zweck die Schreiberei mit Feder und Blei und Pinsel abzuschaffen [...]." Heidelberg, Sammlung Prinzhorn, Kopie der der Krankenakte Adolf Nesper, undatierter Text.

Auch Johann Faulhaber (1864-1940) scheiterte als Soldat: Fünf Jahre hatte er im
Militär gedient. Für Unpünktlichkeit, Ungehorsam, Lügen, Trunkenheit außer
Dienst und Ähnliches erhielt er Arrest und andere Strafen bis hin zu Festungs-
haft in Ehrenbreitstein.[13] Es sind meist läppische Vergehen, die schwer – mit
Dunkelhaft bei Wasser und Brot – geahndet werden. Der Historiker Ludwig
Quidde kritisierte diese Praxis 1893 und beschrieb hart bestrafte Soldaten oft als
an „Körper und Geist" gebrochen.[14] Auch Faulhaber und sein Soldatenbild waren verletzt. 1908 bereits zum dritten Mal in die Anstalt eingeliefert, zeichnete er
eine eigentümlich vibrierende vogelartige Soldatengestalt (Abb. 3), das Seitenge-
wehr in ausgestreckter Hand. Faulhaber heroisierte nicht, sondern verfremdete:
„Gott mit Uns" steht artig auf dem Bauch des dünnbeinigen „komischen Vo-
gels". Laut Beischrift ist Faulhaber selbst zu sehen, „feldmarschmässig ausgerüstet", doch zittrig, wie elektrisiert, unter zersaustem Helmbusch. Kuriose Vo-
gelwesen, Ärztekarikaturen und gespenstische Fratzen sind Faulhabers Reper-
toire. Seine kurzwellig gestrichelte, wie psychographische Selbstkarikatur kommentierte er zufrieden: „Aus freier Hand gezeichnet". Der Soldat ist Künstler nun.

Doch wurde die „Schule der Männlichkeit"[15] oder die Lust am Soldaten-
spiel auch ungebrochen illustriert. Wie ein Zinnsoldat steht der Held des Arbei-
ters Fritz Wulsch (1850-1917) auf grünem Rasenstück (Farbabb. 7). Er steht aufrecht mit geschwellter Brust, trägt Gewehr, Pickelhaube, Tornister und weiße
Hosen. Aus Papier und Pappe selbst gefertigte und auf papiernes Ordensband
genähte Medaillen erzählen von preußischen Schlachten zwischen 1806 bis 1866.
Übergroß am Rand aufgereiht zeichnen sie den Tapferen aus – nicht als Erinne-
rungs-, sondern als Wunschbild.

Für seine eigene Memoria entwarf ein anderer Autor (A. Nesper?) ein
Prunkblatt mit einem friderizianischen Reiter (Farbabb. 1).[16] Das vermutlich
nach einer Vorlage ausgeführte, reich mit Randzeichnungen und einer Devise
verzierte Werk war als „Andenken" einem Bereiter im Marstall des Karlsruher

---

[13] Heidelberg, Sammlung Prinzhorn, Kopie der Heidelberger Krankengeschichte von
Johann Faulhaber, Bl. 5-6. Zum Werk Faulhabers und dessen Lebensgeschichte, die
durch die „Euthanasie"-Aktion mörderisch beendet wurde, vgl. Röske, Thomas: Ein
Gefühl von außerordentlicher Leistungsfähigkeit auf allen Gebieten. In: Brand-Claussen
et al. (Hg.)(2002), S. 66-73.
[14] Quidde (1893), S. 86-87.
[15] So lobte der Pädagogikprofessor Friedrich Paulsen (1846-1908) 1902 das Militär. Zit.
nach Frevert (2001), S. 214, S. 299.
[16] Im rückseitigen Schreiben wandte sich der Autor an den Adressaten und erläuterte
seine Intention.

Großherzogs zugedacht. Der Zeichnung hinzu fügte der Autor, der sich auch „Leib Dragoner" bezeichnete, den „Seidlitz Regiment Ruf!": „Alt mein Panier! Alt mein Ehr! Jung mein Herz! Scharf mein Wehr!". Das preußische 7. Garderegiment von Seydlitz, das diesem Wahlspruch folgte, war nach dem erfolgreichen Husarengeneral Friedrichs II. Wilhelm von Seydlitz (1721-1773) benannt.

1908, in der Heidelberger Klinik malte Johannes Friedrich (geb. 1893), vierzehn Jahre alt, Dörfer, Kirchen, Schafe, Schlafräume, aber auch den salutierenden Soldaten (Farbabb. 8) und den Deutsch-Französischen Krieg von 1870/71 (Farbabb. 9). Der Knabe wusste Bescheid. Alle Waffengattungen sind im Einsatz – geführt von Deutschen, die im Nahkampf manch feindliche Rothose blutig in Stücke gehauen haben. Rechts ein Kruzifix. Ein deutscher Soldat umklammert den Stamm, selig, weiß sich geschützt. Offenbar steht das Kreuz hier für den gerechtfertigten Kampf, oder, frei nach Helmuth K. B. von Moltke (1800-1891), als Zeichen für den Krieg als „gottgewollte Ordnung".[17]

Seit dem Sieg über Frankreich 1871 galten der Leutnant als Halbgott und der Soldatenrock „als das angesehenste Kleidungsstück und als das unübersehbare Symbol der Zugehörigkeit zur militaristisch geprägten Gesellschaft"[18]. Männer wie Frauen erlagen der Aura. Anschauung lieferten Paraden, Postillen und Zeitungen. Aus letzteren malte Marie Beer (nachgewiesen in der Heil- und Pflegeanstalt Eberswalde um 1914), einzige Frau hier, unermüdlich ab (Abb. 4). Sie liebt, wie viele deutsche Gemüter, die farbigen Uniformen, die erst seit 1906 grau wurden, und den glänzenden Zierrat: Schnüre, Sterne, Litzen, Epauletten, Achselstücke, Schärpen, Bandeliers, Hosenstreifen, Knöpfe etc. Die Ästhetik der Macht – der Dekorationsmilitarimus – erfand viele Zeichen für die hierarchisch geordnete Zugehörigkeit zu den Mächtigen.[19]

---

[17] Quidde (1893), S. 108.
[18] Wette, Wolfram: Militarismus in Deutschland. Geschichte einer kriegerischen Kultur, Frankfurt/Main 2008, S. 64.
[19] Wette (2008), S. 64.

Abb. 4: Marie Anna Beer, «Zwei Prinzen und Prinzessinnen Sigmaringen», undatiert, Bleistift, Farbstifte, Deckfarben in einem Zeichenheft, 21.5 x 28.6 cm, Sammlung Prinzhorn, Inv. Nr. 431, fol. 5 recto

Preußische Uniformen lösten, neben erotischen und anderen Schauern, reflexhaften Gehorsam aus. So war es 1906 für den Zuchthäusler im Offiziersrock leichtes Spiel über Soldaten, Bürgermeister und Stadtkasse zu befehlen. Das Husarenstück des „Hauptmanns von Köpenick" gelang dem ehemaligen Berliner Kutscher Karl Ahrendt nicht, als er ein Jahr später auf dem Alexanderplatz im Generalsmantel umherlief. Er erregte einen „Menschenauflauf", zeigte „verwirrtes Wesen" und wurde als „gemeingefährlich geisteskrank" hospitalisiert. Mit dieser Aktion und seinen eigenwilligen Zeichnungen schuf Ahrendt Gegenwelten zur ihn umgebenden Realität (Abb. 5): Durch den Offiziersmantel hatte er seine armselige Wirklichkeit, den Abstieg vom Kutscher zum Drehorgelspieler, zu bedecken versucht.[20]

---

[20] Brand-Claussen, Bettina; Rotzoll, Maike: Schikaniert und schaponiert. Karl Arendt, Kutscher ohne Gnadenbrot. In: Rotzoll, Maike; Hohendorf, Gerrit; Fuchs, Petra; Rich-

Abb. 5: Karl Ahrendt, Ohne Titel, undatiert, Bleistift auf Aktenpapier, 32.5 x 41.6 cm, Sammlung Prinzhorn, Inv. Nr. 1173/1

Die Autorität der Uniform nutzten auch zivile Staatsmänner. Sie traten mit der Aura „soldatisch-bewehrter Männlichkeit"[21] auf, die friedliche Bürger „schwach und krank" aussehen ließ.[22] Mit der Karikatur „Ein Zivilist! Ein Zivilist!" kommentierte Lyonel Feininger (1871-1956) im Jahr 1899 den Uniformierungs-wahn in der satirischen Zeitschrift Ulk (Farbabb. 10).[23] Otto von Bismarck (1815-1898) etwa, der kaum gedient hatte, ging großspurig im Rang eines General-obersts einher.[24] Zuckerbäcker Kunze setzte den Uniformierten posthum unter seinem Wappen groß ins Bild, eher einem Seehund ähnlich als dem bedeutenden Politiker (Farbabb. 11).

---

ter, Paul; Mundt, Christoph; Eckart, Wolfgang U. (Hg.): Die nationalsozialistische „Euthanasie"-Aktion „T4" und ihre Opfer, Geschichte und ethische Konsequenzen für die Gegenwart, Paderborn, S. 214-219.

[21] Frevert (2001), S. 298. Die berühmte Bemerkung des Reichstagsabgeordneten Lingen: Unteroffizier sei der Stellvertreter Gottes auf Erden, zitiert und illustriert auch Conring 1907, S. 360.

[22] Frevert (2001), S. 274.

[23] Feiningers Karikatur ist farbig reproduziert in Conring, Franz: Das deutsche Militär in der Karikatur, Stuttgart 1907, S. 335, Tafel 50.

[24] Quidde (1893), S. 112.

Abb. 6: Gustav Sievers, 1. Bild aus dem bevorstehenden Kriege [Titel nach verlorener Aufschrift], undatiert, Bleistift auf Schreibpapier, 26.7 x 32.8 cm, Sammlung Prinzhorn, Inv. Nr. 18.

Nur einer, der Weber Gustav Sievers (1865-1941), war offen Antimilitarist und zählte sich zur Sozialdemokratie. Vermutlich unter dem Eindruck der mörderischen Kolonialkriege (Maj-Maj-Aufstand 1905/6 in Deutsch-Ostafrika; Herero-Morde 1904-08 in Deutsch-Südwestafrika), die 1906 zur Auflösung des Reichtags führten, entwarf Sievers eine Massenvergewaltigung (Abb. 6), wie sie zur Kriegsführung noch heute eingesetzt wird.[25] Dass hier nicht Exoten die Täter sind, sondern deutsche Soldaten, hat kürzlich eine Wissenschaftlerin aus Zürich ermittelt.[26]

---

[25] Der Titel „Bild aus dem bevorstehenden Kriege" ist nach einer verlorenen Aufschrift rekonstruiert. Das Lüneburger Anstalts-Papier deutet auf eine Datierung vor 1909. Zu Sievers Leben und Werk siehe zuletzt Jagfeld (2008), S. 62-68.
[26] Spiller, Clarissa: Kritik und Utopie in Gustav Sievers Bildergeschichten aus der Sammlung Prinzhorn. Eine Figurenanalyse. Lizentiatsarbeit, Deutsches Seminar, Zürich 2008 (Typoskript), S. 100.

Am Ende dieser Serie von Bildmustern im Kontext von Militär und Militarismus steht ein allegorischer Entwurf, das aufmerksam beobachtete Sujet des Ziegelarbeiters Heinrich Behle (geb. 1867) (Farbabb. 15). Unter dem Namen Beil hatte Prinzhorn ihn trotz oder wegen seiner rudimentären Zeichenkenntnisse in den Kanon seiner zehn „Meister" aufgenommen. Das in nassem Blaustift ausgeführte Blatt mit der rätselhaften Aufschrift „Der Burgemeister Hölenthor" ist undatiert und vielleicht schon Reflex des Ersten Weltkrieges. Zu sehen ist ein ausgezehrter Soldat mit Bajonettgewehr, dem ein gespenstisches Wesen folgt. Der Soldat spürt, es rührt ihn an. In Todesangst macht er unter sich. Der Soldat ist kein Held mehr.

Das „flotte Leben" des Karl Moser: Militär und Eleganz

Karl Moser (1876-1945), Heidelberger Chemiestudent, war ein eleganter Patient.[27] So war es auch das exklusive Kurhaus im nahegelegenen Neckargemünd, nicht die Universitätsklinik, wo er erstmals psychiatrisch hospitalisiert wurde.[28] Dort hielt man am 15. November 1900 fest: „Pat. [...] hat einen schwarzen Gehrock an, trägt einen Cylinder und ein Monocle. Er zeigt großen Bewegungsdrang und spricht viel, in ideenflüchtiger Weise und macht Knittelverse."

Diagnostiziert wurde eine „acute Manie", die sich in Unruhe, Erregung und Eigenwilligkeit äußerte. Gleich bei seinem ersten Aufenthalt im Bad – keineswegs die einzige Anwendung der Maßnahme „Dauerbad" während des etwa dreimonatigen Aufenthalts im Kurhaus – spritze er „lebhaft und mutwillig das Wasser aus der Wanne". Doch sein Eigensinn zeigte sich nicht nur in Verstößen – so entwich er durch das Fenster des Abortes, entwendete den Schlüssel der Wärter oder zerschlug Fensterscheibe und Kaffeegeschirr – sondern auch in herrschaftlicher Attitüde: Gleich am ersten Morgen wollte er

---

[27] Alle Zitate stammen aus der Neckargemünder Krankengeschichte Karl Mosers, Heidelberg, Historisches Archiv der Psychiatrischen Universitätsklinik, Bestand Neckargemünd (die Krankengeschichte befindet sich als Dauerleihgabe in der Sammlung Prinzhorn Heidelberg). Moser starb 1945 in Kaufbeuren sehr wahrscheinlich als Opfer des „Hungersterbens", der dezentralen NS-„Euthanasie". Vgl. Röske, Thomas: Karl Moser – „amüsiert sich offenbar gut". In: Brand-Claussen et al. (2002), S. 125-131. Bei seiner Aufnahme in Neckargemünd 1900 berichtete seine Mutter den Ärzten, er habe sich zuvor abwechselnd intensiv seiner Tätigkeit gewidmet oder „flott" gelebt.
[28] Zu „Dr. Richard Fischer's Kurhaus für Nerven- und Gemütskranke Neckargemünd" vgl. Jung, Christian: Kurhaus war einst Anlaufstelle für „Nerven- und Gemütskranke, Rhein-Neckar-Zeitung vom 5./6.1.2011, S. 8. Es wurde 1897 gegründet und bestand bis 1919.

„nach Heidelberg telegraphieren oder telephonieren, um sich Reitpferde bei dem Universitätsstallmeister zu bestellen, dann wollte er Billard spielen. Daß ihm seine Wünsche abgeschlagen wurden, alterierte ihn nicht; er ließ sich sodann zum Frühstück ‚Austern und Omelette, später Cognac und Cigarren' bestellen."

Abb. 7: Portraitfoto Karl Mosers von 1908 aus der Heidelberger Krankengeschichte, Universitätsarchiv Heidelberg, Signatur 01/199.

Moser legte sich einen Adelsnamen zu, verlangte, auszufahren oder auszureiten, in größerer Gesellschaft zu speisen und hatte überhaupt „viele Wünsche" – auch dies löste, gepaart mit Unruhe, die im Verlauf der Akte zunehmend stereotyp vermerkte Reaktion „Dauerbad" aus. Ob er Kaisers Bart imitierte, als er „in heiterer Stimmung" sein Hemd zerriss, um sich aus einem Streifen davon eine Bartbinde zu machen? Jedenfalls fühlte er sich dem Kaiser verbunden und Militärisches war für ihn Inbegriff eleganten Lebens (Abb. 7):

> „Pat legt eine große Eitelkeit an den Tag, er putzt sich, bürstet und kämmt sich und sucht sich elegant zu kleiden. Er spricht viel [...] von militärischen Dingen und von Offizieren, bemüht sich ein „schneidiges" Wesen [...] zu zeigen. Er ist dabei lenksam und willig."

So dokumentierte es der Arzt und offenbart dabei die innere Verwandtschaft zwischen Militär- und Anstaltsleben: Gehorsam, „Lenksamkeit", war hier wie dort gefordert.

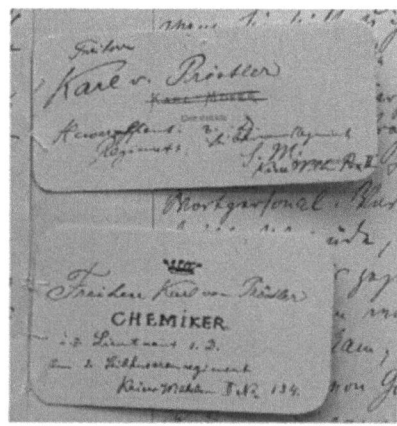

Abb. 8: Mosers Visitenkarten aus der Neckargemünder Krankengeschichte, Sammlung Prinzhorn/ Historisches Archiv der Psychiatrischen Universitätsklinik Heidelberg.

Die Visitenkarten, von Moser wie ein Namensschild an seine Tür gehängt, später als Dokumente sorgfältig in die Krankenakte eingenäht, belegen einmal mehr seinen Hang zu der Einheit von Adel, Militär und Kaisertum (Abb. 8). Er gab sich selbst einen – nebenbei auch noch mit eleganten Pferden assoziierten – militärischen Rang im Dienste des Kaisers. Doch der Name, den er sich mit einem „von" und dem Titel „Freiherr" veredelt zulegte, war nicht seiner, sondern der des von ihm häufig attackierten Wärters Pröstler. Steckt hierin auch eine Spitze gegen den im Anstaltsgefüge vielleicht unangemessen hochgestellten Wärter?

Die Zugehörigkeit zum Militär jedenfalls verhalf nicht nur zu einem gesellschaftlich hohen Rang, sie kam auch dem Tatendrang Mosers entgegen: „Er hat sich eine Peitsche gemacht, mit der er herumfuchtelt,[...] erwartet die Musterungskommission [...] will Stabsarzt werden und dann Husarenuniform tragen".

Aber auch auf dem Weg der Besserung blieb das militärische Ideal bedeutsam: „Er ahmt noch gern einen schneidigen Offizierston nach, spricht mit schnarrender Stimme und ist geziert in seinen Bewegungen und der Haltung seines Körpers". Das Wörtchen „noch" zeigt, dass der Arzt Mosers Verhalten als Symptom einer allerdings im Abklingen begriffenen Krankheit wertete, auch die „Geziertheit" gehörte für ihn zum Krankheitsbild. Doch trieben „schnarrende Stimme" und „gezierte Bewegungen" vielleicht nur die gesellschaftlich-militärische Realität außerhalb des Anstaltslebens auf die Spitze und wirken gleichzeitig, intendiert oder nicht, wie deren Karikatur.

Abb. 9: Gustav Röhrig, o. T. [Hauptmann], um 1919 Bleistift auf Packpapier, 37.2 x 24.4 cm Sammlung Prinzhorn, Inv. Nr. 787/12 recto.

Der Vagabund als gut genährter Hauptmann: Gustav Röhrig

„Hauptmann Röhrig" überschreibt der einstige Landstreicher viele seiner Zeichnungen (Farbabb. 12 und Abb. 9). Sein soldatisches Selbstbild entwirft Gustav
Röhrig (1858-1932) zwischen 1910 und 1920 als Insasse einer Bremer Anstalt.[29]
Die Brustbilder hoher Militärs, die Alltag und Amtsstuben beherrschten, waren
ihm sichtlich vertraut. Knapp sitzt der Uniformrock über kräftigem Leib. Tres-
sen sind angedeutet. Auf den Köpfen Helm, Tschako oder Schirmmütze. Zufrieden schauen die Hauptmänner aus wohlgenährten Soldatenkörpern. Kunst- und
schwungvoll turnen militärisch gestraffte Leiber über das Blatt. Für seine Blei-

---

[29] Zu Leben und Werk von Gustav Röhrig siehe auch Brand, Bettina: Der zerknitterte
Hauptmann. Gustav Röhrig (1858-1932). In: Tischer, Achim (Hg.), Die Macht der hyp-
notischen Suggestion. Die Bremer Künstler der Prinzhornsammlung, Bremen 1996, S.
15-29.

stiftzeichnungen verwendet Röhrig gebrauchtes braunes Packpapier, das er glatt gestrichen hat und dessen Knitterspuren er aufgreift, indem er Striche und Häkchen als All-over über die Figuren zieht.

Gustav Röhrig kam 1898 in die Bremer Psychiatrie, vierzig Jahre alt und schlecht genährt. Er hatte im Arbeitshaus gesessen und das geforderte Schweigegebot gebrochen. Nach acht Monaten wurde er laut, predigte, unentwegt, „fast tobsüchtig". Auch in der Anstalt, die ihn aufnahm, ernährte und gewähren ließ, predigte er lauthals, nannte sich Gott und schrieb in die Luft. Arbeit lehnte er ab, er forderte eine geistige Tätigkeit „zur Erlösung und Besserung seiner Mitmenschen".[30] Angeregt von den Debatten zur Haager Friedenskonferenz 1899 plante er eine „Weltfriedensgesellschaft in allen Erdteilen"; so „gebe es keinen Krieg mehr" sondern „ewigen Weltfrieden".[31]

Zu dieser Zeit lebte Henri Dunant nahezu vergessen in Heiden/Thurgau, wo er um 1890 als Pensionär einer Anstalt seine Ideen von Weltgeschichte und Apokalypse in „symbolisch-chronologischen Diagrammen einiger Prophezeiungen der Heiligen Schrift" ausarbeitete. 1895 wurde Dunant als wichtige Figur des Pazifismus wieder entdeckt und 1901 mit dem ersten Friedensnobelpreis geehrt. Warum verwandelt sich der friedensbewegte Vagabund in die Verkörperung des Militärischen, einen Hauptmann? Bilder, besonders Selbstbildnisse, dienen der Repräsentation von Ansprüchen. Welchen Anspruch des Zeichners erfüllt diese Figur? Gustav Röhrig stammte aus sächsischem Proletarierelend. Die Buchbinderlehre in Leipzig brach er ab, weil er Geld verdienen musste. Siebzehnjährig erhielt er seine erste Gefängnisstrafe. Zwanzigjährig wurde er zum Militär einberufen. Nach der Entlassung 1880 fand Röhrig keine Arbeit mehr, bettelte, wurde erwischt und zu Korrektionshaft verurteilt. Seitdem verbrauchte er sich als Vagabund im Überlebenskampf auf der Landstraße, stets auf der Suche nach Arbeit, Essen und Nachtlager, immer in Angst vor Gendarmen und Gerichten.[32]

Goldene Zeiten erlebte Röhrig nur als Rekrut des Königlichen Schützen-Füsilier-Regiments Prinz Georg Nr. 108 in Dresden. In seinen Berichten, die sich mit Angaben der Meldebehörde decken, spricht er von Manövern und Wettbe-

---

[30] Bremen, Archiv Zentralkrankenhaus Bremen-Ost, Krankenakte Gustav Röhrig, ärztlicher Eintrag vom 10.9.1898.
[31] Bremen, Archiv Zentralkrankenhaus Bremen-Ost, Krankenakte Gustav Röhrig, ärztlicher Eintrag vom 1.11.1898.
[32] Das Vorstrafenregister Röhrigs ist lang. In insgesamt 17 Jahren Vagabondage stieß er mindestens fünfzig Mal mit der Polizei zusammen. Neben meist kurzen Gefängnisstrafen werden insgesamt zehn Jahre der gefürchteten Korrektionshaft verfügt, die in Bremen 1898 schließlich die Haftpsychose auslöst. Vgl. Brand (1996), S. 18.

werben, von Siegen und Ehrungen beim König-Schießen und Schwimmen in der
Elbe und vom Schutzmannsdienst bei König Alberts Geburtstag. Es sind Rück-
blicke auf eine kurze gelungene Lebensphase und keine unmittelbare Reaktion
auf den Weltkrieg, wie etwa der Wunsch nach Teilhabe. Mit den Erinnerungen
und mit der Selbstgestaltung als Hauptmann wächst vielmehr der Wunsch nach
Freiheit. Röhrig schreibt 1920 in einem „Gesuch" zur Entlassung:

> „So stelle ich, als Schützen König, der Schutzmann's Polizei Deutschland – Zwei-
> undfürtzig Jahre, 42 Jahre, im Streng Religiösen Gottes Beamten Staats-Acktiven
> dinst. Der Pflichttreue, meinen Dinst [...] aufs Bünktlichste, gehalten zu haben."

Der alte Landstreicher entwirft sein militarisiertes Selbstbild auch für den Arzt.
Mit soldatischen Tugenden, wie Disziplin, Pflichttreue und Pünktlichkeit hofft
er seine „Gesuntheitskräfte" bestätigen, seine Entlassung bewirken zu können.
Bis in den Rang eines Offiziers und in die Gegenwart hinein verlängert Röhrig
seine in Wirklichkeit nur zweijährige aktive Dienstzeit in der Kaserne, jenem
egalisierenden Ort, an dem seine Herkunft als Pauper keine Rolle gespielt hat.
Visueller Beweis der, wenn auch nur virtuell, gelungenen Vita sind die Zeichnungen auf Packpapier, sie leben im Glück artistischer Luftsprünge und die pral-
len Leiber gut genährter Hauptmänner überdecken den traumatisierten Hunger-
leider (Farbabb. 13 und 14).

Kriegsgefangen in der Psychiatrie: Emil von Thümen, der Sohn des Hauptmanns

Die Erwartungen seines Vaters erfüllte er nicht, der jüngste Sohn des Hauptmanns a. D. aus alter preußischer Offiziersfamilie. Er habe „die Militair carrière"
begonnen, berichtete der Vater später den Ärzten, „musste sie aber, weil den
körperl. Anstrengungen nicht gewachsen, verlassen".[33] Sicher saß die Enttäuschung tief, die Familientradition mit der Erinnerung besonders an General August von Thümen, der 1813 die Festung Spandau erobert hatte, muss prägend
gewesen sein. Ein Sohn war bereits verstorben, der zweite erkrankt, und nun
zeigte auch Emil von Thümen (geb. 1876) Schwäche. Fontane hatte in seinen
„Wanderungen" augenzwinkernd über den „Thümenschen Winkel" berichtet,

---

[33] Alle Zitate stammen aus der Neckargemünder Krankengeschichte Emil von Thümens,
Heidelberg, Historisches Archiv der Psychiatrischen Universitätsklinik, Bestand Ne-
kargemünd (die Krankengeschichte befindet sich als Dauerleihgabe in der Sammlung
Prinzhorn Heidelberg).

einen Ausläufer sächsischen Territoriums in der Nähe des preußischen Potsdam und somit attraktiv für Deserteure.[34]

Doch Emil von Thümen hatte die Armee nicht freiwillig verlassen. Er sei „in den letzten 5 Jahren wenig normal gewesen, musste den Soldatenrock wieder ausziehen" schrieb der enttäuschte Vater über den 25-jährigen im Jahr 1901. Auch der Sohn hätte wohl lieber die „carrière" fortgesetzt. „Als der liebe Gott auf Erden ging, wählte er preußische Militäruniform", schrieb er während des „Kuraufenthaltes" in Neckargemünd (Abb. 10).

Abb. 10: Emil von Thümen, o. T. [Gott in Uniform], undatiert, (1901-1904), Sammlung Prinzhorn, Inv. Nr. Akte Emil v. Thümen fol. 41 recto/ Historisches Archiv der Psychiatrischen Universitätsklinik Heidelberg.

---

[34] Fontane, Theodor: Sämtliche Werke. Bd. 1–25, München 1959–1975, Band 12, S. 375: „Dieser Thümensche Winkel, in Zeiten, die nicht allzufern zurückliegen, hatte eine gewisse politische Bedeutung, denn er war sächsisches Land, das sich an dieser Stelle weit ins Brandenburgische hineinschob, so weit, daß die Entfernung bis Potsdam nicht voll zwei Meilen betrug. Das war denn, wie sich denken läßt, in den Tagen Friedrich Wilhelms I. eine Sache von ‚Importance', jeder Deserteur wußte davon, und so unbequem der Thümensche Winkel für den König lag, so bequem lag er für den Flüchtling."

Nach dem Abschied vom Militär hatte er Geografie studiert, zuletzt in Bern, und noch Weihnachten 1900 in Berlin eine Sammlung von Reiseberichten herausgegeben: „Berühmte Entdeckungs- und Forschungsreisende des 19. Jahrhunderts", ein Buch, das laut dem Bericht seines Vaters „gut beurteilt worden ist und von großem Fleiße zeugt". Doch um diese Zeit begannen ambulante nervenärztliche Konsultationen, die „Katastrophe" nahm ihren Lauf. Der besorgte und beherrschende Vater hatte keinen Zweifel, wo die Ursache lag, die es zu unterbinden galt: Die „Freundschaft und der Verkehr mit einer ganz unnormalen u[nd] geisteskranken Engländerin, welche er an der Riviera kennen gelernt hat und welche ihm überallhin folgte", die ihn zum Trinken verleitete und die der Sohn doch unbeirrbar als seine Braut betrachtete.

Abb. 11: Emil von Thümen, o. T. [Waggon Berlin-Meran], undatiert, (1901-1904), Sammlung Prinzhorn, Inv. Nr. Akte Emil v. Thümen fol. 26 recto/ Historisches Archiv der Psychiatrischen Universitätsklinik Heidelberg.

So versuchte er seinen Sohn zurück ins elterliche Meran (Abb. 11) zu holen, doch als dieser während der Reise im Zürcher Hotel Victoria „laut von seiner Geliebten sprach und den Oberkellner um Geld ersuchte", holte er einen Arzt, der „Verfolgungswahn constatierte und seine Überführung nach Kilchberg bei Zürich durch 2 Sanitätssoldaten veranlasste. Seitdem bildete Emil von Thümen sich ein, Kriegsgefangener der Anarchisten zu sein und schreibt an alle möglichen Behörden, welche ihn befreien sollen".

Gefangen war der Sohn in psychiatrischen Einrichtungen – Briefe wurden konfisziert, Fluchtversuche vereitelt. Nahm er dabei die Psychiatrie als anarchisch, als herrschaftsfreien Raum wahr? Wohl kaum, dauerhaft zumindest nicht. Doch erlebte der 1876, zwei Jahre vor Erlass der Sozialistengesetze, geborene Hauptmannssohn wahrscheinlich Anschläge auf das militaristische Kaiserreich, mit dem er sich identifizierte, als anarchistisch. Später in Neckargemünd bezeichnet er sich als „inhaftiert", da man ihn „von seiner Frau Mrs. Power trennte".

Die wahre Erziehung.

Abb. 12: Emil von Thümen, o. T. [Drei Offiziere], undatiert, (1901-1904), Sammlung Prinzhorn, Inv. Nr. Akte Emil v. Thümen fol. 1 recto/ Historisches Archiv der Psychiatrischen Universitätsklinik Heidelberg.

Abb. 13: Karikatur „Die wahre Erziehung", abgebildet in: Conring, Franz: Das deutsche Militär in der Karikatur. Stuttgart 1907, Taf. 9, S. 52.

An dieser Situation konnte auch die standesgemäße Unterbringung in Neckargemünd nichts ändern. Hier hatte der Vater angefragt für ein „ziemlich großes Zimmer mit hübscher Aussicht nach Osten oder nach Süden", er hatte korres-

pondiert wegen der Bettwäsche und Größe der Servietten. Ende März 1902 war
es soweit: Ein Arzt aus Neckargemünd reiste ins Sanatorium Kilchberg, um Emil
von Thümen abzuholen. Bereits auf der Reise war er ernst, blickte finster vor
sich hin. Doch noch wurden die äußeren Formen gewahrt.

In Neckargemünd gelang das nicht mehr. Mürrisch und ablehnend, wortlos
konzentrierte sich der Patient auf seine inneren Erlebnisse, vertiefte sich in Religiöses, verbrachte Tage auf dem Fußboden kniend, die Augen geschlossen, bis
die Knie Schaden nahmen. Es war eine verzweifelte Zeit. Einmal bat von Thümen einen Freund, ihm einen Revolver zu bringen, „um von seinem Leiden er-
löst zu werden." Äußerlich vernachlässigte sich der als schizophren Diagnosti-
zierte, manchmal wurde er gewalttätig oder versuchte zu fliehen. In einer Hand
hielt er ein Bündel Papiere fest, das niemand sehen sollte. Man nahm es ihm weg:
alte Postkarten und Briefe, „englische Erinnerungen".

Abb. 14: Emil von Thümen, o. T. [Reiter], undatiert, (1901-1904), Sammlung Prinzhorn, Inv. Nr. Akte Emil v. Thümen fol. 67 recto/ Historisches Archiv der Psychiatrischen Universitätsklinik Heidelberg.

Dass dies so blieb, dafür sorgte der Vater: „Ich sehe ihn lieber zeitlebens in einer Anstalt, als in Gesellschaft solcher Person, in welcher er für ewige Zeit zugrunde geht, u[nd] den guten Namen befleckt."[35]

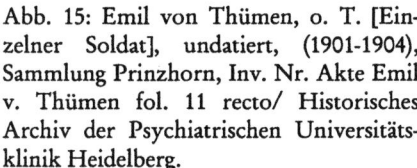

Abb. 15: Emil von Thümen, o. T. [Einzelner Soldat], undatiert, (1901-1904), Sammlung Prinzhorn, Inv. Nr. Akte Emil v. Thümen fol. 11 recto/ Historisches Archiv der Psychiatrischen Universitätsklinik Heidelberg.

Abb. 16: Emil von Thümen, o. T. [Barackenstadt], undatiert, (1901-1904), Sammlung Prinzhorn, Inv. Nr. Akte Emil v. Thümen fol. 8 recto/ Historisches Archiv der Psychiatrischen Universitätsklinik Heidelberg.

Militärisches erwähnt die Krankengeschichte nicht: keine schneidigen Gesten, keine soldatischen Parolen. Doch ein Konvolut von Zeichnungen bleibt in Neckargemünd, auch als Emil von Thümen 1904 aus Kostengründen verlegt wird (Abb. 10, 11, 12, 14, 15, 16). Hier entfaltet sich eine Welt voller militärischer Signale, eine Welt, in der Emil von Thümen Leutnant ist oder auch Nachfahre des „unehelichen Sohn[es] des Pfalzgrafen bei Rhein, der als Friedrich von Thümen der I., Dr. beider Rechte, kaiserlicher Pfalzgraf u. Vicekanzler Fürst v. Pfalz-Zweibrücken (Dragoner) und Winterkönig d. h. römischer Kaiser deut-

---

[35] Eintrag in der Neckargemünder Krankengeschichte im Jahr 1903.

scher Nation": Eine fast heitere, kindertraumartige Welt voller Uniformen, glän-
zender Knöpfe und Pferde, in die Emil von Thümen die Flucht gelang – die Augen zur Außenwelt „weit geschlossen".

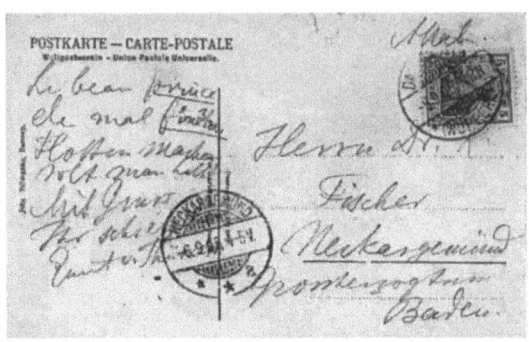

Abb. 17/18: Postkarte Barmer Talsperre, Emil von Thümen an Dr. Richard Fischer
6.9.1905, Sammlung Prinzhorn/ Historisches Archiv der Psychiatrischen Universitätsklinik Heidelberg.

Später aber, 1905, schon in Westfalen, sandte er eine Postkarte an Dr. Richard
Fischer im Kurhaus Neckargemünd (Ann. 17 und 18), wohl von einem Ausflug
zur Barmer Talsperre an der Wupper: „Flotten machen solt man halt" ist sein
Kommentar zur Talsperre. Weltmeer spiegelt sich im Stausee. Die Euphorie der
Flottenaufrüstung hatte der früher so in sich gekehrte Absender aufmerksam
übernommen. Doch die Phantasie des Insassen von der „Zukunft auf dem Wasser" ist letztlich vom selben Stoff wie die Konzepte der Flottenpolitiker.

Dr. Bettina Brand-Claussen
Hönggerstrasse 142
CH 8037 Zürich
claussen@bluemail.ch

Dr. Maike Rotzoll
Institut für Geschichte und Ethik der Medizin
Ruprecht-Karls-Universität Heidelberg
Im Neuenheimer Feld 327
69120 Heidelberg
maike.rotzoll@histmed.uni-heidelberg.de

■ Daniel Körner
Die Wunderheiler der Weimarer Republik (1918-1933)
Protagonisten, Heilmethoden und Stellung innerhalb des Gesundheitsbetriebs
Neuere Medizin- und Wissenschaftsgeschichte, Bd. 29, 2011, ca. 160 S.,
ISBN 978-3-86226-097-3, € 23,80

■ Kathrin Sander
Organismus als Zellenstaat
Rudolf Virchows Körper-Staat-Metapher zwischen Medizin und Politik
Neuere Medizin- und Wissenschaftsgeschichte, Bd. 28, 2011, ca. 150 S.,
ISBN 978-3-86226-098-0, € 23,80

■ Sophie Roggendorf
Indirekte Sterbehilfe
Medizinische, rechtliche und ethische Perspektiven
Neuere Medizin- und Wissenschaftsgeschichte, Bd. 27, 2011, ca. 160 S.,
ISBN 978-3-86226-095-9, € 21,80

■ Hans-Georg Hofer, Cay-Rüdiger Prüll, Wolfgang U. Eckart (Hg.)
War, Trauma and Medicine in Germany and Central Europe (1914-1939)
Neuere Medizin- und Wissenschaftsgeschichte, Bd. 26, 2011, 180 S.,
ISBN 978-3-86226-076-8, € 24,80

■ Claudia Kotter
Entdeckungsgeschichte der frühkindlichen Reflexe
Unter Betrachtung der historischen Entwicklung der Reflexlehre
Neuere Medizin- und Wissenschaftsgeschichte, Bd. 25, 2011, 265 S.,
ISBN 978-3-86226-073-7, € 24,80

■ Claudia Bignion
Der Papst und der menschliche Körper
Vatikanische Verlautbarungen des 19. und 20. Jahrhunderts
Neuere Medizin- und Wissenschaftsgeschichte, Bd. 24, 2011, 306 S.,
ISBN 978-3-86226-064-5, € 24,80

■ Natalie Bachour
Oswaldus Crollius und Daniel Sennert im frühneuzeitlichen Istanbul
Studien zur Rezeption des Paracelsismus im Werk des osmanischen Arztes Ṣāliḥ b.
Naṣrullāh Ibn Sallūm al-Ḥalabī
Neuere Medizin- und Wissenschaftsgeschichte, Bd. 23, 2011, 320 S.,
ISBN 978-3-86226-052-2, € 27,80

■ Gabriele Moser, Sigrid Stöckel, Joseph Kuhn (Hg.)
Die statistische Transformation der Erfahrung
Beiträge zur Geschichte des Evidenzdenkens in der Medizin
Neuere Medizin- und Wissenschaftsgeschichte, Bd. 22, 2011, ca. 200 S.,
ISBN 978-3-86226-041-6, € 22,80